DES

SCIENCES OCCULTES.

IMPRIMERIE DE C. THUAU,
Rue du Cloître St-Benoît, n. 4

DES
SCIENCES OCCULTES

OU

ESSAI SUR LA MAGIE, LES PRODIGES ET LES MIRACLES;

PAR EUSÈBE SALVERTE.

> « Non igitur oportet nos magicis illusionibus
> « uti, cum potestas philosophica doceat operari
> « quod sufficit. »
> Rog. Bacon, *De Secr. oper. art. et nat.* c. v.

TOME PREMIER.

PARIS,

SEDILLOT, LIBRAIRE-ÉDITEUR,

RUE D'ENFER SAINT-MICHEL, N. 18.

MDCCCXXIX.

A MON AMI

CHARLES-LOUIS CADET-GASSICOURT,

NÉ A PARIS, LE 23 JANVIER 1769.

MORT LE 21 DECEMBRE 1821.

TOUT A L'HUMANITÉ, A LA PATRIE, A L'AMITIÉ !
CES MOTS RENFERMENT L'HISTOIRE DE SA VIE.

EUSÈBE SALVERTE.

L'Histoire de la *civilisation*, dans le sens le plus étendu que l'on puisse donner à ce mot, l'Histoire de l'homme en société, n'est-elle pas de toutes les études la plus importante pour nous? Consultant mes forces moins que mon zèle, j'ai entrepris, depuis vingt ans, de retracer cette histoire; et j'ai publié en 1813, une *Introduction* (1) propre à donner une idée de la manière dont je pense qu'elle doit être traitée. Cet essai m'a valu quelques

(1) *De la Civilisation depuis les premiers temps historiques jusqu'à la fin du* xviiie *siècle.... Introduction.*

encouragemens : mais ils ne m'ont point aveuglé sur la nécessité d'approfondir davantage un sujet si important. Dans les recherches où je me suis engagé, l'Histoire et l'Origine des Sciences ont occupé une grande place. Bientôt je me suis convaincu que l'on n'aura jamais une juste idée du degré auquel les Sciences étaient parvenues chez les peuples anciens, si l'on ne recherche quelles connaissances employaient leurs instituteurs, pour opérer les merveilles dont font mention leurs annales. Livré à cet examen, j'ai vu les connaissances occultes, renfermées dans les temples, y servir, pendant des siècles, à exciter l'admiration ou l'effroi; mais, avec le temps, y dépérir et s'évanouir enfin, ne laissant après elles que des traditions informes, rangées depuis au nombre des fables. Tenter de rendre la vie à ces anciens monumens intellectuels, c'était à la fois remplir une partie de ma tâche, et combler un grand vide dans l'Histoire de l'esprit humain.

Mais bientôt mon travail, sur cet objet, a pris assez d'étendue pour ne pouvoir plus entrer dans le cadre de l'ouvrage principal dont il devait originairement faire partie. Il m'a été facile de l'en détacher, quoiqu'il y appartienne, par le but que je me suis proposé d'atteindre; séparé, il forme un tout, susceptible d'un intérêt spécial. Je me contenterai donc de rappeler le principe qui m'a guidé dans mes diverses recherches; le principe qui distingue deux formes bien tranchées de civilisation : la forme *fixe*, qui a régi autrefois le monde presque entier, et qui subsiste encore en Asie; et la forme *perfectible*, qui, plus ou moins, règne dans toute l'Europe, quoique nulle part encore elle n'ait pris tous les développemens et porté tous les fruits dont ses élémens nous font concevoir l'espérance.

En 1817, j'ai inséré dans l'*Esprit des journaux* (volume de *juillet*) un Mémoire, où se trouvent indiqués les principes que je développe ici, et plusieurs des faits et des argumens dont je les appuie. Je ne le cite qu'à raison de sa date, et afin que l'on ne m'accuse point d'avoir emprunté à quelques ouvrages qui ont paru plus tard, des idées et des explications que je suis aujourd'hui en droit de reproduire, puisque dès lors elles m'appartenaient. Loin de m'abuser d'ailleurs sur l'insuffisance de ce premier essai, je l'ai refondu en totalité et retravaillé à plusieurs reprises, en m'aidant des conseils d'hommes instruits et bienveillans. A leur tête vient se placer l'Ami à la mémoire de qui est dédié mon ouvrage : un laps de près de huit années ne m'a point fait perdre le souvenir de ce que j'ai dû à ses lumières, non plus que le regret de son amitié et de ses vertus.

TABLE SOMMAIRE.

CHAPITRE Ier.

L'homme est crédule, parce qu'il est naturellement véridique. En agissant sur ses passions, par sa crédulité, des hommes supérieurs l'ont ployé à une soumission religieuse. Les récits des merveilles qui les conduisaient à ce but ne sont pas tous controuvés. Il est utile autant que curieux d'étudier les faits que ces récits renferment, et les causes dont les faits dérivent.

CHAPITRE II.

Distinction des *prodiges* et des *miracles*. Motifs qui rendent croyables les récits merveilleux : 1° le nombre et la concordance des récits, et la confiance que méritent les observateurs et les témoins ; 2° la possibilité de faire disparaître le merveilleux, en remontant à quelqu'une des causes principales qui ont pu donner à un fait naturel une couleur merveilleuse.

CHAPITRE III.

Énumération et discussion de ces causes. Apparences décevantes et jeux de la Nature. Exagération des détails d'un phénomène ou de sa durée. Expressions impropres ou mal comprises et mal traduites. Expressions figurées ; style poétique. Explications erronées de représentations emblématiques. Apologues et allégories adoptés comme des faits réels.

CHAPITRE IV.

Phénomènes réels, mais rares, présentés comme des prodiges dus à l'intervention de la divinité, et présentés avec succès, parce qu'on ignorait qu'un phénomène fût local ou périodique ; parce qu'on avait oublié un fait naturel qui, dans le principe, aurait écarté l'idée du merveilleux; souvent enfin parce qu'il eût été dangereux de chercher à détromper une multitude séduite. L'observation de ces phénomènes étendait les connaissances scientifiques des prêtres. Véridiques sur ce point, les écrivains anciens le sont aussi dans ce qu'ils disent des œuvres magiques.

CHAPITRE V.

Magie. Antiquité et universalité de la croyance à la magie. Ses œuvres furent attribuées également au bon et au mauvais principe. On n'a point cru, dans l'antiquité, qu'elles fussent le renversement de l'ordre naturel. On n'en contestait point la réalité, lors même qu'elles étaient produites par les sectateurs d'une religion ennemie.

CHAPITRE VI.

Lutte d'habileté entre les Thaumaturges : le vainqueur

était reconnu pour tenir sa science du Dieu le plus puissant. Cette science avait pour base la physique expérimentale. Preuves tirées, 1° de la conduite des Thaumaturges; 2° de ce qu'ils ont dit eux-mêmes sur la magie; 3° les *génies* invoqués par les magiciens ont tantôt désigné les agens physiques ou chimiques qui servaient aux opérations de la science occulte, tantôt les hommes qui cultivaient cette science; 4° la magie de Chaldéens comprenait toutes les sciences occultes.

CHAPITRE VII.

Erreurs mêlées aux connaissances positives : elles sont nées, tantôt d'impostures volontaires, et tantôt du mystère qui enveloppait la science sacrée. Impostures, promesses exagérées des Thaumaturges; charlatanisme, escamotage; tours d'adresse plus ou moins grossiers; emploi du *sort*, et facilité d'en diriger le résultat. Oracles : à l'équivoque, à l'imposture, se joignirent, pour assurer leurs succès, des moyens naturels, tels que le prestige du *ventriloquisme*, les vertiges, etc.; et enfin des observations exactes, mais très-simples.

CHAPITRE VIII.

Garanties du mystère qui enveloppait les sciences occultes. Hiéroglyphes, idiome et écriture sacrés inconnus aux profanes ; langage énigmatique des évocations ; révélations graduées, partielles, et qu'un petit nombre de prêtres obtenaient dans leur plénitude ; religion du serment ; mensonge sur la nature des procédés et l'étendue des œuvres magiques.

Conséquences du mystère : 1° entre les mains des Thaumaturges, la science magique se dégrade, réduite à une pratique dénuée de théorie, et dont les formules même finissent par n'être plus comprises ; 2° l'ignorance où l'on est des limites qui circonscrivent son pouvoir, le désir de deviner ses secrets, et l'habitude d'attribuer l'efficacité de ceux-ci aux procédés que la science emploie ostensiblement, font germer, parmi la multitude, les erreurs les plus grossières.

CHAPITRE IX.

Malgré la rivalité des religions, l'esprit de la forme *fixe* de civilisation maintient le mystère dans les temples et dans les écoles philosophiques. Il en est, à la longue, banni par l'influence de la civilisation *perfectible*. 1° Communication habituelle des Grecs avec les successeurs des mages, dispersés dans l'Asie après la mort de Smerdis ; première révélation de la magie ; 2° l'appauvrissement de l'Égypte, après la conquête des Romains, fait affluer à Rome des prêtres de grades inférieurs, qui y trafiquent des secrets des temples ; 3° les polythéistes qui se convertissent au christianisme, apportent dans son sein les connaissances magiques qu'ils possèdent.

A cette dernière époque, des débris de la science sacrée subsistent. 1° dans les écoles des philosophes théurgistes; 2° en la possession des prêtres errans, et surtout des prêtres égyptiens. On peut, sans invraisemblance, assigner pour successeurs, aux premiers, les *Sociétés secrètes* d'Europe; aux seconds, les sorciers modernes.

CHAPITRE X.

Énumération des merveilles que la pratique des sciences occultes donnait au Thaumaturge la possibilité d'opérer.

CHAPITRE XI.

Merveilles opérées par la mécanique : planchers mouvans; automates; essais dans l'art de s'élever en l'air.

CHAPITRE XII.

Acoustique : imitation du bruit du tonnerre; orgues; coffres résonnans; Androïdes ou têtes parlantes; statue de Memnon.

CHAPITRE XIII.

Optique : effets semblables à ceux du *Diorama*; Fantasmagorie; apparitions des dieux et des ombres des morts; chambre noire; magiciens changeant d'aspect et de figure, prestige incroyable.

CHAPITRE XIV.

Hydrostatique : fontaine merveilleuse d'Andros; tombeau de Bélus; statues qui versent des larmes; lampes perpétuelles. Chimie : liquides changent de couleur ; sang solidifié, se liquéfiant ; liquides inflammables ; la distillation et les liqueurs alcoholiques connues autrefois, même hors des temples.

CHAPITRE XV.

Secrets pour se préserver de l'atteinte du feu, employés pour opérer des merveilles dans les initiations et dans les cérémonies du culte ; ils servaient aussi à braver impunément les épreuves par le feu. Ils furent connus en Asie et en Italie, et mis en usage dans le Bas-Empire, et jusqu'à nos jours en Europe. Procédé pour rendre le bois incombustible.

CHAPITRE XVI.

Secrets pour agir sur les sens des animaux. Exemples modernes et anciens. Pouvoir de l'harmonie ; pouvoir des bons traitemens ; crocodiles et serpens apprivoisés ; reptiles dont on détruit ou dont on épuise le venin. *Psylles* anciens : la faculté qu'ils avaient de braver la morsure des serpens, mise hors de doute par des expériences récentes, fréquemment répétées en Égypte ; cette faculté tient à des émanations odorantes qui affectent les sens des reptiles et échappent aux sens de l'homme.

CHAPITRE XVII.

Drogues et boissons préparées ; les unes soporifiques, les autres propres à plonger dans une imbécillité passagère. Circé ; *Népenthès* ; illusions délicieuses, illusions effrayantes, révélations involontaires, courage invincible, produits par des alimens ou des breuvages. Le *Vieux de la Montagne* ne séduisait ses disciples que par des illusions ; il les prémunissait probablement contre les tourmens, par des drogues stupéfiantes. Exemples nombreux de l'emploi de ces drogues. L'usage qu'on en fait, s'il devient habituel, conduit à l'insensibilité physique et à l'imbécillité.

CHAPITRE XVIII.

Action des odeurs sur le moral de l'homme ; action des linimens. *L'onction* magique opérait souvent, dans des rêves, ce que la prévention et le désir prenaient facilement pour des réalités. De pareils rêves donnent l'explication de l'histoire entière des sorciers. L'emploi de quelques connaissances mystérieuses, les crimes auxquels de prétendus sortiléges ont servi de voile, la rigueur des lois dirigées contre le crime absurde de sorcellerie ; telles sont les principales causes qui ont multiplié le nombre des sorciers. Importance de cette discussion, prouvée par des faits récens.

CHAPITRE XIX.

Action de l'imagination préparée par la croyance habituelle à des récits merveilleux, secondée par des accessoires physiques, par la musique, par l'habitude d'exalter son moral, par une terreur irréfléchie, par les pressentimens. Les mouvemens sympathiques propagent les effets de l'imagination. Guérisons produites par l'imagination. Écarts de l'imagination.

troublée par les maladies, par les jeûnes, les veilles et les macérations. Remèdes moraux et physiques, opposés avec succès aux écarts de l'imagination.

CHAPITRE XX.

La médecine faisait partie de la science occulte ; elle ne fut long-temps exercée que par des prêtres ; les maladies étaient envoyées par des génies malfaisans ou des dieux irrités ; les guérisons furent des miracles, des œuvres magiques. La crédulité et l'esprit de mystère attribuèrent à des substances sans énergie des propriétés merveilleuses, et le charlatanisme seconda ce genre de déception. Guérisons mensongères. Abstinences extraordinaires. Substances nutritives prises sous un volume presque imperceptible. Résurrections apparentes.

CHAPITRE XXI.

Substances vénéneuses. Poisons dont l'effet peut être gradué. Morts miraculeuses. Poisons employés dans les épreuves judiciaires. Maladies envoyées par la vengeance divine. Maladies prédites naturellement.

CHAPITRE XXII.

Stérilité de la terre. La croyance aux moyens que les Thaumaturges avaient pour l'opérer, est née surtout du langage des emblèmes. Stérilité naturellement produite. Cultures qui se nuisent les unes aux autres ; substances qui nuisent à la végétation. Atmosphère rendue pestilentielle. *Poudre puante* et nitrate d'arsenic, employés comme armes offensives. Tremblemens de terre et éboulemens prévus et prédits.

CHAPITRE XXIII.

Météorologie. Art de prévoir la pluie, les orages et la direction des vents ; il se transforme, aux yeux du vulgaire, en une faculté d'accorder ou de refuser la pluie et les vents favorables. Cérémonies magiques pour conjurer la chute de la grêle.

CHAPITRE XXIV.

Art de soutirer la foudre des nuages. Médailles et traditions qui en indiquent l'existence dans l'antiquité. Voilé sous le nom de culte de *Jupiter Elicius* et de *Zeus Cataïbatès*, il a été connu de Numa, et d'autres personnages anciens. Les imitateurs du tonnerre s'en sont servis ; il remonte jusqu'à Prométhée ; il explique le mythe de Salmonée ; il fut connu des Hébreux : la construction du temple de Jérusalem en offre la preuve. Zoroastre s'en servit pour allumer le feu sacré, et opérer, dans l'initiation de ses sectateurs, des épreuves et des merveilles. Si les Chaldéens l'ont possédé, il s'est perdu entre leurs mains. Il en subsistait quelques traces dans l'Inde, au temps de Ktésias. Miracles analogues à ceux que cet art produisait, et qui pourtant demandent une explication différente.

CHAPITRE XXV.

Substances phosphorescentes. Apparition subite de flammes. Chaleur développée par l'extinction de la chaux. Substances qui s'embrasent par le contact de l'air et de l'eau. Le pyrophore et le phosphore, le naphte et les liqueurs alcoholiques, employés dans divers miracles. Feu descendu d'en haut : plusieurs causes expliquent cette merveille. Moyse fait consumer par le feu les profanes qui touchent aux choses saintes. Le *Sang de Nessus* était un phosphure de soufre ; et le poison que Médée employa contre Créuse, un véritable feu grégeois : ce feu, retrouvé à plusieurs reprises, a été mis en œuvre très-anciennement : on faisait usage d'un feu inextinguible en Perse et dans l'Hindoustan.

CHAPITRE XXVI.

Compositions analogues à la poudre à canon. Mines pratiquées par Samuel, par les prêtres hébreux sous Osias et sous Hérode ; par les prêtres chrétiens, à Jérusalem sous l'empereur Julien, et en Syrie sous le khalife Motassem ; par les prêtres de Delphes, pour repousser les Perses et les Gaulois. Antiquité de l'invention de la poudre ; vraisemblablement originaire de l'Hindoustan, elle a été connue de tout temps à la Chine. Ses effets, décrits poétiquement, ont paru fabuleux. Armée tatare repoussée par l'artillerie. Prêtres de l'Inde, employant le même moyen pour lancer la foudre sur leurs ennemis. La foudre de Jupiter comparée à nos armes à feu. Divers miracles expliqués par l'emploi de ces armes. La poudre à canon a été connue dans le Bas-Empire, et probablement jusqu'au douzième siècle.

CHAPITRE XXVII.

Les Thaumaturges pouvaient encore opérer des merveilles avec le fusil à vent, la force de la vapeur de l'eau échauffée, et les propriétés de l'aimant. La boussole a pu être connue des Phéaciens, comme des navigateurs de Phénicie. La *Flèche* d'Abaris était peut-être une boussole. Les Finnois ont une boussole qui leur est propre ; et l'on fait usage de la boussole, à la Chine, depuis la fondation de l'empire. Autres moyens d'opérer des miracles. Phénomènes du galvanisme. Action du vinaigre sur la chaux. Amusemens de la physique ; larmes bataviques, etc.

CHAPITRE XXVIII.

Conclusion. Principes suivis dans le cours de la discussion. Réponse à l'objection tirée de la perte des notions scientifiques des anciens. Démocrite seul, parmi eux, s'occupa d'observations et de physique expérimentale. Ce philosophe voyait comme nous, dans les œuvres magiques, les résultats d'une application scientifique des lois de la nature. Utilité dont il est d'étudier sous ce point de vue, les miracles des anciens. Les Thaumaturges ne liaient ensemble, par aucune théorie, leurs notions savantes : c'est un indice qu'ils les avaient reçues d'un peuple antérieur. Les premiers Thaumaturges ne peuvent être accusés d'imposture ; mais il serait dangereux de suivre aujourd'hui leurs traces, en cherchant à subjuguer le peuple par des miracles : l'obéissance volontaire aux lois est une conséquence assurée du bonheur que les lois procurent aux hommes.

NOTE A.

Des dragons et des serpens monstrueux qui figurent dans un grand nombre de récits fabuleux ou historiques.

§ I.

Des reptiles parvenus à une croissance peu ordinaire ont fait naître ou ont accrédité plusieurs de ces récits.

§ II.

D'autres ont eu pour base des expressions figurées que l'on a prises dans le sens physique.

§ III.

Serpens monstrueux, emblèmes des ravages produits par le débordement des eaux.

§ IV.

Légende du Serpent, transportée des tableaux astronomiques, dans le mythologie et dans l'histoire.

§ V.

La même légende s'introduit dans les traditions du christianisme, surtout chez les peuples d'occident.

§ VI.

Explications allégoriques des emblèmes où figurait le Serpent.

§ VII.

Multiplicité des faits de ce genre, adoptés comme des faits réels.

§ VIII.

Variantes dans les circonstances et les dates des récits ; nouveaux vestiges de la légende astronomique.

§ IX.

On applique cette légende à des personnages célèbres : on altère l'histoire pour l'y retrouver.

X.

Objets physiques et monumens dans lesquels le vulgaire retrouve le tableau de la destruction d'un serpent monstrueux.

§ XI.

Les armoiries et les enseignes militaires donnent lieu à de nouvelles applications de la légende astronomique.

§ XII.

Mythologie antérieure, altérée pour y retrouver la légende du Serpent.

§ XIII.

Résumé.

NOTE B.

De la Statue de Memnon.

Récits et inscriptions qui attestent la vocalité de la statue, et font même mention des paroles qu'elle a prononcées. Explications peu satisfaisantes, proposées par divers auteurs. Suivant Langlès, les sons proférés quelquefois par la statue correspondaient aux sept intervalles de l'octave, appropriés, chez les Égyptiens, aux sept voyelles, emblèmes elles-mêmes des sept planètes. Oracle qui a pu être prononcé par la statue de Memnon. Le mécanisme qui produisait le son ou les sons quotidiens, consistait-il, ainsi que l'a soupçonné Langlès, en une suite de marteaux qu'une force occulte mettait en jeu ? Cette conjecture n'est que plausible ; mais on ne peut y substituer la supposition d'une supercherie que sa répétition habituelle aurait rendu trop facile à découvrir.

DES SCIENCES OCCULTES

OU

ESSAI
SUR LA MAGIE, LES PRODIGES

ET

LES MIRACLES.

CHAPITRE PREMIER.

L'homme est crédule parce qu'il est naturellement véridique. En agissant, sur ses passions, par sa crédulité, des hommes supérieurs l'ont ployé à une soumission religieuse. Les récits des merveilles qui les conduisaient à ce but ne sont pas tous controuvés. Il est utile autant que curieux d'étudier les faits que ces récits renferment, et les causes dont les faits dérivent.

L'homme naît et meurt crédule; mais c'est d'un principe honorable que dérive cette disposition, dont les conséquences le précipitent dans tant d'erreurs et de maux. Naturellement véridique, il est enclin à faire de ses paroles l'expression de ses sensations, de ses sentimens et de ses souvenirs, avec la même vérité que ses pleurs et ses cris de douleur et de joie, et surtout ses regards et les mouvemens de sa physionomie revèlent ses souffrances, ses craintes ou ses plaisirs. La parole est plus souvent trompeuse que des signes muets ou inarticulés, parce que le discours tient plus à l'art qu'à la nature ; mais telle est la force du penchant qui nous entraîne vers la vérité, que l'homme le plus habitué à la trahir est d'abord porté à supposer que les autres la respectent; et pour qu'il leur refuse sa croyance, il faut que, dans ce qu'ils affirment, quelque chose répugne à ce qu'il sait déjà, ou lui fasse soupçonner un dessein formé de le tromper.

La nouveauté des objets et la difficulté de les rapporter à des objets connus, ne révolteront point la crédulité de l'homme simple. Ce sont quelques sensations de plus qu'il reçoit sans les discuter; et leur singularité est peut-être un attrait qui les lui fait accepter avec plus de plaisir. L'homme, presque toujours, aime et cherche le merveilleux. Ce goût est-il naturel ? dérive-t-il de l'éducation que, pendant plusieurs siècles, le genre humain a reçue de ses premiers instituteurs ? Question vaste et neuve encore, mais qui n'est point de mon sujet. Il suffit d'observer que l'amour du merveilleux, préférant toujours le récit le plus surprenant au récit naturel, celui-ci, trop souvent, a été négligé et s'est perdu sans retour. Quelquefois, pourtant, et nous en rappellerons plus d'un exemple, la vérité simple a échappé au pouvoir de l'oubli.

L'homme confiant peut être trompé une ou plusieurs fois : mais sa crédulité n'est point un instrument qui suffise pour dominer son existence entière. Le merveilleux n'excite qu'une admiration passagère : en 1798, nos compatriotes remarquèrent avec surprise combien peu le spectacle des globes aérostatiques émouvait l'Égyptien indolent. Des Sauvages voient un Européen exécuter des tours d'adresse et des tours de physique qu'ils ne peuvent et ne désirent même pas expliquer : c'est un spectacle qui les amuse, sans conséquence pour eux, et sans donner aucune prise sur leur tranquille indépendance.

Mais on conduit l'homme par ses passions, et surtout par l'espérance et la crainte. La crainte, l'espérance, qui peut mieux les faire naître, les entretenir, les exalter, qu'une crédulité sans défiance? La raison se trouble, l'imagination se remplit de merveilles. C'est peu de croire à des œuvres surnaturelles, on y voit les bienfaits et les vengeances, on y lit les ordres et les menaces d'êtres tout-puissans qui, dans leurs mains redoutables, tiennent la destinée des faibles mortels.

Dès les temps les plus anciens, les hommes supérieurs qui voulurent imposer à leurs semblables le frein de la religion, présentèrent les miracles et les prodiges comme des signes certains de leur mission, comme des œuvres inimitables de la divinité dont ils étaient les interprètes. Saisie d'effroi, la multitude se courba sous le joug; et l'homme le plus superbe frappa les marches de l'autel de son front humilié.

Les siècles se sont écoulés : consolé tour-à-tour et épouvanté, régi quelquefois par des lois justes, soumis plus souvent à des tyrans capricieux ou féroces, le genre humain a cru et obéi. L'histoire de tous les pays et de tous les âges est chargée de récits merveilleux. nous les rejetons aujourd'hui avec dédain; dédain peu philosophique! Ne méritent-elles pas un haut intérêt, les croyances qui ont exercé une si puissante influence sur les destinées du genre humain? Oublions-nous que l'intervention de la divinité, visible dans les prodiges et dans les miracles, a été presque partout l'instrument le plus puissant de la civilisation; que les sages même ont douté (1) s'il peut exister des lois, des institutions durables, sans la garantie qu'assure cette intervention universellement respectée ?

Si nous considérons les mêmes faits sous le rapport de leurs causes, le dédain est encore moins fondé : l'origine des fables qui nous semblent révoltantes, appartient peut-être à une partie honorable de l'histoire du genre humain. Dans les récits merveilleux, tout ne peut pas être mensonge et illusion. La crédulité a son terme, et l'invention le sien. Étudions l'homme, non dans des traditions trompeuses, mais dans ses habitudes constantes : malaisément une imposture s'établirait si, dans

---

(1) J. J. Rousseau, *du Contrat social*, livre IV, chap. 8.

nos sensations ou dans nos souvenirs, elle ne rencontrait rien qui la secondât; moins aisément encore prendrait-elle naissance. L'homme est crédule, parce qu'il est naturellement véridique. Le mensonge est plus facile pour dénier, déguiser ou déplacer la vérité que pour la contrefaire (1). L'invention, jusque dans les petites choses, coûte des efforts dont l'homme n'est pas toujours capable. Le génie inventeur, lors même qu'il ne s'exerce que pour nous instruire ou pour nous plaire, cède à chaque pas au besoin de se rapprocher de la réalité et de la mêler à ses créations, certain que, sans cet artifice, elles trouveraient peu d'accès dans l'esprit humain. A plus forte raison, l'homme qui a un grand intérêt à subjuguer notre crédulité, hasardera rarement une fable qui n'ait point pour base quelque fait vrai, ou dont la possibilité soit au moins supposable. Cette attention adroite perce dans les emprunts faits à des âges et à des contrées éloignées, et dans les répétitions

---

(1) On suppose difficilement une chose pleine d'invraisemblances; et, osons le dire, un fait de cette nature est rarement controuvé (Sainte-Croix, *Examen critique des historiens d'Alexandre*, 2e édition, in-4º, Paris, 1804, page 29.

dont abonde l'histoire des prodiges, et que déguise faiblement l'altération de quelques détails. On la reconnaîtra mieux encore, en se convaincant avec nous que la plupart des faits merveilleux peuvent s'expliquer par un petit nombre de causes plus ou moins faciles à discerner et à développer.

La recherche de ces causes n'a point pour but de satisfaire une vaine curiosité. Les prodiges, nés d'une observation plus ou moins exacte de la nature, les inventions, les impostures même des thaumaturges, doivent, pour la plupart, rentrer dans le domaine des sciences physiques. Considérée sous ce point de vue, l'histoire des sciences, de leurs progrès et de leurs variations, peut fournir des notions précieuses sur l'antiquité de la civilisation et sur ses vicissitudes ; on peut y puiser des indices curieux sur les origines non encore soupçonnées de quelques-unes de nos connaissances. Un autre avantage, enfin, récompensera nos recherches : éclaircie par elles, l'histoire va se présenter sous un nouveau jour ; nous lui rendrons des faits réels ; nous rendrons aux historiens un caractère de véracité sans lequel le passé tout entier serait perdu pour l'histoire de l'homme civilisé : convaincus d'ignorance et de mensonge dans leurs récits, sans cesse répétés, d'événemens merveilleux, quelle foi mériteraient-ils dans les récits même les plus vraisemblables? Justement décriée par l'alliage continuel de l'erreur à la vérité, et sans intérêt pour la philosophie morale, sans intérêt pour la politique, l'histoire ne serait qu'une *fable convenue;* et n'est-ce pas même ainsi que l'ont jugée des savans? Mais non : l'homme civilisé, qui a étudié et décrit les mœurs de tant d'espèces vivantes, n'en est pas réduit à ce point de dégradation de n'avoir conservé que des fables dans les souvenirs qui peuvent lui faire connaître sa propre espèce. Loin de n'offrir qu'un recueil d'inepties et de mensonges, les pages les plus merveilleuses de l'histoire nous ouvrent les archives d'une politique savante et mystérieuse, dont, en tous les temps, quelques hommes savans se sont servis pour régir le genre humain, pour le conduire à l'infortune ou au bonheur, à la grandeur ou à la bassesse, à l'esclavage ou à la liberté.

CHAPITRE II.

Distinction des *prodiges* et des *miracles*. Motifs qui rendent croyables les récits merveilleux : 1° le nombre et la concordance des récits, et la confiance que méritent les observateurs et les témoins ; 2° la possibilité de faire disparaître le merveilleux, en remontant à quelqu'une des causes principales qui ont pu donner à un fait naturel une couleur merveilleuse.

Dans le domaine du merveilleux, faisons deux parts : celle des prodiges, et celle des miracles et des œuvres magiques.

Indépendans de toute action humaine, les *prodiges* sont les événemens singuliers que ne produit la nature qu'en paraissant s'écarter des lois qu'elle s'est invariablement prescrites.

Tout est prodige pour l'ignorance, qui, dans le cercle étroit de ses habitudes, voit le cercle où se meut l'univers. Pour le philosophe, il n'y a point de prodiges : une naissance monstrueuse, l'éboulement subit de la roche la plus dure, résultent, il le sait, de causes aussi naturelles, aussi nécessaires que le retour alternatif du jour et de la nuit.

Tout-puissans autrefois sur les craintes, les désirs et les résolutions des hommes, les prodiges, aujourd'hui, ne font qu'éveiller l'incrédulité et appeler l'examen des sages. Dans l'enfance des sociétés, les hommes supérieurs s'emparaient de tous les faits rares, de toutes les merveilles réelles ou apparentes, pour les transformer, aux yeux du vulgaire, en témoignages du courroux, des menaces, des promesses ou de la bienveillance des dieux.

Les *miracles* et les *œuvres magiques*, rapportés également à une influence surnaturelle, sont des merveilles opérées par des hommes, soit qu'une divinité bienfaisante ou terrible se serve de leur ministère, soit que la divinité agisse elle-même, après avoir daigné revêtir notre forme périssable, soit enfin que, par l'étude des *sciences transcendantes*, de hardis mortels aient asservi à leur empire les *génies* doués de quelque pouvoir sur les phénomènes du monde visible.

Tout miracle imprime un sentiment de vénération aux hommes religieux ; mais ils ne décorent plus de ce nom que les œuvres surnaturelles consacrées par leur croyance. Nous ferons donc du mot *magie* le nom général de l'art d'opérer des merveilles : c'est nous écarter des idées reçues ; c'est nous rapprocher des idées anciennes et de la vérité.

Partout où une révélation religieuse ne domine pas la pensée, quels motifs de crédibilité pourront faire admettre à un esprit judicieux l'existence de prodiges ou d'œuvres magiques ?

Le calcul des probabilités lui servira de guide.

Qu'un homme soit abusé par des apparences plus ou moins spécieuses, ou qu'il cherche lui-même à nous tromper s'il a intérêt à le faire, cela est beaucoup plus probable que l'exactitude d'un rapport qui implique quelque chose de merveilleux. Mais si, en des temps et des lieux divers, beaucoup d'hommes ont vu la même chose ou des choses semblables, si leurs récits se multiplient et s'accordent entre eux, l'improbabilité qui les écartait diminue, et peut finir par disparaître.

Est-il croyable qu'en l'an 197 de notre ère, une pluie de vif-argent soit tombée à Rome, dans le *forum* d'Auguste? Dion Cassius ne la vit pas tomber, mais il l'observa immédiatement après sa chute; il en recueillit des gouttes et s'en servit pour frotter une pièce de cuivre et lui donner l'apparence de l'argent, qu'elle conserva, dit-il, trois jours entiers (1). Malgré son témoignage positif, malgré la tradition rapportée par Glycas, et suivant laquelle la même merveille s'opéra sous le règne d'Aurélien (2), cette merveille est trop étrange pour qu'on puisse aujourd'hui l'admettre. Faut-il néanmoins la rejeter d'une manière absolue? L'impossible, dit-on, n'est jamais probable : non ; mais pouvons-nous assigner

---

(1) « *Coelo sereno pluvia rori simillima, colorisque argentei, in forum Augusti defluxit, quam ego, et si non vidi cum caderet, tamen ut ceciderat, inveni; eâque, ita ut si esset argentum, oblivi monetam ex aere; mansitque is color tres dies; quarto vero die quidquid oblitum fuerat evanuit.* » (Xiphilin, in Severo.)

(2) « *Aureliano imperante argenti guttas decidisse sunt qui tradant.* » (Glycas, Annal., lib. III.)

les limites du possible? Examinons; doutons; ne nous hâtons pas de nier. Au commencement du XIX.ᵉ siècle, l'élite des savans français, peu de jours après avoir repoussé avec quelque sévérité la relation d'une pluie d'aérolithes, fut contrainte à reconnaître l'existence et la répétition assez fréquente de ce phénomène (1). Si un prodige semblable à celui qu'atteste Dion, était rapporté, à différentes époques, par d'autres écrivains; s'il se renouvelait de nos jours, sous les yeux d'observateurs exercés, ce ne serait plus une fable, une illusion, mais un phénomène qui, comme la chute des aérolithes, prendrait place

(1) Voici un fait qui peut nous induire à réfléchir avant de nier les prodiges rapportés par les anciens : nous le traiterions de fable s'ils l'avaient raconté; il est récent, et de nombreux témoins oculaires sont prêts à l'affirmer.

Le 27 mai 1819, à quatre heures du soir, la commune de Grignoncourt, arrondissement de Neufchâteau, département des Vosges, fut dévastée par une grêle énorme. M. Jacoutot, alors et encore aujourd'hui maire de cette commune, ramassa et laissa fondre plusieurs grêlons qui pesaient près d'un demi-kilogramme; il trouva au centre de chacun une pierre couleur de café clair, épaisse de quatorze à dix-huit millimètres, plus large qu'une pièce de deux francs, plate, ronde, polie, et percée, au milieu, d'un trou où l'on pouvait faire entrer le petit doigt. Partout où la grêle était tombée, on trouva, quand elle fut fondue, beaucoup de pareilles

dans les fastes où la science consigne les faits qu'elle a reconnus certains, sans prétendre encore les expliquer.

Quel dédain, quel ridicule, quel mépris repousseraient l'auteur ancien chez lequel nous lirions, « qu'une femme avait une ma-
« melle à la cuisse gauche, avec laquelle elle
« nourrit son enfant et plusieurs autres. » Ce phénomène vient d'être avéré par l'Académie des Sciences de Paris (1). Pour le mettre hors de doute, il a suffi de l'exactitude connue du savant qui l'a observé, et de la valeur des témoignages dont sa véracité s'appuie.

pierres, jusqu'alors inconnues dans la commune de Grignoncourt. Dans un procès-verbal adressé à M. le sous-préfet de Neufchâteau, M. Jacoutot a fait mention de ce phénomène extraordinaire; et c'est lui-même qui, le 16 septembre 1826, a donné à deux autres personnes et à moi ces détails, qu'il offrait de faire attester par tous les habitans de la commune, et que m'a confirmés spontanément M. Garnier, curé de Châtillon-sur-Saône et Grignoncourt.

Sur les bords de l'Ognon, rivière qui coule à dix ou douze lieues de Grignoncourt, on voit une grande quantité de pierres semblables à celles dont il s'agit, et également percées dans le milieu : seraient-elles aussi le produit d'une grêle chargée d'aérolithes ?

(1) Séance du 25 juin 1827. Voyez la *Revue encycloped.*, tome xxxv, page 244.

Une cause encore diminue et finit par effacer l'invraisemblance des récits merveilleux, c'est la facilité que l'on trouve à dépouiller de ce qu'ils présentent de prodigieux, ceux qui d'abord provoquaient une sage défiance. Pour cela, le plus souvent, il suffit de reconnaître le principe de l'exagération dans quelqu'une des dispositions devenues propres à l'esprit humain, grâce à l'obscurité profonde où ses guides cherchent toujours à le retenir. L'ignorance prépare la crédulité à recevoir les prodiges et les miracles ; la curiosité l'y excite ; l'orgueil l'y intéresse ; l'amour du merveilleux la séduit ; la prévention l'entraîne ; l'effroi la subjugue ; l'enthousiasme l'enivre ; le hasard, c'est-à-dire une suite d'événemens dont nous n'apercevons pas la connexion, et qui permet ainsi de rapporter un effet à une cause qui lui est étrangère, combien de fois le hasard, secondant tous ces agens d'erreur, ne s'est-il pas joué de la crédulité humaine !

Que des miracles aient été produits par la science ou l'adresse d'une caste habile qui, pour conduire les peuples, employait le ressort de la croyance, ou que cette caste n'ait fait que mettre à profit les prodiges qui frappaient les yeux du vulgaire, et les miracles dont l'existence était déjà inculquée dans son esprit; réels ou apparens, nous devons discuter les uns et les autres. Nous dévoilerons ainsi la marche d'une classe d'hommes qui, fondant leur empire sur le merveilleux, ont voulu faire trouver du merveilleux partout, et la docilité stupide de la multitude qui a consenti facilement à voir partout du merveilleux. Nous resserrerons aussi, dans ses véritables limites, le domaine des sciences occultes, but principal de notre investigation, si nous indiquons exactement les causes qui, avec les efforts de la science et les œuvres de la nature, concoururent, soit à opérer des miracles, soit à déterminer l'importance et l'interprétation des prodiges dont s'emparait un thaumaturge, prompt à suppléer par la présence d'esprit à son impuissance réelle.

Dans la discussion, nous ne craindrons pas de multiplier les exemples; nous ne craindrons point d'entendre le lecteur s'écrier : on savait tout cela! on le savait; mais en avait-on tiré les conséquences? Il ne suffirait pas d'offrir l'explication plausible de quelques faits isolés. Nous en devons rapprocher et comparer une masse assez considérable pour être en droit de tirer cette conclusion : puisque, dans chaque branche de notre système, nos explications conservent le fond de vérité et dissipent le merveilleux d'un grand nombre de faits, il devient infiniment probable que ce système a la vérité pour base, et qu'il n'est point de faits qui échappent à son application.

CHAPITRE III.

Énumération et discussion de ces causes. Apparences décevantes et jeux de la Nature. Exagération des détails d'un phénomène ou de sa durée. Expressions impropres, mal comprises, mal traduites. Expressions figurées; style poétique. Explications erronées de représentations emblématiques. Apologues et allégories adoptés comme des faits réels.

Tel est l'attrait attaché aux faits extraordinaires, que l'homme peu éclairé s'afflige quand on le retire des rêves du merveilleux pour le replacer dans la vérité, et que les apparences les plus légères suffisent pour transformer à ses yeux, en êtres vivans ou en ouvrages mobiles des hommes, les immobiles ouvrages de la Nature. Cet attrait, et le penchant à l'exagération qui en est une conséquence; l'opiniâtreté des traditions qui rappellent comme subsistant encore ce qui a cessé depuis des siècles ; l'orgueil singulier que met un peuple à s'approprier, dans son histoire, les traditions fabuleuses ou allégoriques qu'il a reçues d'un peuple antérieur à lui ; les expressions inexactes, les traductions plus inexactes des récits anciens ; l'emphase propre aux langues de l'antiquité, et le style figuré, attribut essentiel de la poésie, c'est-à-dire du premier langage dans lequel les connaissances et les souvenirs aient été livrés à la mémoire des peuples ; le désir naturel chez des hommes à demi éclairés, d'expliquer des allégories et des emblèmes dont le sens n'était connu que des sages ; l'intérêt qui porte également les passions nobles et les passions basses à agir par le merveilleux sur la crédulité du présent et de l'avenir : telles sont les causes qui, séparées ou réunies, ont grossi les fastes de l'histoire d'un grand nombre de fictions prodigieuses (1), sans que les dépositaires des lumières

---

(1) Il est une de ces fictions dont la production, la durée et l'universalité ont tenu à la réunion de ces diverses causes. Elle nous a paru digne de devenir le sujet d'un Mémoire particulier. Voyez, dans le second volume, la note A, *Des dragons et des serpens monstrueux.*

eussent besoin de seconder cette création par leur impulsion puissante. Souvent donc, pour trouver un fait naturel sous l'enveloppe du prodige le plus absurde, il suffira d'écarter les accessoires qu'y aura ajoutés quelqu'une des causes dont nous venons de signaler l'influence.

Parmi les métamorphoses et les merveilles consacrées dans l'histoire ou embellies par la poésie chez les Latins et les Grecs, plusieurs ne sont que la traduction historique de certains noms d'hommes, de peuples et de lieux : toutes s'expliquent par un principe simple ; au lieu de dire que le souvenir du miracle a créé le nom de l'homme, du peuple, du pays ou de la ville, il faut dire, au contraire, que le nom a enfanté le miracle. C'est ce que nous avons établi ailleurs (1), en indiquant, en même temps, l'origine de ces noms significatifs.

Si l'amour du merveilleux a fait adopter des récits dont l'origine fabuleuse était si

---

qui figurent dans un grand nombre de récits fabuleux et historiques.

(1) *Essai historique et politique sur les noms d'hommes, de peuples et de lieux*; par Eusèbe Salverte. *Passim.*

facile à dévoiler ; à plus forte raison, il a dû s'emparer des jeux de la nature, tels que les apparences qui font rouler aux fleuves des ondes ensanglantées, et donnent à un rocher la ressemblance d'un homme, d'un animal, ou d'un navire.

Memnon est tombé sous les coups d'Achille. Les dieux recueillent les gouttes de son sang ; ils en forment un fleuve qui coule dans les vallées de l'Ida. Tous les ans, au jour fatal qui vit le fils de l'Aurore périr victime de son courage, les eaux du fleuve reprennent la couleur du sang dont elles tirent leur origine (1). Ici, comme dans mille autres occasions, la tradition grecque est copiée d'une tradition plus ancienne. Du Mont Liban, descend le fleuve Adonis (2). Chaque année, à la même époque, il prend une teinte fortement rouge, et porte à la mer des flots ensanglantés. C'est le sang d'Adonis ; et ce prodige indique que l'on doit commencer les cérémonies de deuil en l'honneur du demi-dieu. Un habitant de Byblos expliquait le

---

(1) Q. *Calaber. Praetermiss. ab Homer.* lib. II.
(2) *Traité de la Déesse de Syrie* (Œuvres de Lucien), tome V, page 143.

phénomène, en observant que le sol du Mont Liban, aux lieux où l'arrose l'Adonis, est composé d'une terre rouge; dans un certain temps de l'année, le vent, desséchant la terre, soulève et porte dans le fleuve des tourbillons de poussière de la même couleur. Une supposition analogue peut rendre compte du changement de teinte qu'éprouve régulièrement le fleuve de l'Ida. Dans la saison des pluies ou de la fonte des neiges, ses eaux atteignent probablement, et dissolvent en partie un banc de terre ochreuse, imprégnée de sulfure de fer, dont les vapeurs infectes qu'exhale alors le fleuve (1), font reconnaître la présence. L'apparence merveilleuse peut ainsi ne se reproduire qu'à une certaine époque, ou même qu'au jour précis où les eaux du fleuve ont acquis leur plus grande élévation.

C'est en Phrygie que Diane couronna l'amour d'Endymion; on reconnaissait, de loin, la couche qui fut le théâtre de leurs plaisirs; il en ruisselait constamment un lait frais et éclatant de blancheur. A une distance moin-

---

(1) *Q. Calaber. Praetermiss. ab Homero.* lib. 11.

dre, le spectateur ne voyait plus couler qu'une eau limpide ; au pied de la montagne, on n'apercevait qu'un simple canal creusé dans le roc (1) : le miracle avait disparu ; une illusion d'optique, qui se dissipait d'elle-même, suffisait néanmoins pour en perpétuer la croyance.

Un écueil voisin de l'île de Corfou offre l'apparence d'un vaisseau à la voile (2). Des observateurs modernes ont constaté cette ressemblance (3) qui avait frappé les anciens, et qui n'est même pas un fait unique : dans un autre hémisphère, près de la terre des Arsacides, sort du sein des flots le rocher d'Eddystone, si semblable à un vaisseau à la voile, que les navigateurs anglais et français s'y sont plus d'une fois trompés (4). On se borne aujourd'hui à noter cette singularité. Aux yeux des anciens Grecs, l'écueil voisin de Corfou était le vaisseau phéacien qui ramena Ulysse

---

(1) *Q. Calaber. ibid.* lib. x.
(2) *Plin. Hist. natur.* lib. iv, cap. 12.
(3) *Observations sur l'île de Corfou, Bibliothèque universelle (littérature)*, tome ii, page 195, juin 1816.
(4) La Billardière, *Voyage à la recherche de la Peyrouse*, in-4º, Paris, an 8, tome i, p. 215.

dans sa patrie, et que changea en rocher le dieu des mers, indigné que le vainqueur de son fils Polyphème eût enfin revu Ithaque et Pénélope.

Observons que ce récit n'a pas seulement pour base une fiction poétique : il rappelle la coutume pieuse, suivie par les navigateurs anciens, la coutume de consacrer aux dieux la représentation en pierre du navire qui les avait portés dans le cours d'un périlleux voyage. Agamemnon consacra un vaisseau de pierre à Diane, lorsque cette déesse, si chèrement apaisée, rouvrit à l'ardeur guerrière des Grecs le chemin de la mer. Un marchand avait, dans Corcyre, consacré à Jupiter une semblable représentation, que quelques voyageurs néanmoins croyaient être le vaisseau sur lequel Ulysse retourna dans sa patrie (1).

---

(1) Procope, *Histoire mêlée*, chap. XXII. Sur une haute colline, près de la ville de Vienne, département de l'Isère, se trouve un monument qu'on appelle *le Bateau de pierre*. On n'y voit plus qu'un caveau voûté. Son nom, que ne motive aujourd'hui aucun souvenir, aucune apparence locale, a donc été conservé par une tradition ancienne ; il rappelle probablement que la voûte supportait jadis un *bateau en pierre*, consacré aux dieux par des voyageurs échappés aux périls de

Cette roche que l'œil distingue d'abord sur le flanc du Mont Sypile, c'est l'infortunée Niobé, transformée en pierre par le courroux ou la pitié des dieux. Q. Calaber chante cette métamorphose ; et toutefois, en l'admettant, il l'explique : « De loin, dit-il, on croit voir « une femme poussant des sanglots et fon- « dant en larmes ; de près, on ne voit qu'une « masse de pierre qui paraît détachée de la « montagne (1). J'ai vu, dit Pausanias, cette « *Niobé* ; c'est un roc escarpé qui, vu de « près, ne ressemble nullement à une femme ; « mais si vous vous éloignez un peu, vous « croyez voir une femme ayant la tête pen- « chée et versant des pleurs (2). »

Des maladies endémiques ont été nommées en style figuré, les *flèches d'Apollon et de Diane*, parce qu'on en rapportait l'origine à l'influence sur l'atmosphère, du soleil et de la lune, ou plus exactement, aux alternatives

---

la navigation du Rhône, et placé sur ce point élevé, d'où il frappait au loin les regards des passagers embarqués sur le fleuve.
(1) *Q. Calaber*........., lib. 1.
(2) *Pausanias. Attic.* xxi.

subites de chaud et de froid, de sècheresse et d'humidité qu'amène la succession du jour et de la nuit, dans un pays montueux et boisé. Que quelqu'une de ces maladies ait régné dans le voisinage du mont Sypile; que, victimes de ses ravages, tous les enfans d'un chef aient péri successivement aux yeux de leur mère désolée; il n'y a rien là que de vraisemblable. L'homme superstitieux est enclin à supposer un crime où il voit un malheur; on racontera que Niobé a été justement punie : pleine de l'orgueil bien naturel qu'inspire à une mère la prospérité de sa nombreuse famille, elle avait osé comparer son bonheur à celui des divinités dont elle a ressenti les coups. On rapprochera ensuite du souvenir de cette mère infortunée, le rocher qui figure une femme éplorée comme elle, et succombant à sa douleur; on finira par y voir son image. Tout cela peut aussi bien être une histoire vraie, qu'une allégorie propre à combattre la présomption, par le tableau de l'instabilité des prospérités humaines. Dans l'un ou l'autre cas, les prêtres d'Apollon et de Diane seconderont la croyance établie, s'ils ne l'ont pas fait naître, et se plairont à montrer, sur le mont Sypile, un monument impérissable de la juste vengeance des Dieux.

Dans une vallée dont le sol est si profondément imprégné de sel que l'atmosphère même (1) en est chargée, le hasard a ébauché, sur un bloc de pierre, la figure d'une femme debout et détournant la tête ; près de là, dit-on, périt jadis l'épouse d'un patriarche célèbre, victime, dans sa fuite, d'un retard peut-être involontaire : le bloc salin devient une statue de sel, en laquelle cette femme a été transformée, pour avoir retourné la tête malgré les ordres de son guide; et la crédulité adopte avidement un prodige qui réunit l'avantage de se lier à l'histoire locale, et celui d'offrir un apologue dirigé contre la curiosité.

Tant d'inégalités hérissent la surface des rochers, que, dans les cavités qu'elles séparent, il s'en trouvera toujours dont la forme rappellera celle de quelque objet familier à nos yeux. L'œil avide de merveilles y décou-

---

(1) Volney, *Voyage en Syrie* (œuvres complètes), tome II, page 294.

vre bientôt des empreintes très-reconnaissables, et gravées sur la pierre par un pouvoir surnaturel. Je ne citerai point l'empreinte du pied de Budda, sur le pic d'Adam, à Ceylan : un observateur (1) soupçonne qu'elle est l'ouvrage de l'art. Cela est encore plus probable pour l'empreinte du pied de *Gaudma*, révérée chez les Birmans; elle ressemble mieux à un tableau hiéroglyphique (2), qu'à un jeu de la nature. Mais, en Savoie, non loin de Genève, le paysan crédule montre un bloc de granit sur lequel le diable et son mulet ont laissé les traces profondes de leurs pas. Des traces non moins profondes marquaient, sur un rocher voisin d'Agrigente, le passage des vaches conduites par Hercule (3). Sur les parois d'une grotte près de Médine, les Musulmans voient l'empreinte de la tête de Mahomet, et sur un rocher de Palestine, celle du pied de son chameau, aussi parfaitement marquée qu'elle le

---

(1) Sir John Davy, dans une lettre à sir Humphrey Davy, son frère.

(2) Voyez la figure de cette empreinte dans *l'Atlas du Voyage de Syme au royaume d'Ava*.

(3) *Diod. Sic.* lib. IV, cap. 6.

pourrait être sur le sable (1). Le mont Carmel s'honore de conserver l'empreinte du pied d'Élie, et celle du pied de Jonas est répétée quatre fois près de son tombeau, aux environs de Nazareth. Moïse, caché dans une caverne, laisse sur le rocher l'empreinte de son dos et de ses bras. La pierre sur laquelle on pose le corps de Sainte-Catherine, mollit et garde l'empreinte de ses reins. Les chrétiens révèrent, près de Nazareth, l'empreinte du genou de la Vierge-Mère; celles des pieds et des coudes de Jésus-Christ, sur une roche qui s'élève au milieu du torrent de Cédron ; et une dernière empreinte du pied de l'Homme-Dieu, au lieu même où l'on assure qu'il quitta la terre pour remonter au séjour céleste (2). Quelque multipliés que soient ces prodiges (et nous sommes loin de les avoir rappelés tous), ils ne lassent ni la foi, ni la piété ; on les adopte, on les révère, on finit même par les transporter dans son propre pays. Au milieu du Soudan (3),

(1) Thévenot, *Voyage au Levant*, pages 300 et 320.
(2) *Idem, ibidem*, pages 319, 320, 368, 369, 370, 425 et 426.
(3) Sur une montagne située au nord de la ville de Kano,

le Musulman zélé montre une empreinte gigantesque du pied du chameau sur lequel Mahomet monta au Ciel; et sur un rocher voisin de la Vienne, l'habitant du département de la Charente, reconnaît encore aujourd'hui l'empreinte du pied droit de Sainte-Magdelaine (1) : tant il est naturel à l'homme d'accueillir un prodige honorable pour les lieux que lui rend chers sa vanité nationale ou sa croyance religieuse ! Béthléem offrait jadis, sur le dernier point, un exemple encore plus remarquable. En s'y couchant au bord d'un puits, la tête couverte d'un linge, on voyait, suivant Grégoire de Tours (2), l'étoile qui guida les trois mages, passer d'une paroi du puits sur l'autre, en rasant la surface de l'eau; mais elle ne se rendait visible, ajoute l'historien, qu'aux pélerins qui, par leur foi, étaient dignes de cette faveur, c'est-à-dire qu'à des hommes possédés d'une préoccupation assez vive pour ne pas recon-

---

Voyages et découvertes en Afrique; par Denham, Clapperton et Oudney; traduction française, tome III, page 38.

(1) *Mémoires de la Société des Antiquaires de France,* tome VII, pages 42 et 43.

(2) *Greg. Turon., Miracul.,* lib. I, § 1.

naître, dans ce qu'ils apercevaient, l'image vacillante d'un rayon de soleil réfléchi par l'eau.

II. Pour rendre à la vérité, des histoires en apparence fabuleuses, il suffit souvent de ramener à des proportions naturelles, des détails visiblement exagérés, ou de reconnaître, dans le miracle présenté comme aussi constant qu'énergique, un phénomène faible et passager. Le diamant, le rubis, exposés long-temps au soleil et portés ensuite dans l'obscurité, répandent une lueur phosphorescente de quelque durée : l'emphase des conteurs orientaux nous montre un diamant, une escarboucle, éclairant, toute la nuit, par les feux qu'ils répandent, les profondeurs d'un bois sombre ou les vastes salles d'un palais.

Sous le nom de *roukh* ou *rokh*, les mêmes conteurs peignent souvent un oiseau monstrueux, dont la force excède toute vraisemblance. En réduisant l'exagération à une mesure donnée par des faits positifs, Buffon reconnaît, dans cet oiseau, un aigle que sa vigueur et ses dimensions rapprochent du *condor* d'Amérique, et du *laemmer-geyer* des Alpes.

Que l'on rejette ce qu'ont raconté de l'immense *kraken*, les marins du nord ; que l'on taxe d'exagération ce que rapportent Pline et Élien, des dimensions de deux polypes de mer, qu'avaient pourtant dû voir des observateurs nombreux, et à des époques peu éloignées de celles où l'un et l'autre auteurs ont écrit; il suffit d'admettre, avec Aristote, que les bras de ce mollusque atteignent quelquefois jusqu'à deux mètres de longueur; et, comme les auteurs du *nouveau Dictionnaire d'Histoire Naturelle*, on avouera qu'il peut enlever un homme sur une chaloupe découverte (1). Que devient alors la fable de *Scylla ?* Ce monstre, le fléau des poissons les plus forts qui passaient à sa portée, et dont les six têtes soudainement élancées hors des flots, sur leurs cous démesurés, entraînèrent six des rameurs d'Ulysse (2); ce monstre, si l'on substitue, à l'exagération poétique, la réalité possible, n'est qu'un polype parvenu à une croissance extraordinaire, et collé contre l'écueil vers

---

(1) Voyez *Plin.*, *Hist. nat.*, lib. ix, cap. 30; *Aelian. De Nat. Anim.*, lib. xiii, cap. 6; *Aristot. Hist. Animal.* lib. iv, cap. 1; et *le Nouveau Dictionnaire d'Histoire naturelle*, in-8o, 1819, tome xxx, page 462.

(2) *Homer. Odyss.* lib. xii, vers 90 — 100 et 245 — 269.

lequel la crainte du gouffre de Charybde forçait des navigateurs peu expérimentés à diriger leurs frêles embarcations. Combien d'autres fables, dans Homère, ne sont ainsi que des faits naturels, grandis par l'optique de la poésie !

Dans l'énumération des plantes douées de propriétés magiques, Pline en nomme trois qui, suivant Pythagore, ont la propriété de congeler l'eau (1). Mais ailleurs, et sans recourir à la magie, Pline accorde au chanvre une propriété analogue ; suivant lui, le suc de cette plante, versé dans l'eau, s'épaissit soudain en forme de gelée (2). On reconnaît avec assez de vraisemblance, dans la plante qu'il désigne ici, une espèce de guimauve à feuilles de chanvre, l'*althaea cannabina* de Linnée ; son suc très-mucilagineux peut produire, jusqu'à un certain point, cet effet, qu'on obtiendra également de tous les végétaux aussi riches en mucilage : ce n'est donc, dans les deux cas, qu'un fait un peu exagéré.

---

(1) *Plin. Hist. nat.* lib. xxiv. cap. 13 et 17.
(2) *Idem, ibidem.* lib. xx. cap. 23.

La plante nommée *Cynospastos* et *Aglaophotis*, par Élien, et *Baaras* par l'historien Josèphe, « porte une fleur de couleur de « flamme, et brille, vers le soir, comme « une sorte d'éclair (1). » Cela n'a rien d'impossible. La fleur de la capucine, à l'instant de sa fécondation, offre, a-t-on dit, ce phénomène, surtout à l'entrée de la nuit, après une journée très-chaude. Je sais que le fait est aujourd'hui révoqué en doute : on ne peut nier du moins que des apparences assez marquées ne l'aient fait admettre par des observateurs habiles. Les mêmes apparences ont pu dicter les récits de Josèphe et d'Élien. Leur tort est d'avoir supposé constant un phénomène qui ne peut être que momentané.

Dans les vallées voisines du lac Asphaltide, dit le voyageur Hasselquist, le fruit du *solanum melongena* (LINN.) est souvent attaqué par un insecte (*tenthredo*) qui convertit tout le dedans en poussière, ne laissant que la peau entière, sans lui faire rien perdre de

---

(1) *Fl. Joseph. de Bello judaïco.* lib. VII. cap. 25; *Aelian. de Nat. animal.* Cet auteur (lib. XIV. cap. 27) raconte à peu près les mêmes choses d'une algue marine qu'il assimile au Cynospastos.

sa forme ni de sa couleur (1). C'est aux mêmes lieux que Josèphe fait naître la *pomme de Sodôme* qui trompe l'œil par sa couleur, et sous la main se résout en fumée et en cendres, pour rappeler, par un miracle permanent, une punition aussi juste que terrible (2). L'historien ancien généralise donc encore l'accident particulier observé par le naturaliste moderne : c'est pour lui le dernier trait de la malédiction divine que les traditions de ses aïeux font peser sur les ruines de la Pentapole.

Un naturaliste américain (3) affirme qu'à l'approche de quelque danger, les petits du serpent à sonnettes se réfugient dans la gueule de leur mère..... Un exemple analogue à celui-là a pu induire les anciens à croire que

---

(1) Hasselquist, *Voyage dans le Levant*, tome II, page 90. Le voyageur Brouchi, n'ayant point trouvé le *solanum melongena*, des bords de la mer Morte jusqu'à Jérusalem, pense que Hasselquist s'est trompé, et que la pomme de Sodôme est une protubérance semblable à la noix de galle, et formée par la piqûre d'un insecte, sur le *pistacia terebinthus* (Bulletin de la Société de Géographie, tome VI, p. 111).

(2) Fl. Joseph. de Bello judaïco. lib. v. cap. 5.

(3) Will. Clinton, *Discours préliminaire des Transactions de la Société litt. et philosoph.* de New-Yorck, 1825; *Bibliothèque universelle. Sciences.* tome II, page 263.

quelques animaux *font leurs petits par la gueule* : ils auront tiré une conclusion précipitée et absurde d'une observation véritable.

En d'autres cas, ils ont prolongé la durée d'un phénomène : long-temps après qu'il avait cessé, ils l'ont peint comme existant encore.

Le lac Averne a reçu son nom, parce que les oiseaux ne peuvent voler au-dessus, sans tomber morts, asphixiés par les vapeurs qu'il exhale : c'est ce que racontent les écrivains anciens. Nous savons que les oiseaux volent aujourd'hui impunément au-dessus de ce lac. La tradition citée est-elle mensongère ? Il est permis d'en douter : « Les marais de la Ca-
« roline, dit un voyageur (1), sont si in-
« salubres dans certains lieux entourés de
« grands bois et pendant la grande chaleur
« du jour, que *les oiseaux*, autres que les
« aquatiques, *y sont frappés de mort en les*
« *traversant*. » Grossi par des sources sulfureuses (2) et, comme les marais de la Caro-

---

(1) M. Bosc, *Bibliothèque universelle. Sciences.* tome v (mai 1817), page 24.

(2) *Servius. in Aeneid.* lib. III. vers 441.

line, entouré de forêts très-épaisses, le lac Averne exhalait des vapeurs pestilentielles : Auguste fit éclaircir les forêts; à l'insalubrité succéda une atmosphère saine et agréable. Le prodige cessa : mais la tradition le conserva opiniâtrément; et l'imagination frappée d'une terreur religieuse, continua long-temps à regarder ce lac comme une des entrées du séjour de la mort.

III. Non moins que l'exagération, les expressions impropres ou mal comprises répandent, sur un fait vrai, une teinte de merveilleux, de fausseté ou de ridicule.

Une erreur populaire, dont on fait remonter l'origine aux enseignemens de Pythagore, a long-temps établi une mystérieuse connexité entre certaines plantes et la maladie dont un homme a souffert à l'époque de leur floraison : la maladie ne se guérit jamais si bien qu'on n'en éprouve des ressentimens, toutes les fois que ces plantes fleurissent de nouveau (1). C'est ici une vérité, exprimée inexactement pour la mettre à la portée de la multitude peu éclairée, qui ne

(1) *Plin. Hist. nat.* lib. xxiv. cap. 17.

distingue guère les diverses parties de l'année que par la succession des phénomènes de la végétation : le fait ne tient pas à la nature des plantes, mais à la révolution de l'année qui, avec le printemps, ramène souvent des retours périodiques d'affections goutteuses, rhumatismales, ou même cérébrales.

L'impropriété d'expression, et, avec elle, l'apparence de prodige ou de mensonge, augmentent, quand les écrivains anciens répètent ce qui leur a été dit, sur un pays étranger, dans un autre langue que la leur ; ou quand les modernes les traduisent sans les comprendre, et se pressent de les accuser d'erreur.

Hérodote rapporte que, dans l'Inde, des *fourmis plus grandes aue des renards*, en se creusant des demeures dans le sable, découvrent l'or qui s'y trouve mêlé (1). Un recueil de récits merveilleux, évidemment compilé sur des originaux anciens, place, dans une île voisine des Maldives, des *animaux gros comme des tigres, et faits à*

---

(1) *Herodot.* lib. III. cap. 102.

peu près comme des fourmis (1)..... Des voyageurs anglais ont vu, près de Grangué, dans des montagnes sablonneuses et abondantes en paillettes d'or, des animaux dont la forme et les habitudes expliquent les récits de l'historien grec et du conteur oriental (2).

Pline et Virgile peignent les *Sères* récoltant la soie sur *l'arbre qui la porte*, et que le poète assimile au cotonnier (3). La traduction trop littérale d'une expression juste a fait ainsi, de la soie, le produit de l'arbre sur lequel l'insecte la dépose et les hommes la recueillent. L'équivoque ici n'a

---

(1) Les *Mille et un Jours*, jours cv, cvi. Dans le verset 11 du chapitre iv du Livre de Job, les Septantes ont rendu par *myrmécoléon, lion-fourmi*, l'hébreu *laisch*, que la Vulgate traduit par *tigre*. D. Calmet établit que ce nom a été connu des anciens et appliqué par eux à des animaux qu'ils appelaient aussi simplement *myrmex*, mot qui signifie *fourmi*, mais qui a aussi désigné une sorte de lion. Voyez *Strabo*, lib. xvi; *Aelian. de Nat. anim.* lib. vii. cap. 47, lib. xvii, cap. 42; *Agatharchid*. cap. 34.

(2) *Asiatik Researches*, tome xii; *nouvelles Annales des Voyages*, tome i, pages 311 et 312.

(3) *Plin. Hist. nat.* lib. vi. cap. 17; *Virgil. Georg.* lib. ii. vers 120 et 121. Servius, dans son Commentaire, assigne à la soie sa véritable origine.

créé qu'une erreur ; en combien d'autres cas elle a pu enfanter des prodiges !

Ktésias place dans l'Inde « une fontaine « qui tous les ans se remplit d'un or liquide. « On y puise l'or chaque année, avec cent « amphores de terre que l'on brise quand « l'or est durci au fond, et dans chacune des- « quelles on en trouve la valeur d'un ta- « lent » (1). Larcher (2) tourne ce récit en ridicule, et insiste particulièrement sur la disproportion du produit avec la capacité de la fontaine qui ne contenait pas moins qu'une toise cube de ce liquide.

Le récit de Ktésias est exact ; les expressions ne le sont pas. Au lieu *d'or liquide*, il devait dire *or suspendu dans l'eau*. D'ailleurs il a bien soin d'exprimer que c'était l'eau qu'on puisait, et non pas l'or. Semblable aux marais de Lybie auquel la compare Achilles-Tatius, et d'où l'on tirait chargées d'or les perches enduites de poix que l'on plongeait dans sa vase (3), cette fon-

---

(1) *Ktésias in Indic. apud Photium.*

(2) Larcher, traduction d'*Hérodote*, deuxième édition, tome VI, page 243.

(3) *Achill. Tat. de Clitoph. et Leucipp. amor.* lib. II.

taine était le bassin d'un *lavage d'or*, tel qu'il en a existé partout où se trouvaient des rivières et des terrains aurifères, et tel qu'il y en a encore de très-importans au Brésil. L'or natif, extrait par l'eau, de la terre à laquelle il était mêlé, s'y trouvait probablement en particules assez ténues pour rester long-temps en suspension et même surnager : c'est un phénomène observé au Brésil dans les *lavages d'or* (1). On préférait en conséquence, à la méthode usitée aujourd'hui, celle de laisser l'eau s'évaporer jusqu'à ce que l'or fût déposé au fond et sur les parois des vases que l'on brisait ensuite, et dont sans doute on râclait ou on lavait les fragmens. Ktésias ajoute que l'on trouvait du fer au fond de la fontaine; ce trait complète la vérité de sa narration. Le soin de dégager l'or de l'oxide noir de fer qui s'y trouve mêlé, est un des plus grands travaux dans les lavages du Brésil (2). L'or de Bambouk, qui se recueille également par

(1) Mawe, *Voyage dans l'intérieur du Brésil*, tome 1, pages 135 et 330.

(2) *Ibid.* tome 1, pages 329, 331; tome 11, pages 40, 51 et 110.

le lavage, est aussi mêlé de fer et de poudre d'émeri, qu'on a beaucoup de peine à séparer du métal précieux (1).

Depuis un temps immémorial, l'Hindou, avant d'adresser la parole à une personne d'un rang supérieur au sien, met dans sa bouche une pastille parfumée. Dans un autre idiôme, cette substance deviendra un *talisman* dont il faut se munir pour obtenir un accueil favorable des puissans de la terre : en s'exprimant ainsi, on ne fera que répéter, sans le comprendre, ce qu'en auront dit les Hindous eux-mêmes.

L'Haliatoris (2) servait, en Perse, à répandre la gaîté dans les repas, et *procurait la premiere place auprès des rois :* expressions figurées, dont le sens est facile à saisir. Chez un peuple adonné au vin et aux plaisirs de la table, elles peignent seulement la faveur et la supériorité assurées au convive qui se montrait, à la fois, le plus gai et le plus habile à supporter le vin. Les Perses et les Grecs même, mettant une sorte de gloire à

---

(1) Mollien, *Voyage en Afrique*, tome I, pages 334 et 335.
(2) *Plin. Hist. nat.* lib. XXIV. cap. 17.

boire beaucoup sans s'enivrer, recherchaient les substances propres à amortir les effets du vin. Ils mangeaient, dans cette intention, des graines de choux et des choux bouillis (1). Les amandes amères étaient aussi employées au même usage (2), et, à ce qu'il paraît, avec quelque succès. Rien n'empêche donc de conjecturer que l'*haliatoris* jouissait de la même propriété, au point de ne laisser jamais l'ivresse appesantir l'esprit ou dépasser les bornes de la gaîté.

Qu'était la plante *Latacé* que donnait à ses envoyés le roi de Perse, et par la vertu de laquelle ils étaient défrayés partout où ils passaient (3)? Un signe distinctif, une verge d'une forme particulière, ou une fleur brodée sur leurs vêtemens, sur les bannières que l'on portait devant eux, et qui annonçait leurs titres et leurs prérogatives.

Au lieu de l'eau que lui demande Sisarra fugitif et accablé de soif et de fatigue, Jahel lui fait boire du *lait*, dans le dessein de l'en-

---

(1) *Athenae. Deipnos.* lib. I. cap. 30.
(2) *Plutarch. Symposiac.* lib. I. quaest. 6 ; *Athenae. Deipnos.* lib. II. cap. 12.
(3) *Plin. Hist. nat.* lib. XXVI. cap. 4.

dormir (1). Nous qui donnons le nom de *lait* à une émulsion d'amandes (2), devons-nous douter que ce mot, dans le livre hébreu, ne désigne une boisson somnifère, à laquelle sa couleur et son goût avaient fait imposer un nom semblable ?

Samarie assiégée est en proie aux horreurs de la disette ; l'excès de la faim élève jusqu'à cinq pièces d'argent, le prix d'une petite mesure de *fiente de pigeon* (3)... Cela forme un sens ridicule. Mais Bochart établit, d'une manière plausible, que ce nom était donné alors, comme il est encore donné aujourd'hui chez les Arabes, à une espèce de pois chiches.

Midas, roi de Phrygie (4), Tanyoxartes, frère de Cambyse (5), et Psamménite, roi

---

(1) *Liber Judicum*, cap. IV. vers. 19 - 21.

(2) Un jaune d'œuf battu dans de l'eau sucrée prend, en français, le nom de *lait de poule*; littéralement traduit dans une autre langue, ce nom exprimera une merveille ou une absurdité d'autant plus plaisante, qu'il était précisément employé par les latins, dans le sens propre, pour désigner un prodige ridiculement impossible (*lac gallinae*).

(3) *Reg.* lib. IV. cap. VI. verset 25.

(4) *Strabo.* lib. I.

(5) *Ktesias. in Persic. apud Photium.*

d'Egypte (1), meurent après avoir bu du *sang de taureau* ; l'on attribue à la même cause la mort de Thémistocle. Près de l'ancienne ville d'Arges, en Achaie, était un temple de la Terre ; la femme appellée à y exercer les fonctions de prêtresse devait n'avoir eu de commerce qu'avec un seul homme : pour faire reconnaître en elle cette pureté, elle buvait du *sang de taureau* (2) qui lui donnait une mort soudaine si elle avait voulu en imposer.

L'expérience prouve que le sang du taureau ne recèle aucune propriété malfaisante. Mais, en Orient et dans quelques temples de la Grèce, on possédait le secret de composer un breuvage destiné à procurer une mort soudaine et exempte de douleur ; la couleur rouge sombre de ce breuvage lui avait fait donner le nom de *sang de taureau*, nom expliqué mal à propos dans le sens littéral par les historiens grecs : telle est ma conjecture, qui n'a rien que de plausible. Nous verrons plus tard le nom de *sang de*

---

(1) *Herodot.* lib. III. cap. 13.
(2) *Pausanias. Achaïc.* cap. xxv.

Nessus donné à un prétendu philtre amoureux, et pris dans le sens propre par des mythologues que les récits même qu'ils copiaient auraient dû désabuser (1). Le *sang de l'hydre de Lerne*, dont les flèches d'Hercule étaient imprégnées et qui en rendait les atteintes incurables, ne nous paraît non plus qu'un de ces poisons dont, en tout temps, ont fait usage, pour rendre leurs coups plus meurtriers, les peuples armés de flèches.

Veut-on un exemple moderne de la même équivoque. Près de Bâle, on recueille un vin qui a dû le nom de *sang des Suisses*, autant à sa teinte foncée qu'à l'avantage de croître sur un champ de bataille illustré par la vaillance helvétique. Qui sait si, quelque jour, un traducteur littéral ne transformera pas en anthropophages, les patriotes qui, tous les ans, dans un repas civique, font d'amples libations du *sang des Suisses* (2)?

Pour fortifier cette explication, cherchons, dans l'histoire, des preuves de la manière dont un fait peut se transformer en prodige, grâce

---

(1) Ci-après, chap. xxv.
(2) W. Coxe, *Lettres sur la Suisse*, lettre xliii.

aux expressions, moins justes qu'énergiques, employées pour le peindre.

Assailli par *les Croisés*, effrayé des regards qu'à travers leurs visières, lui lancent ces guerriers revêtus entièrement de métal, le Grec tremblant les peint comme des *hommes tout d'airain, et dont les yeux lancent la flamme* (1).

Dans le Kamtschatka, les Russes ont conservé le nom de *Brichtain*, hommes de feu, vomissant le feu, que leur donnèrent les indigènes, quand ils les virent, pour la première fois, se servir de fusils ; ils supposaient alors que le feu partait de leurs bouches (2).

Au nord du Missouri et de la rivière de Saint-Pierre, près des Montagnes brillantes, habite une peuplade qui paraît avoir émigré du Mexique et des contrées limitrophes, à l'époque de l'invasion des Espagnols. Suivant ses traditions, elle s'est enfoncée dans l'intérieur des terres, en un temps où les côtes de la mer étaient continuellement infestées

---

(1) *Nicetas. Annal. Man. Comn.* lib. 1. cap. 4.
(2) Krachenmnikof, *Hist. du Kamtschatka*, 1re partie, chap. 1.

par des monstres énormes, vomissant des éclairs et des foudres : de leurs entrailles sortaient des hommes qui, par *des instrumens inconnus*, ou par *un pouvoir magique*, tuaient, à une distance prodigieuse, les trop faibles Indigènes. Ceux-ci observèrent que les *monstres* ne pouvaient se porter sur la terre ; et pour échapper à leurs coups, ils cherchèrent un refuge dans ces montagnes éloignées (1). On voit que, dans le principe, les vaincus doutèrent si leur vainqueur ne devait pas ses avantages à des armes meilleures, plutôt qu'à un pouvoir magique. On peut donc révoquer en doute que, déçus par l'apparence, ils aient transformé en *monstres* et doué de la vie des vaisseaux qui semblaient se mouvoir d'eux-mêmes ; que ce prodige ait dès-lors existé dans leur croyance ; et qu'au contraire il ne soit pas né plus tard de la métaphore hardie à laquelle ils durent recourir pour peindre un événement si nouveau.

Mais déjà cet exemple se rattache à l'une

---

(1) Carver, *Voyage dans l'Amérique septentrionale*, etc., pages 80 - 81.

des causes les plus fécondes de merveilleux, l'emploi du style figuré.

IV. Ce style qui donne au récit, contre l'intention du narrateur, une couleur surnaturelle, il n'existe pas seulement dans l'art, ou plutôt dans l'habitude propre aux imaginations vives, de revêtir d'expressions poétiques, de figures hardies, le récit des sensations profondes ou des faits que l'on veut graver dans la mémoire. Partout l'homme est enclin à emprunter au style figuré le nom qu'il impose à des objets nouveaux dont l'aspect l'a frappé. Un parasol est importé au centre de l'Afrique; les indigènes l'appellent *le nuage* (1); désignation pittoresque, et propre à devenir, quelque jour, la base de plus d'un récit merveilleux. La passion, enfin, qui parle plus souvent que la raison, a introduit dans toutes les langues, des expressions éminemment figurées, et qui ne semblent pas l'être, tant l'habitude de les employer en ce sens fait communément oublier le sens littéral qu'elles devraient présenter.

---

(1) *Voyages et découvertes en Afrique*, par Denham, Oudney et Clapperton, tome III.

Être bouillant de colère, manger sa terre, aller comme le vent, jeter les yeux... Qu'un étranger, qui connaît les mots et non le fond de la langue française, traduise ces phrases littéralement : quelle bizarrerie ! quelles fables ! Ce qu'il ferait, on l'a fait jadis, quand on a raconté sérieusement que, pour méditer sans distraction, un sage qui occupa sa vie entière à observer la nature, Démocrite, se creva les yeux (1). On l'a fait, quand on a dit que les cerfs sont ennemis des serpens et les mettent en fuite (2), parce que l'odeur de la corne de cerf brûlée déplaît aux serpens et les éloigne. Le *boa* n'imprime point de morsures venimeuses ; mais l'étreinte de sa queue suffit pour donner la mort : on a fait du boa, un *dragon* dont la queue est armée d'un dard empoisonné. Quand la faim le presse, telle est la vitesse de sa poursuite, que rarement sa proie lui échappe : la poésie

---

(1) Ce fut, suivant Tertullien (*Apologet.* cap. XLVI), pour se soustraire au pouvoir de l'amour, parce qu'il ne pouvait pas voir une femme sans la désirer. Cette tradition a encore pour base l'interprétation littérale d'une expression figurée.

(2) *Aelian. de Nat. animal.* lib. 11, cap. 9

a comparé sa course à un vol ; et la croyance vulgaire a doté le *dragon* de véritables ailes. Sous les noms de basilic et d'aspic, on désignait des reptiles assez agiles, pour qu'il fût difficile d'éviter leur attaque à l'instant où on les apercevait : l'aspic, le basilic, passèrent pour donner la mort, par *leur souffle*, par *leur seul regard*. De ces expressions figurées, devenues la source de tant d'erreurs physiques, aucune pourtant n'était plus hardie que celle dont se servaient les Mexicains : pour peindre la rapidité du *serpent à sonnettes* dans tous ses mouvemens, ils l'appelaient *le vent* (1).

Dans la prière, dans la contemplation religieuse, l'homme fervent est comme ravi en extase ; il ne tient plus à la terre, il s'élève vers le ciel. Les enthousiastes disciples d'Iamblique assuraient, malgré le démenti que leur donnait leur maître, qu'il était ainsi *élevé de terre* à la hauteur de dix coudées (2); et dupes de la même métaphore, des chrétiens ont eu la simplicité d'attribuer un mi-

---

(1) Lacépède, *Hist. nat. des Serpens*, art. Boïquira.
(2) *Eunap. in Iamblich.*

racle pareil à sainte Claire et à saint François d'Assise.

Au nombre des croyances populaires, dénoncées au mépris des hommes éclairés, était encore, il y a cent ans, l'histoire d'une certaine montagne « qu'il fallait franchir en sau-« tant et en dansant, pour n'y être pas sur-« pris de la fièvre (1).... » Quoi de plus absurde? Et pourtant quel avis reçoivent les voyageurs, dans la campagne de Rome et aux approches de la ville éternelle? On leur recommande de combattre, par un exercice forcé, par les mouvemens les plus violens, le sommeil auquel ils se sentent presque invinciblement enclins : y céder, ne fût-ce qu'un instant, les exposerait à des accès de fièvre toujours dangereux, souvent mortels.

Dans Hai-nan et dans presque toute la province de Canton, les habitans élèvent chez eux une espèce de perdrix appelée *tchu-ki*... On assure que les fourmis blanches quittent à l'instant les maisons où il y a un de ces

(1) *Les coudées franches*, in-12, page 254. — Ce livre, d'ailleurs justement oublié, contient, en ce genre, des renseignemens assez curieux.

oiseaux, sans doute parce qu'il en détruit une grande quantité pour se nourrir. Les Chinois disent poétiquement que *le cri du tchu-ki change les fourmis blanches en poussière* (1); que l'on prenne au propre cette expression emphatique : voilà une merveille ou une imposture ridicule.

Chaque année, au printemps, les *rats jaunes* (ou *jou*) se transforment en *cailles jaunes*, dans les déserts qui séparent la Chine de la Tatarie (2); on voyait de même, en Irlande et dans l'Hindoustan, les feuilles et les fruits d'un arbre planté sur le bord de l'eau, se transformer en coquillages, puis en oiseaux aquatiques. Dans l'un et l'autre récit, remplacez l'idée de métamorphose par celle d'apparition successive : la vérité se retrouve, l'absurdité s'évanouit.

L'améthyste est une pierre précieuse qui a la couleur et l'éclat du vin. A cette énonciation froidement exacte, le langage figuré substitue une image expressive : *sans ivresse;*

---

(1) Jules Klaproth, *Description de l'île de Hai-nan* (*nouvelles Annales des Voyages*), deuxième série, tome VI, page 176.

(2) *Éloge de Moukden*, pages 32 et 164.

vin qui n'enivre pas. Le nom ainsi imposé fut traduit littéralement en grec ; et l'on attribua à l'améthyste la propriété merveilleuse de préserver de l'ivresse l'homme qui en était paré.

Est-ce la seule hardiesse poétique, la seule métaphore qui ait été transformée en récit? Du thyrse qu'il porte à la main, Bacchus indique une source à la troupe qui suit ses pas ; « Le dieu a fait jaillir la source en frappant la terre de son thyrse (1) » ; ainsi *Atalante* altérée frappe de sa lance un rocher d'où sort à l'instant une source d'eau très-fraîche (2). Ainsi la poésie explique et consacre, dans un *mythe* brillant, le prodige que son style même a fait inventer à la crédulité.

L'histoire enfin, et l'histoire naturelle se chargeront de pareilles erreurs. Si Rhésus, à la tête d'une armée considérable, opère sa jonction avec les défenseurs de Troie, les Grecs, épuisés par dix années de combats, doivent désespérer de la victoire. Cet

---

(1) *Pausanias*. lib. IV. cap. 36.
(2) *Pausanias. Laconic.* cap. 24.

arrêt d'une prévoyance bien commune, exprimé en style poétique, devient une des *fatalités* de ce siége fameux; les destins ne permettent point que Troie soit prise si, une fois, les chevaux de Rhésus ont goûté l'herbe des bords du Xanthe et se sont désaltérés dans ses eaux. Envoyé par l'empereur Justinien, près des Sarrasins de Phénicie et du mont Taurus, Nonnosus entend dire à ces peuples que, pendant la durée de leurs réunions religieuses, ils vivent en paix entre eux et avec les étrangers; *les animaux féroces respectent eux-mêmes cette paix universelle; ils l'observent envers leurs semblables et envers les hommes* (1). Photius, à cette occasion, traite le voyageur de conteur de fables: Nonnosus a répété ce qu'il avait entendu; mais il a pris pour l'expression d'un fait, une figure poétique usitée dans l'Orient, et qu'on retrouve littéralement dans le plus éloquent des écrivains hébreux (2); figure que les Grecs et les Romains ont souvent employée dans le tableau de l'âge d'or; et

---

(1) *Phot. Biblioth.* cod. III.
(2) *Isaï.* cap. XI. v. 6. 7. 8.

que Virgile, moins heureusement peut-être, a transportée dans l'admirable peinture d'une épizootie qui désola le nord de l'Afrique et le midi de l'Europe (1).

Une frayeur vive et soudaine coupe la parole ; telle est celle qu'on éprouve en se trouvant à l'improviste devant un animal féroce : c'est un fait bien commun. Mais on a dit, en ce sens, qu'un homme, vu par un loup qu'il n'a pas aperçu, perdait la voix... L'expression figurée a été prise au propre. Non seulement, elle a fourni un proverbe que l'on retrouve dans Théocrite et dans Virgile (2); mais Pline et Solin l'ont adoptée. Celui-ci, très-sérieusement, place en Italie «des « loups d'une espèce particulière : l'homme « qu'ils voient avant d'en avoir été vus, de- « vient muet ; il veut en vain crier, il ne « trouve pas de voix (3). »

Les cavales de Lusitanie conçoivent par le souffle du vent; Varron, Columelle, Pline

---

(1) *Virgil. Georgic.* lib. III. Voyez aussi, *Eclog.* VIII. vers 27.

(2) *Théocrit. Eidyll.* XIV. vers 22. *Virgil. Eclog.* IX. vers 54.

(3) *Solin.* cap. VIII. *Plin. Hist. nat.* lib. VIII. cap. 22.

et Solin (1) répètent cette assertion. Trogue Pompée (2) seul avait compris que, par une image brillante, on peignait la multiplication rapide de ces animaux, et leur vitesse à la course.

En lui promettant une riche part dans les biens que Dieu doit donner à son peuple, Moïse décide le Madianite Hobab à s'unir à la marche des Israélites : « Ne nous aban-
« donne pas, lui dit-il; tu sais dans quels
« lieux du désert il nous est avantageux de
« camper; viens et tu seras notre guide (3). »
Sa marche ainsi réglée, est ouverte par l'arche sainte avec laquelle s'avance et s'arrête

---

Le même effet a été attribué aussi à une cause surnaturelle, par la superstition moderne. Une femme voit la nuit entrer chez elle, par la fenêtre, quatre voleurs; *elle veut crier et ne peut.* Ils prennent ses clefs, ouvrent ses coffres, s'emparent de son argent, et sortent par le même chemin.... La femme alors retrouve la voix, et appelle du secours. On ne met pas en doute que l'impossibilité de crier, tant que les voleurs étaient dans sa chambre, ne fût l'effet d'un sortilége. Frommann. *Tractatus de Fascinatione....*, p. 558, 559.

(1) *Varro. De re rusticâ.* lib. II... *Columell.* lib. VI. cap. 27. *Plin. Hist. nat.* lib. VIII. cap. 42. *Solin.* cap. 26.

(2) *Justin.* lib. XLIV, cap. 3.

(3) *Numer.* cap. X. v. 29. 32. « Veni nobiscum; noli nos
« relinquere; tu enim nosti in quibus locis per desertum,
« castra ponere debeamus, et eris ductor noster. »

tour-à-tour le peuple tout entier. Les prêtres qui l'environnent portent le feu sacré ; la fumée est visible le jour, et la flamme pendant la nuit..... *Dieu même guide son peuple, la nuit par une colonne de feu, le jour par une colonne de fumée.*

Vers la fin d'un combat opiniâtre, au moment d'une victoire long-temps disputée, les nuages amoncelés voilaient le jour et avançaient le règne de la nuit ; soudain ils se dissipent devant la lune qui, presque dans son plein, s'élève à l'Orient, tandis qu'à l'Occident, le soleil n'est point encore descendu sous l'horizon. Ces deux astres semblent réunir leurs clartés pour prolonger le jour et donner au chef des Israélites le temps d'achever la défaite de ses ennemis : *Ce chef a arrêté le soleil et la lune..... Une pluie de pierres accable les vaincus dans leur fuite :* elles partaient des frondes des Hébreux qui excellaient dans l'usage de cette arme, ainsi que Josèphe prend soin de nous en instruire (1)..... L'idée de substituer ici des

---

(1) *Cum essent funditores optimi.... Ant. Judaïc.* lib. iv. cap. 5.

faits ordinaires au merveilleux poétique ne nous appartient pas. Consulté par Oxenstiern (1), un rabbin lui expliqua de même ce miracle par des voies toutes naturelles. L'auteur d'un livre aussi pieux que savant (2), voit dans la pluie de pierres une grêle violente, phénomène rare mais très-redoutable en Palestine; sa courte durée empêcha, dit-il, que les Hébreux n'en fussent incommodés. Il s'étonne d'ailleurs qu'on ait pris pour un récit historique, la peinture du soleil et de la lune arrêtés à la fois pour éclairer l'entière victoire des Hébreux ; que l'on ait pu y méconnaître l'emphase et le style figuré, propres aux cantiques et aux hymnes d'une poésie élevée dont, suivant lui, le livre de Josué a été entièrement extrait. Forts d'une telle autorité, nous étendrons plus loin notre assertion ; et, sans multiplier les citations particulières, nous dirons que, pour vérifier dans un exemple général la diffé-

---

(1) *Pensées du comte Oxenstiern.* tome I, page.

(2) *J.-H. Vander Palme. Bybel voor de Jeugd.* (*Bible pour la jeunesse*, VII n°. Leyden, 1817). Voyez *Archives du christianisme au XIXe siècle*, octobre 1818, pages 335. 337.

rence de l'expression poétique à la réalité, il suffit de lire l'histoire des Juifs dans la narration de Josèphe. La bonne foi de cet écrivain lui a attiré, de la part de quelques modernes, des reproches que ne lui adresse point Photius, chrétien aussi zélé qu'eux, mais juge plus éclairé (1). Il est bien injuste de lui supposer l'intention de nier ou d'atténuer les miracles dont sa nation a été le sujet et le témoin, lui que l'on voit au contraire ajouter plus d'une fois des circonstances merveilleuses aux prodiges consacrés dans les livres hébreux. On aurait dû remarquer que Philon, dont la foi, la piété et la véracité ne sont point problématiques, se montre aussi près que Josèphe d'attribuer à des causes naturelles quelques miracles de Moïse. Ainsi, en parlant de la source qui jaillit du rocher d'Horeb; « Moïse, dit-il, frappa le rocher; et « soit que par un heureux hasard, il eût ou- « vert l'issue à une nouvelle source, soit que « les eaux eussent d'abord été amenées là

---

(1) *Phot. Bibl.* cod. XLVII et CCXXXVIII. Voyez la sortie que se permet contre Josèphe, le savant et peu judicieux abbé de Longuerue, *Longueruana*, tome II, page 35.

« par de secrets conduits, et que leur abon-
« dance les fît sortir avec impétuosité, le ro-
« cher jeta autant d'eau qu'une fontaine (1). »
Philon et Josèphe traduisent en style simple,
exact et conforme au goût de leur siècle,
le style oriental de la Bible ; quelques merveilles s'affaiblissent ainsi ou s'évanouïssent
sous leur plume : mais cette disparition, nous
le verrons bientôt, n'a rien de réel ; elle ne
porte aucune atteinte au respect que les
deux écrivains juifs professent pour la subli-
mité des œuvres de Dieu.

Voyons, dans un dernier exemple, l'influence d'une autre cause seconder celle des
expressions figurées, pour conduire la crédulité, d'un fait naturel, à un prodige extraordinaire. Suivant un historien arabe qui
paraît avoir consulté les plus anciens écrivains
de l'Orient (2), Nabuchodonosor était un roi
feudataire de Syrie et de Babylonie, soumis

---

(1) *Philo. jud. De vitâ Mosis.* lib. 1... « Rupem percutit,
« quae, etc. »

(2) Tebry... Ce fragment a été traduit en anglais par sir
Fr. Gladwin. Nous en avons donné une traduction française : *De la Civilisation*, etc., *Introduction*, note A...
Voyez aussi D'Herbelot, *Bibliothèque orientale*, Art. *Bah-
man*.

à l'empire persan. Tombé dans la disgrâce du Roi des Rois, et, dépouillé de la royauté, il fut plus tard rétabli sur le trône, avec une grande augmentation de pouvoir, en récompense des succès qu'il avait obtenus dans son expédition contre Jérusalem. C'est sa disgrâce de plusieurs années, passées sans doute dans l'exil, que rappelle l'historien Josèphe : Nabuchodonosor, dit-il, eut un songe dans lequel il lui sembla qu'étant *privé de son royaume*, il vivait sept ans dans le désert ; et qu'ensuite il se trouvait *rétabli dans sa première dignité...* ; et tout cela s'accomplit, sans que personne, en son absence, osât s'emparer de ses états (1). Daniel rapporte que le *royaume* de Nabuchodonosor *passa hors de ses mains* ; et qu'ensuite *il y fut rétabli*, ajoutant, comme l'historien arabe, *avec un accroissement considérable de puissance* (2). Si Daniel dit de plus que (3), re-

---

(1) *Fl. Joseph. Ant. jud.* lib., x, cap. 11. Cette longue et paisible vacance du trône serait inexplicable dans un empire indépendant et absolu : elle est naturelle dans un état feudataire, au gouvernement duquel le chef suprême a pris soin de pourvoir.

(2) *Daniel.* cap. 4. v. 28. 33.

(3) *Ibid.* v. 29.

légué dans la solitude avec les bêtes, ce roi brouta l'herbe comme un *bœuf;* que ses cheveux devinrent semblables à la crinière d'un *lion* (suivant les Septante), ou aux plumes d'un *aigle* (suivant la Vulgate), c'est une peinture de l'état de dégradation où se trouvait réduit le prince détrôné et exilé. Cela n'est pas douteux, puisque, dans le passage que nous avons cité, Josèphe affirme qu'il transcrit purement, de bonne foi et sans y rien changer, le texte des livres hébreux. Ce tableau poétique finit, comme tant d'autres, par être pris pour un récit historique : les rabbins racontent que Nabuchodonosor, quoiqu'il eût la forme d'un *homme*, se croyait métamorphosé en *bœuf;* que ses cheveux ressemblaient à la crinière d'un *lion* et ses ongles, démesurément grandis, aux serres d'un *aigle*. Enfin, suivant Saint-Épiphane (1), Nabuchodonosor, conservant les sentimens et la pensée d'un *homme*, était réellement moitié *bœuf* et moitié *lion*.

En voyant reparaître, dans ces diverses peintures, les formes de l'*homme*, du *bœuf*,

---

(1) *S. Epiphan.* in. *Vitâ. Daniel.*

du *lion* et de l'*aigle*, comment ne point se rappeler que ces quatre figures ont marqué, pendant 2153 ans, les points solstitiaux et équinoxiaux, et qu'elles ont, en conséquence, joué un rôle important dans les religions orientales. Une habitude dont les effets se sont reproduits plus souvent qu'on ne le soupçonne, l'habitude de mêler aux faits historiques, des traits empruntés à l'astronomie religieuse, a sûrement hâté les progrès de la crédulité relativement à la métamorphose de Nabuchodonosor. Supposons encore, ce qui n'a rien que de probable, qu'à Babylone, il ait existé des représentations où étaient réunies ces quatres figures astronomiques ; que les Hébreux captifs en aient vu une à laquelle se soit rattaché, pour eux, le nom du Roi que leurs désastres rendaient sans cesse présent à leur souvenir, parce qu'il passait pour en être l'auteur ; avec quelle efficacité l'aspect de cet emblème n'aura-t-il pas aidé à la croyance du mythe merveilleux !

V. Que sont, en effet, les emblèmes pour la vue ? ce que le style figuré est pour la pensée. Leur influence inévitable a créé un nombre aussi grand d'histoires prodigieuses.

Partout, dans l'antiquité, l'on exposait des emblèmes ingénieux, destinés à retracer ce qu'avaient de plus important, dans les dogmes et dans les souvenirs, la morale et l'histoire. Leur sens, bien compris dans le principe, s'obscurcit peu à peu, par l'éloignement des temps ; il se perdit enfin pour l'irréflexion et l'ignorance. L'emblème restait cependant ; il frappait toujours la vue du peuple ; il commandait toujours la foi et la vénération. Dèslors la représentation, quelque absurde et monstrueuse qu'elle fût, dut prendre, dans la croyance générale, la place de la réalité qu'elle rappelait originairement. D'un symbole qui peignait la religion et les lois émanant de l'intelligence suprême, naquit la croyance qu'un faucon avait apporté aux prêtres de Thèbes, un livre où étaient contenus les lois et les rits religieux (1). Certaines îles du Nil, suivant Diodore (2), étaient défendues par des serpens à têtes de chiens,

---

(1) *Diod. sic.* lib. 1. part. II. § 32.
(2) *Diod. sic.* lib. 1. part. 1. § 19.

et par d'autres monstres. Ces monstres, ces serpens n'étaient probablement que des emblèmes destinés à indiquer que les îles étaient consacrées aux dieux, et à en interdire l'accès aux profanes.

Combien de mythes et de prodiges dans les fastes de l'Égypte, combien dans les fastes de l'Inde et de la Grèce ont une origine analogue !

On l'a conté, on le répète encore, sans s'inquiéter si la chose n'est pas absurde : telle était la force de Milon de Crotone, que, lorsqu'il se tenait debout sur un disque étroit, on ne pouvait ni le déplacer, ni arracher de sa main gauche une grenade qu'il ne pressait pourtant pas assez fortement pour l'écraser, ni détacher les uns des autres les doigts étendus et serrés de sa main droite. Milon, dit un homme versé dans la connaissance des coutumes et des emblèmes religieux, Milon était, dans sa patrie, grand prêtre de Junon. Sa statue, placée à Olympie, le représentait, suivant le rit sacré, debout sur un petit bouclier rond, et tenant une grenade, fruit de l'arbre dédié à la déesse. Les doigts de sa main droite étaient étendus, serrés et même unis : c'est ainsi que les figuraient toujours les anciens statuaires (1). Le vulgaire expliqua par des contes merveilleux, une imperfection de l'art, et des représentations mystérieuses dont on avait oublié le véritable sens.

Il n'est pas nécessaire de s'enfoncer dans l'antiquité, pour citer des faits analogues. Au moyen âge, on se servait de calendriers en figures, seul moyen d'instruction pour des peuples qui ne savaient pas lire. Pour exprimer qu'un saint martyr avait péri par la décollation, on l'y représentait debout, supportant dans ses deux mains sa tête séparée de son corps (2). On avait sans doute adopté d'autant plus facilement cet emblème, que depuis long temps il fixait l'attention, et par conséquent les respects du vulgaire, dans le calendrier hiéroglyphique d'une religion plus ancienne (3).

---

(1) Apollonius de Tyane, *Philost. vit. Apollon.* lib. IV. cap. 9.

(2) Voyez *Ménagiana*, tome IV, page 103. — Quelques-uns de ces calendriers en figures doivent se trouver encore dans les cabinets des curieux.

(3) *Sphaera Persica*. Capricornus. Decanus III... « Dimi-

Des calendriers, l'emblème passa naturellement aux statues et aux diverses représentations des martyrs. J'ai vu, dans une église de Normandie, saint *Clair*, saint *Mithre* à Arles, et en Suisse tous les soldats de la légion thébaine, représentés avec leurs têtes dans leurs mains. Sainte *Valérie* est ainsi figurée à Limoges, sur les portes de la cathédrale, et sur d'autres monumens (1). Le grand sceau du canton de Zurich présente, dans la même attitude, saint *Félix*, sainte *Régula* et saint *Experantius* (2).... Voilà certainement l'origine de la fable pieuse que l'on raconte de ces martyrs, comme de

« dium figurae sine capite, quia caput ejus in manu ejus
« est. » — Dans un calendrier égyptien, on remarque un emblème qui a pu donner naissance au mythe de *Geryon*...
« Vir triceps, dextrâ porrectâ indicans. » *Monomoer. Ascendent... in Decanis aegyptiacis.* Taurus. Decan. I... 6 grad.
— Les personnes qui, partageant l'opinion des Hébreux, regardent l'histoire de Judith comme une fiction pieuse, en découvriront l'origine dans une autre figure de ce calendrier : Pisces. Decan. III... 26 grad. « Mulier viro dormienti caput
« securi amputat. »

(1) C. N. Allou, *Description des monumens du département de la Haute-Vienne*, page 143.

(2) *St.-Exuperantius* ne se trouve pas sur les sceaux antérieurs à 1240.

saint *Denis* et de beaucoup d'autres encore : saint *Maurin* à Agen (1), saint *Principin* à Souvigny en Bourbonnais, saint *Nicaise* premier évêque de Rouen, saint *Lucien* apôtre de Beauvais, saint *Lucain* évêque de Paris (2), saint *Balsème* à Arcy-sur-Aube, saint *Savinien* à Troyes (3); la seule année 275 en fournit trois autres au diocèse de Troyes, en Champagne (4). Pour faire naître cette légende, il suffit d'abord qu'un *hagiographe* contemporain ait employé une figure énergique, mais dont nous nous servons encore; que, pour peindre les obstacles et les périls qui pouvaient arrêter les fidèles empressés de rendre aux martyrs les derniers devoirs, il ait dit que l'enlèvement de ces restes sacrés et leur inhumation furent un

---

(1) *Mémoires de la Société des antiquaires de France*, tome III, pages 268, 269.

(2) J.-A. Dulaure, *Histoire physique, civile et morale de Paris* (1821), tome I, page 142.

(3) *Promptuarium sacrum antiquitatum Trecassinae dioecesis....*, f° 335 *v.* et 390 *v.*

(4) Le P. Deguerrois, *la Sainteté chrétienne*, fol. 33, 34, 38, 39 et 48. — Dans une *Vie de St.-Par*, l'un de ces trois martyrs, imprimée à Nogent-sur-Seine, en 1821, on a reproduit ce récit merveilleux.

véritable miracle : l'attitude dans laquelle les saints étaient offerts à la vénération publique détermina la nature du miracle, et autorisa à dire que, quoique décapités, ils avaient marché, du lieu de leur supplice, à celui de leur sépulture.

VI. Jusqu'où n'ira pas une curiosité crédule qui admet toutes les explications, et recherche de préférence les plus merveilleuses? L'enveloppe d'une allégorie ou d'un apologue, quelque transparente qu'elle soit, arrête invinciblement son regard.

Malgré la facilité de s'assurer du contraire, Elien rapporte que, de l'équinoxe de printemps à celui d'automne, le bélier dort couché sur le côté droit ; et sur le côté gauche, de l'équinoxe d'automne à celui de printemps (1) : erreur ridicule en histoire naturelle, vérité évidente dans le langage allégorique de l'ancienne astronomie.

On raconte que, dans l'armée que conduisait Xerxès contre les Grecs, *une jument enfanta un lièvre;* prodige qui présagea l'issue

---

(1) *Aelian. de Nat. anim.* lib. x. cap. 18.

de cette entreprise gigantesque (1); ce n'est là pourtant que la fable de la *montagne qui accouche d'une souris*, améliorée, peut-être, par un moindre éloignement des convenances physiques, et par l'allusion piquante d'un lièvre à une armée de fuyards.

Quand on a dit, pour la première fois, que *des rats innombrables, rongeant les cordes des arcs et les courroies des boucliers des soldats de Sennacherib*, opérèrent la délivrance du roi d'Égypte qu'il tenait assiégé (2), voulait-on raconter un prodige? Non; mais peindre d'un seul trait une armée que l'indiscipline et la négligence, poussées au comble, rendirent incapable de résister à l'attaque subite des Éthiopiens venus au secours du roi d'Égypte, et firent tomber presque entière sous le glaive des vainqueurs. Mais les prêtres, à la caste desquels appartenait le roi, laissèrent volontiers prendre les expressions allégoriques dans le sens direct, et s'accréditer la croyance d'un miracle qu'ils

---

(1) *Valer. Maxim.* lib. 1. cap. 6. § 10.
(2) *Hérodot.* lib. 11. cap. 141.

attribuaient à leur divinité tutélaire, et qui dispensait l'orgueil national de la reconnaissance due à des alliés libérateurs. La tradition d'une délivrance miraculeuse s'étendit plus loin que l'apologue qui l'avait fait naître; Bérose, cité par Josèphe (1), dit que l'armée d'Assyrie fut victime d'un fléau, d'une *peste envoyée par le ciel*, et qui moissonna sur-le-champ cent quatre-vingt-cinq mille hommes. Ainsi la vanité chaldéenne couvrait du voile d'un malheur inévitable, l'opprobre d'une défaite méritée. Les Hébreux, instruits aux mêmes sources que Bérose, et d'accord avec lui sur le nombre des victimes (2), remercièrent le dieu d'Abraham et de Moïse qui n'avait envoyé *l'ange exterminateur* contre l'armée du conquérant, que pour l'empêcher de détruire Jérusalem après avoir subjugué l'Égypte.

De la même manière, des fictions purement morales, et qui ne se rattachent à aucun fait, deviendront des traditions historiques. Je pourrais citer la parabole touchante du

---

(1) *Fl. Joseph. Ant. jud.* lib. x. cap. 2.
(2) *Reg.* lib. iv. cap. 19. v. 35. *Paralip.* lib. ii. cap. 32. v. 21. *Isaï.* cap. 37. v. 36.

Samaritain secourant le blessé qu'avaient négligé le prêtre et le lévite. Elle passe aujourd'hui, dans la Palestine, pour une histoire véritable : des moines montrèrent le lieu de la scène au voyageur Hasselquist (1). Le fait, après tout, n'a rien d'extraordinaire, rien qui révolte la raison ; et le cœur, qu'il intéresse, est tenté de croire à sa réalité. Moins soigneux de la vraisemblance, un sage voulut, dans un apologue, consacrer cette maxime, que c'est peu de sacrifier au salut de la patrie, le luxe, les plaisirs, les richesses ; qu'il faut encore, et quoiqu'on soit retenu par les affections les plus chères, lui immoler sa vie : il feignit qu'au milieu d'une ville s'était ouvert un gouffre épouvantable que rien ne pouvait combler ; les dieux consultés répondirent qu'il ne se refermerait que quand on y aurait jeté ce que les hommes possèdent de plus précieux ; on y précipita vainement l'argent, l'or, les pierreries…. Enfin, s'arrachant à un père, à une épouse, un homme généreux s'y lance volontairement ; et l'abîme se referme sur lui. Malgré l'invraisem-

---

(1) Hasselquist, *Voyage dans le Levant*, tome I, p. 184.

blance évidente du dénouement, cette fable, inventée en Phrygie ou empruntée d'une civilisation plus ancienne, passe dans l'histoire. On nomme le héros : c'est Anchurus, fils de Midas, l'un des rois des temps héroïques (1). Tel est le charme du merveilleux que Rome, quelques siècles après, s'appropriera ce récit qui, au lieu d'un précepte général, n'offre plus ainsi qu'un exemple particulier. Ce ne sera point le chef sabin Métius Curtius qui, au milieu de Rome presque conquise, aura laissé son nom à un marécage illustré par sa défense vigoureuse contre les efforts de Romulus (2); ce ne sera point un consul (3) chargé, suivant l'usage, par le sénat, d'enceindre d'une muraille ce marais sur lequel

---

(1) *Parallèles d'histoires Grecques et Romaines*, § x. Cet ouvrage, faussement attribué à Plutarque, mérite, en général, peu de confiance : mais on peut, ce me semble, admettre son témoignage, quand il s'agit de faire disparaître de l'histoire un fait évidemment fabuleux, et sur lequel les anciens annalistes de Rome sont loin de s'accorder.

(2) Telle était la véritable origine du nom de *Lacus Curtius*, suivant l'historien *L. Calpurnius Piso*, cité par Varron (*Varro De linguâ latinâ*. lib. v. cap. 32). Voyez aussi Tite-Live (lib. 1, cap. 12 et 13).

(3) Cette opinion était celle de C. Aelius et de Q. Lutatius (*Varro*. loc. cit).

est tombée la foudre ; pour citer un patricien, un Curtius qui, au même lieu, se précipita tout armé dans un gouffre miraculeusement ouvert et refermé non moins miraculeusement (1), Rome emprunte à la Phrygie l'apologue d'Anchurus, et l'introduit dans sa propre histoire.

On sent que le désir d'augmenter l'illustration du pays a favorisé un tel emprunt. Ce serait ici le lieu de montrer combien de fois, secourant la vanité d'une nation ou d'une famille, l'imposture officieuse a semé l'histoire de prodiges, pour en effacer une tache ou y ajouter un ornement : dans un grand nombre d'exemples nous n'en choisirons qu'un seul. En vain la tradition, conservée par deux historiens graves (2), rapporte que le féroce Amulius fit violence à sa nièce Rhéa Sylvia, et la rendit mère de Romulus et de Rémus. On répètera constamment que, des

---

(1) Varron (*loco citato*) rapporte aussi cette tradition ; mais c'est du ton d'un homme peu persuadé, puisqu'il appelle le héros qui se précipita dans le gouffre, *un certain* Curtius, *quemdam Curtium*.

(2) *C. Licinius Macer* et *M. Octavius*, cités par Aurélius Victor, *De origine gentis romanae*. cap. 19.

amours du Dieu de la guerre naquirent les fondateurs d'une cité que devait élever au suprême pouvoir, la faveur du Dieu de la guerre.

CHAPITRE IV.

Phénomènes réels, mais rares, présentés comme des prodiges dus à l'intervention de la divinité, et présentés avec succès, parce qu'on ignorait qu'un phénomène fût local ou périodique ; parce qu'on avait oublié un fait naturel qui, dans le principe, aurait écarté l'idée du merveilleux; souvent enfin parce qu'il eût été dangereux de chercher à détromper une multitude séduite. L'observation de ces phénomènes étendait les connaissances scientifiques des prêtres. Véridiques sur ce point, les écrivains anciens le sont aussi dans ce qu'ils disent des œuvres magiques.

Si un grand nombre de merveilles mentionnées dans les écrits des Anciens n'ont existé ou n'ont pris de l'importance que pour l'enthousiasme, l'ignorance et la crédulité, d'autres, au contraire, telles que les chutes d'aérolithes, sont reconnues aujourd'hui pour des phénomènes réels, qu'une physique éclairée ne rejette plus, quoiqu'elle ne parvienne pas toujours à les expliquer d'une manière satisfaisante.

L'histoire naturelle de notre espèce présente plusieurs singularités que des observateurs circonscrits dans leur étroit horizon, ont regardées comme chimériques, et dont une observation plus exacte a confirmé l'existence.

Des écrivains grecs très-anciens, tels qu'Isigonus et Aristée de Proconèse, ont parlé de Pygmées de deux pieds et demi de haut ; de peuples qui avaient les yeux dans les épaules, d'antropophages existant chez les Scythes septentrionaux ; d'une contrée nommée *Albanie*, où naissent des hommes dont les cheveux blanchissent dès l'enfance, et dont la vue, très-faible le jour, est très-nette la nuit. Aulugelle (1) traite ces récits de fables

---

(1) *A. Gell. Noct. attic.* lib. ix. cap. 4. Solin (cap. lv), copiant sans doute les écrivains dont Aulugelle rejette le témoignage, a parlé d'une peuplade dont les hommes ont les yeux dans les épaules.

incroyables; et pourtant, dans les deux premiers peuples, nous reconnaissons les Lapons et les Samoïèdes, quoiqu'on ait exagéré la petitesse des uns et la manière dont les autres ont la tête enfoncée dans les épaules (1); Marco-Polo affirme que quelques hordes tatares mangent les cadavres des hommes condamnés à mort (2). Dans les indigènes de l'*Albanie*, peut-on méconnaître des *Albinos*? Le nom de leur prétendue patrie n'est

(1) Walter Raleigh, en 1595, et Keymis, en 1596, reçurent, des indigènes de la Guiane, les renseignemens les plus affirmatifs sur l'existence d'une peuplade d'hommes qui avaient les yeux sur les épaules, et la bouche dans la poitrine : (*Relation de la Guiane*, par W. Raleigh, traduc. franç., pages 67, 69 et 111). C'est-à-dire, comme l'a fort bien pensé le traducteur français, que ces hommes avaient le cou très-court et les épaules extrêmement élevées. Le P. Lafiteau (*Les mœurs des sauvages américains*, etc., tome 1, pages 58, 62) observe que la croyance à l'existence d'une pareille race d'hommes est également répandue dans diverses parties de l'Amérique, et parmi les Tatars voisins de la Chine. Comme les Samoïèdes en Asie, les Esquimaux et les peuplades observées au cap Horn, à la Terre de feu et dans les îles voisines, par Weddel (*A. Voyage to the south pole performed in the years*, 1822, 1824... *Bulletin de géographie*), ont fait naître cette erreur parmi les indigènes du nord et du sud de l'Amérique.

(2) *Marco Polo*.

que la traduction du nom qu'ont dû toujours recevoir ces êtres si remarquables par la blancheur de leur peau et de leurs cheveux.

Ktésias a souvent été accusé de mensonge, sur l'autorité des Grecs, dont ses récits contrariaient les croyances et les prétentions. Les Pygmées que cet auteur place au milieu de l'Asie, et qui avaient le corps couvert de longs poils, rappellent les *Aïnos* des îles Kouriles, hauts de quatre pieds, et couverts de poils très-longs : Turner a vu, aussi, dans le Boutan, un individu d'une race extrêmement petite. Les *Cynocéphales* de Ktésias (*Aelian. de Nat. animal.* lib. IV, chap. 46) pourraient bien être les nègres océaniques, *Alphouriens* ou *Haraforas* de Bornéo et des îles Malayes, et les *singes* à qui Rama fit la guerre dans l'île de Ceylan, suivant les livres sacrés des Hindous (1).

Dans les *Argippéens* ou *têtes chauves* d'Hérodote, on reconnaît les Mongols et les Kalmouks, peuples chez lesquels les moines ou *Ghelongs* portent la tête rasée. Cette na-

(1) Malthe-Brun, *Mémoire sur l'Inde septentrionale d'Hérodote et de Ktésias*, etc. *Nouvelles Annales des voyages*, tome II, pages 355, 357.

tion parla à Hérodote de peuples situés beaucoup plus au nord, et *qui dormaient six mois de l'année.* Hérodote refusa d'admettre cette indication, qui n'est toutefois que celle de la durée de la nuit et du jour dans les régions polaires (1).

Les anciens ont aussi placé des Pygmées en Afrique. Un voyageur français en a trouvé dans le Tenda-Maié, sur les bords du Rio-Grande : là, dit-il, habite une race que rendent remarquable la petitesse de sa taille et la faiblesse de ses membres (2).

Des généralités, si nous descendons aux détails, nous trouvons encore qu'on a trop souvent déprécié les faits extraordinaires dont l'antiquité conservait le souvenir avec une fidélité religieuse. « Que Roxane, dit Lar-« cher (3), ait accouché d'un enfant sans tête, « c'est une absurdité, capable elle seule de « décréditer Ktésias. » Tous les dictionnaires

---

(1) Malthe-Brun, *Ibid., Ibid.*, pages 372, 373. — Hérodot.

(2) Mollien, *Voyage dans l'intérieur de l'Afrique*, etc. (Paris, 1820), tome II, page 210.

(3) Traduction d'Hérodote, 11ᵉ édition, tome VI, page 266, note 35.

de médecine auraient appris à Larcher que la naissance d'un enfant *acéphale* n'a rien d'impossible (1).

Le respect dû au génie d'Hippocrate a seul empêché, je crois, qu'on ne le taxât de mensonge, quand il parle d'une maladie à laquelle les Scythes sont sujets et *qui les fait devenir femmes* (2). M. Jules Klaproth a vu, chez les Tatars-Nogais, des hommes qui perdent leur barbe ; leur peau se ride ; ils prennent l'aspect de vieilles femmes, et sont, comme chez les anciens Scythes, relégués parmi les femmes et bannis du commerce des hommes (3).

L'histoire des animaux, telle que les anciens nous l'ont transmise, est remplie de détails en apparence chimériques. L'apparence quelquefois ne tient qu'à une dénomination fautive : le nom d'*Onocentaure* semble désigner un monstre unissant les formes de l'âne et de l'homme ; ce n'est qu'un quadrumane qui, tantôt court à quatre pattes,

(1) *Dictionnaire des sciences médicales*, art. *Acéphale*.
(2) *Hippocrat. De Aere, Aquis et Locis*.
(3) Jules Klaproth, *Voyage au mont Caucase et en Georgie en 1807, 1808*. — *Bibl. univ. littérature*. tome VI, page 40.

et tantôt se sert, comme de mains, de ses pattes antérieures; un grand singe couvert d'un pelage gris, surtout dans la partie inférieure du corps (1).

Dans les *rats* de *Lybie*, qui marchent sur leurs pattes de derrière, on a, mais assez récemment, reconnu des Gerboises; et l'*Erkoom* ou *Abbagumba* de Bruce, dans l'oiseau d'Afrique qui porte une corne au front (2). Mais qu'était le *Catoblepa* (3), animal du genre des taureaux ou des moutons sauvages, et doué, comme le basilic ou l'aspic, d'un souffle ou d'un regard homicide? c'était le *gnou*; la description qu'en donne Élien, et la forme de la tête d'un de ces animaux que tuèrent les soldats de Marius, mettent le fait hors de doute (4). Le *gnou* porte toujours la tête baissée; ses yeux petits, mais vifs, semblent recouverts par la crinière épaisse qui charge son front : on ne peut guère apercevoir son regard ou

---

(1) *Aelian. De Nat. animal.* lib. xvii. cap. 9.

(2) *Aelian. De Nat. animal.* lib. xv. cap. 26. et lib. xvii, cap. 10.

(3) *Plin. Hist. nat.* lib. viii. cap. 21. *Aelian. de Nat. anim.* lib. vii. cap. 5. *Athenae. Deipnosoph.* lib. v. cap. 15.

(4) *Athenae. Deipn.* loc. cit. *Aelian. De Nat. animal.* loc. cit.

sentir son souffle, si l'on ne s'approche beaucoup, assez même pour pouvoir être frappé par cet animal farouche et peureux. L'expression proverbiale du danger auquel on s'expose, a été transformée en phénomène physique, par l'amour du merveilleux.

Déjà M. Cuvier (1) avait indiqué ce rapprochement ; et, en discutant les anciens récits relatifs à des animaux regardés comme fabuleux, il avait exprimé l'opinion que ce que l'on y trouve d'incroyable *n'est que le résultat de* mauvaises descriptions. A la décision d'un juge si éclairé, j'ajouterai que des descriptions d'abord exactes, ont pu être viciées par des détails conservés imparfaitement dans le souvenir des hommes, ou mal traduits sur des mémoires écrits en langue étrangère et où l'on se servait probablement d'expressions figurées.

De telles observations me semblent avoir assez de poids pour que j'ose conseiller aux savans l'examen des prodiges que l'on présen-

---

(1) *Analyse des travaux de la classe des sciences de l'Institut de France* en 1815... *Magasin encyclop.*, année 1816, tome 1, pages 44, 46.

tait jadis aux princes et aux peuples, comme les présages de l'avenir, comme les signes de la volonté des dieux, la marque certaine de leur faveur ou de leur indignation. L'histoire naturelle s'y pourrait enrichir de notions intéressantes; la physiologie y trouver plusieurs *cas rares* qui deviendraient, par cela même, moins problématiques et plus faciles à rattacher à l'ensemble de la doctrine. Je citerai d'abord le recueil de *Julius Obsequens*. Cet auteur paraît s'être borné à extraire les registres où les pontifes romains consignaient, chaque année, les prodiges qui leur étaient dénoncés. Dans le fragment trop court qui nous reste de son ouvrage, on trouve, outre la mention de fréquentes pluies de pierres, la preuve, quatre fois répétée, que la *stérilité des mules n'est pas une loi immuable de la nature*; l'indication d'une *combustion humaine spontanée* que l'on crut déterminée par le reflet d'un miroir ardent; deux exemples d'un *accouchement* extra-naturel, dont la possibilité a été discutée et constatée de nos jours (1). On y remarquera

---

(1) *Servio Flacco, Q. Calpurnio, Coss.* Romae puer soli-

surtout l'observation faite, sur un animal, d'un phénomène analogue à celui qu'ont présenté le *jeune garçon de Verneuil* (Amédée Bissieux) en 1814 (1), et en 1826, un jeune chinois qui, sans en être même notablement incommodé, portait attaché à la poitrine et adhérent au sternum, un fœtus acéphale (2). Au XVI⁰ siècle, si l'on en croit le médecin *Jean Lange*, un cerf pris par Otto Henri, comte palatin, ayant été ouvert, on trouva dans ses entrailles un fœtus bien formé. La rencontre répétée de ces monstres *hétéradelphes* (c'est l'expression dont se sert M. Geoffroy de Saint-Hilaire pour désigner l'assemblage de deux êtres dont l'un n'est pas complètement développé), la rencontre de ces monstres a-t-elle autrefois enfanté la croyance à l'*hermaphroditisme* ou *au changement alternatif de sexe* des lièvres et des hyènes?

dus posteriore naturae parte genitus..... *Sergio Galbá, M. Scauro, Coss.* idem (puer) posteriore naturâ solidus natus, qui, voce missâ, expiravit. *Julius Obsequens. de Prodigiis.*

(1) *C. Valerio, M. Herennio, Coss.* Maris vituli, cum exta demerentur, gemini vitelli in alvo ejus inventi. *Julius Obsequens. de Prodigiis.*

(2) Séance de l'Académie des Sciences de Paris, 28 août 1826.

on peut le croire, puisqu'une observation de ce genre faite sur le *mus caspium* (probablement la martre), a été ainsi convertie en fait général (1). Il ne serait pas sans intérêt de vérifier si les martres, les hyènes ou les lièvres présentent cette singularité plus fréquemment que d'autres animaux.

Le savant que je viens de citer a décrit récemment un cheval *polydactyle*, ayant des doigts séparés par des membranes (2). Les écrivains anciens ont parlé de chevaux dont les pieds avaient quelque ressemblance avec les pieds et les mains de l'homme, et on les a accusés d'imposture !

L'histoire des corps inanimés n'est pas moins riche en faits singuliers où les anciens voyaient des prodiges, et où, long-temps, nous n'avons vu que des fables.

Sur le Mont Eryce, en Sicile, l'autel de Vénus (3) était situé en plein air, et une flamme inextinguible y brillait nuit et jour, sans bois, sans braise ni cendres, et malgré

(1) *Aelian. de nat. anim.* lib. XVIII. cap. 18.
(2) Séance de l'Académie des Sciences de Paris, 13 août 1807.
(3) *Aelian. Var. Hist.* lib. X. cap. 50.

le froid, la pluie et la rosée. Un des philosophes qui ont rendu le plus de services à la raison humaine, Bayle (1) traite ce récit de fable. Il n'aurait pas accueilli sans doute avec plus d'indulgence ce que dit Philostrate d'une cavité qu'Apollonius observa dans l'Inde, auprès de Paraca, et d'où sortait continuellement une flamme sacrée, couleur de plomb, sans fumée et sans odeur (2). En d'autres lieux, cependant, la nature a allumé des feux semblables. Les feux de *Pietramala*, en Toscane, sont dus, suivant sir Humphry Davis, à un dégagement de gaz hydrogène carburé (3). Les flammes perpétuelles que l'on admire à l'*Atesch-gah* (lieu du feu), voisin de Bakhou, en Géorgie (4), sont alimentées par le naphte dont le sol est imprégné : ce sont des feux sacrés ; et les *pénitens* hindous les ont enfermés dans une enceinte de cellules, comme on avait élevé, autour du feu de la montagne d'Éryce, le

---

(1) Bayle, *Dictionnaire historique et critique*, art. *Egnatia*, note D.

(2) *Philostrat. Vit. Apollon.* lib. III. cap. 3.

(3) *Journal de Pharmacie*, année 1815, page 520.

(4) N. Mouraviev, *Voyage dans la Turcomanie et à Khiva*, pages 224 et 225.

temple de Vénus. En Hongrie, dans la saline de *Szalina*, cercle de Marmarosch (1), un courant d'air impétueux, sortant d'une galerie, s'est enflammé spontanément. C'est du gaz hydrogène, semblable à celui que l'on emploie aujourd'hui pour l'éclairage. Aussi est-ce pour cet usage qu'on l'a mis à profit, avec un succès qui paraît devoir être durable, puisque l'écoulement gazeux n'est pas moins uniforme qu'abondant. Des prêtres, dans une civilisation de forme fixe, auraient consacré ce phénomène à la superstition : dans une civilisation perfectible, l'industrie en tire un service utile.

L'eau est métamorphosée en sang ; le ciel verse une pluie de sang ; la neige même perd sa blancheur et paraît ensanglantée ; la farine, le pain, offrent à l'homme une nourriture sanglante, où il puisera le germe de maladies désastreuses : voilà ce qu'on lit dans les histoires anciennes, et dans l'histoire moderne, presque jusqu'à nos jours.

Au printemps de 1825, les eaux du lac de Morat parurent, en plusieurs endroits, *cou-*

---

(1) *Le Constitutionnel*, n° du 7 septembre 1826.

leur de sang.... Déjà l'attention populaire était fixée sur ce prodige.... M. de Candolle a prouvé que le phénomène était dû au développement, par myriades, d'un de ces êtres qui tiennent le milieu entre les végétaux et les animaux, l'*oscillatoria rubescens* (1). M. Ehrenberg, voyageant sur la mer Rouge, a reconnu que la couleur des eaux était due à une cause semblable (2). Supposons qu'un naturaliste étudie le mode de réproduction, sûrement très rapide, des *oscillatoria :* il ne lui sera pas impossible de *changer en sang* les eaux d'un étang, d'une portion de rivière ou d'un ruisseau peu rapide.

On connaît aujourd'hui plusieurs causes naturelles propres à faire apparaître, sur les pavés, sur les murs des édifices, des taches rouges, telles qu'en laisserait une pluie de sang. Le phénomène de la neige rouge, moins souvent remarqué quoique assez commun, paraît résulter aussi de diverses causes. Les naturalistes l'attribuent, tantôt à la poussière

---

(1) *Revue encyclopédique*, tome XXXIII, page 676.
(2) *Idem. ibidem.* page 783, et *nouvelles Annales des Voyages*, deuxième série, tome VI, page 383.

séminale d'une espèce de pin, tantôt à des insectes presque microscopiques, tantôt à des plantes très-petites du genre des algues (1).

Dans les environs de Padoue, en 1819, la *polenta*, préparée avec de la farine de maïs, se couvre de nombreux points rouges qui bientôt deviennent des gouttes de sang aux yeux des superstitieux. Le phénomène se répète plusieurs jours de suite : une terreur pieuse a vainement recours pour y mettre un terme, aux jeûnes, aux prières, aux messes, aux exorcismes. Un physicien (2) calme les esprits qui commençaient à s'exalter d'une manière dangereuse, en prouvant que les taches rouges étaient l'effet d'une moisissure jusqu'alors inobservée.

Le grain de l'ivraie (*lolium temulentum*), moulu avec le blé, communique au pain cuit sous la cendre, une couleur sanguinolente ; et l'usage de cet aliment cause de violens vertiges...... Ainsi, dans tous les exemples cités, l'effet naturel reparaît ; le merveilleux

---

(1) Voyez, sur ce sujet, l'intéressant Mémoire de M. le professeur Agardh, *Bulletin de la Société de Géographie*, tome VI, pages 209-219.

(2) *Revue encyclopédique*, pages 144 et 145.

se dissipe, et avec lui tombe l'accusation d'imposture ou de crédulité ridicule, intentée si souvent aux écrivains anciens.

A la surface des eaux thermales de Baden, en Allemagne, et des eaux d'Ischia, île du royaume de Naples, on recueille le *zoogène*, substance singulière qui ressemble à la chair humaine revêtue de sa peau, et qui, soumise à la distillation, fournit les mêmes produits que les matières animales. M. Gimbernat (1) a vu aussi, près du château de Lépoména, et dans les vallées de Sinigaglia et de Negreponte, les rochers couverts de cette substance. Voilà l'explication de ces pluies de *morceaux de chair* qui figurent au nombre des prodiges de l'antiquité, et qui inspiraient un assez juste étonnement pour que l'on consentît à y reconnaître l'annonce des arrêts du destin, ou des menaces de la Divinité.

Pour rattacher à l'intervention divine un événement rare, ou arrivé dans une circonstance singulièrement opportune, il suffit de la flatterie qui appelle le Ciel au secours des princes, ses représentans sur la terre, ou

(1) *Journal de Pharmacie*, avril 1821, page 196.

du sentiment religieux qui arme contre le crime et le vice une vengeance surnaturelle, et, par une assistance merveilleuse, seconde les desseins de l'homme juste et les efforts de l'innocence opprimée.

Creusant des puits dans le voisinage de l'Oxus, les soldats d'Alexandre remarquèrent qu'une source coulait dans la tente du roi ; comme ils ne l'avaient pas d'abord aperçue, ils feignirent qu'elle ne faisait que de paraître, que c'était un présent des dieux ; et Alexandre voulut que l'on crût à ce miracle (1).

Surpris par un violent orage, l'empereur Isaac Comnène se réfugie sous un hêtre : le bruit de la foudre l'effraie ; il change de place, et aussitôt le hêtre est renversé par le vent. La conservation des jours de l'empereur passa pour un miracle de la Providence, dû à l'intercession de sainte Thècle, dont les chrétiens célébraient la fête ce jour-là, et à qui Isaac Comnène se hâta de dédier un temple (2).

(1) *Q. Curt.* lib. vii. cap. 10.
(2) Anne Comnène, *Hist. de l'empereur Alexis Comnène*, livre iii. chap. 6.

La pluie qui secourut si utilement Marc Aurèle dans la guerre contre les Marcomans, les chrétiens l'attribuèrent à l'efficacité de leurs prières ; Marc Aurèle a la bonté de Jupiter ; quelques polythéistes à un mage égyptien, d'autres au théurgiste Julianus : tous la regardèrent comme un prodige céleste.

Lorsque Thrasibule, à la tête des exilés athéniens, venait délivrer sa patrie du joug des trente tyrans, un météore enflammé brilla devant ses pas (1) : c'était une colonne de feu envoyée par les dieux, pour le guider au sein d'une nuit obscure, et par des chemins inconnus à ses ennemis.

Les chutes d'aérolithes sont assez fréquentes pour pouvoir coïncider avec le moment d'un combat : Jupiter alors fait pleuvoir des pierres sur les ennemis d'Hercule ; Dieu, si l'on en croit les Arabes, écrase, au pied des murs de la Mecque, les Éthiopiens, assiégeans profanes de la ville sacrée (2). Basile, chef des Bogomiles, retournant le soir, du palais de l'empereur à sa cellule, fut assailli par une pluie de

(1) *S. Clément. Alex. Stromat.* lib. 1.
(2) Bruce, *Voyage aux sources du Nil* (édition in-8º), tome II, pages 146 et 147.

pierres ; aucune ne partait de la main des hommes ; une violente commotion du sol accompagna le phénomène, où les adversaires de Basile virent une punition miraculeuse du moine hérésiarque (1).

Des habitans de Nantes, à l'époque où leur patrie succomba sous les armes de Jules César, se réfugièrent dans les marais que forme, à quelque distance, la rivière de Boulogne. Leur asile s'accrut et devint une ville, connue sous le nom d'*Herbatilicum*. Mais, en 534, le sol sur lequel elle était assise, miné par les eaux, s'effondra dans un lac soudainement formé, la ville fut engloutie : sa partie supérieure subsista seule ; c'est aujourd'hui le village d'Herbauge. D'un désastre qui s'explique naturellement, les hagiographes ont fait un miracle. Envoyé par saint Félix, évêque de Nantes, pour convertir les habitans d'*Herbatilicum*, saint Martin les trouve inébranlables dans la religion de leurs pères : il se retire avec l'hôte qui l'a accueilli ; soudain la ville est inondée, abîmée ; un lac en a pris la

---

(1) Anne Comnène, *Hist. de l'empereur Alexis Comnène*, livre xv, chap. 9.

place, monument éternel du châtiment infligé à l'incrédulité (1).

Dans la baie de Douarnènec, on aperçoit des ruines sous-marines. Ce sont, dit la tradition ancienne, les restes de la ville d'*Is*, engloutie par l'Océan au commencement du Ve siècle; en punition des débauches de ses habitans : Grâlon, roi du pays, se sauva seul; on montre encore, sur un rocher, l'*empreinte* d'un pied du cheval qui le portait (2). L'inondation est un phénomène local très-peu surprenant; d'autres ruines, sur la même côte, attestent les ravages de la nature. Mais de tout temps, l'homme a été enclin à faire tourner, au profit de la morale, les désastres physiques. Ainsi, il y a trente-huit siècles, la disparition d'une contrée riante fut présentée comme provoquée inévitablement, comme arrachée en quelque sorte à la bonté divine, par l'incurable corruption des hommes qui l'habitaient.

Arrosée et fertilisée par le Jourdain,

---

(1) Voyez la *Vie de saint Martin*, abbé de Verton, 24 octobre, et de *saint Filbert*, 20 août.

(2) Cambry, *Voyage dans le département du Finistère*, tome II, pages 221 et 284-287.

comme l'Égypte l'est par le Nil, la *vallée des Bocages* s'ouvrait, *semblable au Paradis*, devant le voyageur qui, du désert, arrivait à Segor (1). Là, Sodôme, Gomorrhe et vingt-six autres villes ou bourgs fleurirent pendant un demi-siècle (2). Les villes, les habitations furent détruites par une conflagration subite; la riche végétation disparut tout entière (3); un lac d'eau amère (4), le lac Asphaltide remplaça la *vallée des Bocages* : la tradition est uniforme sur ce fait qui, en lui-même, n'offre rien de surnaturel.

Quoique l'éruption de jets de flamme accompagne quelquefois les tremblemens de terre, ce phénomène ne répond pas suffisamment à l'idée d'un embrasement général, pour fournir la base d'une explication satisfaisante. Strabon (5) attribue la destruction des villes situées sur l'emplacement actuel

---

(1) *Genes.* cap. xiii. vers. 10.
(2) Pendant cinquante-un ans, suivant le *Seder olam Rabba*, ancienne chronique hébraïque, traduite en latin par Génebrard; à la suite de son *Chronic. gener.* (in-fol. Paris, 1580) pag. 477.
(3) *Genes.* cap. xix. vers. 25.
(4) *Ibid.* cap. xiv. vers. 3.
(5) *Strabo.* lib. xvi.

du lac Asphaltide, à l'éruption d'un volcan: on retrouve, en effet, sur les bords du lac, quelques-uns des produits dont la présence, après des milliers d'années, révèle l'existence antérieure de l'un de ces grands ateliers de création et de destruction; mais ni leur quantité ni leur variété ne sont telles que le ferait supposer une origine si récente. D'ailleurs la nature du sol suffit à la solution du problème.

La *vallée des Bocages* était assise sur la couche de matières éminemment inflammables qui forme encore le fond du lac Asphaltide : dans des puits nombreux (1), on y voyait sourdre (2), exposé à une atmosphère brûlante, le bitume, dont s'étendait au loin, sous la terre, une couche épaisse, également liquide, également inflammable. L'embrasement déterminé par une cause accidentelle, proba-

---

(1) « Vallis autem sylvestris habebat multos puteos bituminis. » *Genes.* cap. XIV. vers. 10.

(2) « Ils campèrent dans la vallée des puits de bitume, car ces puits existaient alors dans ce lieu. Depuis, après destruction de Sodôme, un lac y parut subitement et fut nommé Asphaltide, à cause du bitume que l'on y voit sourdre (*scatere*) de toutes parts. » *Fl. Joseph. Ant. jud.* lib. cap. 10.

blement par le feu du ciel (1), se propagea avec une rapidité dont ne nous donnent point une idée les incendies qui dévorent quelquefois les mines de houille ou de charbon de terre. Les habitations en feu, la campagne minée au loin par la flamme souterraine, s'abîmèrent dans le gouffre que créait l'affaissement du sol, affaissement proportionné à la consommation du bitume. Le Jourdain se précipita dans le nouveau lac, dont l'étendue fut bientôt assez considérable pour que le fleuve s'y perdît tout entier, abandonnant à l'empire de la stérilité, les contrées qu'il arrosait auparavant, et dont a pu se former le désert de *Sin* (2), où le tourment de la soif excita si vivement les murmures des Israélites. Une seule famille échappa à la mort. Prévoyant avec quelle célérité s'avancerait l'incendie, son chef se hâta d'atteindre les limites

(1) « *Dieu lance un trait sur la ville* et la brûle avec ses habitans, et dévaste, par un pareil incendie, la campagne. » *Fl. Joseph. Ant. jud.* lib. 1. cap. 12.

(2) D'après la position des montagnes voisines, je conjecture que le Jourdain, tournant à l'ouest, allait joindre le torrent connu sous le nom de *torrent d'Azor* ou *torrent d'Égypte*, et qu'il avait ainsi son embouchure près de la ville de Rhinocolura.

de la couche de bitume ; parvenu dans une ville qu'épargna le désastre, il craignit encore une méprise dangereuse, et quittant son premier asile, se réfugia sur une montagne (1). Mais, fidèle au sentiment que nous avons signalé, le patriarche rapporte à Dieu la sage prévoyance qui l'a décidé à la fuite la plus prompte : *Dieu l'a averti du désastre prochain ; Dieu lui a commandé de fuir, en lui défendant même de regarder derrière lui* (2). Sa piété contribue ainsi à donner une apparence surnaturelle à un fait qui s'explique suivant la marche ordinaire de la nature.

Faute de savoir que certains phénomènes sont propres à telle ou telle localité, on les a révérés comme surnaturels, on les a rejetés comme impossibles.

Telles sont les pluies de substances nutritives. En 1824 et en 1828, une contrée de la Perse a vu tomber du ciel une pluie de ce genre ; pluie si abondante qu'en quelques endroits, elle couvrait le sol à cinq ou six pouces de hauteur. La substance tombée est

---

(1) « *Ascenditque Loth de Segor, et mansit in montem.... Timuerat enim manere in Segor.* » Genes. cap. xix. vers. 30.

(2) *Genes.* cap. xix. vers. 12. 13. 15. 16. 17.

une espèce de lichen déjà connue : les troupeaux, et surtout les moutons, s'en sont nourris avec avidité ; et l'on en a fait du pain mangeable (1).

Les Israélites murmuraient contre les alimens dont ils étaient forcés de se contenter dans le désert : Dieu leur envoya des cailles, et en si grand nombre, qu'ils s'en nourrirent pendant un mois entier (2). Deux voyageurs savans ont pensé que ces cailles ne pouvaient être que des sauterelles (3); Volney (4), mieux instruit, assure qu'il y a dans le désert deux passages annuels de cailles. Ces passages périodiques fournissaient, en Égypte, à la nourriture des éperviers sacrés (5). Moïse, sortant de l'Égypte, n'ignorait point le retour régulier du phénomène : dans cette ressource naturelle, mais inconnue aux Israélites, il a

(1) Séance de l'Académie des Sciences, 4 août 1828.
(2) *Numer.* cap. xi.
(3) Nierburh, *Voyage en Arabie* (in-8°), tome ii, p. 360. — Hasselquist, *Voyage au Levant*, tome ii, p. 175.
(4) Volney, *Recherches nouvelles sur l'Histoire ancienne*, tome i, pages 107 et 108. — On observe annuellement des passages de cailles, à la pointe de l'Espagne la plus voisine de l'Afrique, et au pied des Pyrénées.
(5) *Aelian. de Nat. animal.* lib. vii. cap. 9.

pu montrer l'œuvre de la Divinité qui exauçait leurs prières, ou daignait même céder à leurs murmures. La mort presque soudaine d'un grand nombre d'entre eux fut ensuite une conséquence de l'avidité avec laquelle ils chargèrent de ces viandes succulentes leurs estomacs fatigués par la disette ; et le chef des Hébreux ne les trompa point, quand il la leur fit envisager comme une juste punition de leur gourmandise.

Il lui avait été encore plus facile d'appeler leur pieuse reconnaissance sur le passage de la mer Rouge. Pour confirmer la réalité du miracle ou pour l'expliquer, on a cité une tradition très-ancienne, conservée par les *Ichthyophages*, qui habitaient sur les bords de cette mer : le reflux, disaient-ils, fut une fois si violent qu'il mit à sec le golfe entier ; mais le flux revint avec impétuosité, et les eaux reprirent soudain leur niveau (1). Ce phénomène est analogue à celui qu'on observe souvent dans les tremblemens de terre ; il rappelle le désastre qui noya les Perses, lorsqu'ils voulaient pénétrer dans la presqu'île

---

(1) *Diod. Sic.* lib. III. cap. 20.

de Pallène, et où l'on vit un effet de la vengeance de Neptune (1), comme la perte des Égyptiens fut attribuée au courroux du Dieu d'Israël. Mais, pour être adoré des Hébreux et admis par nous, le prodige n'a pas besoin de ces circonstances extraordinaires. Pendant l'année qu'il signala, si l'on en croit Paul-Orose, la chaleur fut si vive qu'elle donna lieu à la fable de Phaéton (2) : l'eau devait avoir d'autant moins de profondeur, et le passage offrir moins de difficultés. Suivant Josèphe (3), les Égyptiens fatigués différèrent d'attaquer les Hébreux ; ceux-ci eurent donc le temps de profiter du reflux ; quand leurs ennemis se décidèrent à les poursuivre, il était trop tard ; la marée remontait, et le vent, la pluie, la tempête, secondant son mouvement, rendaient le retour des eaux plus prompt et leur action plus rapide. Ces divers détails sont probablement exacts ; mais encore une fois, ils ne sont pas nécessaires pour expliquer un fait qui peut se renouveler tous les jours. Le bras de mer que tra-

(1) *Herodot.* lib. viii. cap. 129.
(2) *P. Oros.* lib. i. cap. 10.
(3) *Fl. Joseph. Ant. jud.* lib. ii. cap. 7.

versa Moïse, est étroit (1); le flux et le reflux s'y succèdent rapidement. Dans la campagne de Syrie, le chef de l'armée d'Orient, le traversant à marée basse, fut surpris par la marée montante ; sans un prompt secours il eût péri submergé (2).... et, dans l'accident sans gloire qui aurait interrompu une carrière déjà si brillante, l'islamisme eût vu sans doute un prodige envoyé par le Ciel.

On sait combien fréquemment l'Égypte, la Syrie, ces contrées fécondes en traditions miraculeuses, sont désolées par des légions de sauterelles; si elles échappent alors à une entière dévastation, c'est quand un vent soudain enlève cette nuée d'insectes, et la précipite au sein des flots. Mais, dans les récits de l'Exode, c'est pour punir le roi d'Égypte de son injustice envers Israël, que Dieu a fait souffler un vent brûlant qui couvre l'Égypte de sauterelles ; et le vent d'Occident, qui les emporte dans la Mer Rouge, n'est accordé par le ciel qu'aux prières de Moïse (3).

(1) *Herodot.* lib. II. cap. 11; *Diod. Sic.* lib. III. cap. 20.
(2) *Notice sur Berthollet, Description de l'Égypte,* et *Revue encyclopédique,* tome XXX. page 29.
(3) *Exod.* cap. X. vers. 14. 18. 19.

Dans l'Exode encore, Moïse délivre l'Égypte de la *mouche*, après en avoir constamment préservé le territoire de Gessen habité par les Israélites.

Quel était ce formidable exécuteur des vengeances de Jéhovah? La version éthiopienne de la Bible et le texte hébreu lui donnent le nom de Tsaltsalya (1). C'est celui d'un insecte, appelé aussi *zimb*; c'est le nom de *la mouche*, fléau des pasteurs de l'Abyssinie; et qui, depuis l'équinoxe de printemps jusqu'à l'équinoxe d'automne, infeste les terres grasses et fertiles de ces régions, et ne s'arrête qu'à l'entrée des sables. Supposons qu'une fois, le *zimb* ait franchi les limites qui semblent circonscrire son apparition, et pénétré jusqu'en Égypte : la contrée sablonneuse de Gessen dut rester encore exempte de ses atteintes, au milieu des riches vallées qu'il désolait. Cette préservation exclusive, et la disparition subite de l'insecte redouté, passèrent facilement pour des miracles, aux yeux d'hommes qui ne pouvaient savoir combien

---

(1) Bruce, *Voyage aux sources du Nil* (in 8°), tome II, pages 196-203; tome IX, pages 374-381.

est régulière, sur ces deux points, la marche de la nature. Aussi l'apparition de *la mouche* produisit-elle une impression profonde sur l'esprit des Israélites ; on le voit par les fréquentes allusions qu'y fait l'écriture : Dieu promet, à deux reprises, d'envoyer des frelons contre les nations que doit dompter son peuple (1); et l'exécution de cette promesse, quoique Moïse n'en parle pas, est rappelée par Josué et par l'auteur du livre de la *Sagesse* (2).

Je soupçonne que la civilisation de l'Afrique ancienne fût antérieure à l'apparition du *Tsaltsalya*, et que ce fléau, ainsi que tant d'autres, vint comme envoyé par le génie du mal, pour troubler les jouissances que faisait goûter aux hommes leur réunion en société.

C'est ici plus qu'une simple conjecture : un écrivain qui a rassemblé beaucoup de traditions anciennes sans les discuter, mais probablement aussi sans les défigurer, Élien rap-

---

(1) *Exod.* cap. xxiii. vers. 28. *Deuteronom.* cap. vii. vers. 20.

(2) *Josué*, cap. xxiv. vers. 12..... *Sapient.* cap. xii, vers. 8.

porte que, près du fleuve *Astaboras* (1), apparut *tout-à-coup* une nuée épouvantable de mouches. Les habitans furent, par ce fléau, chassés de leur pays, séjour d'ailleurs fertile et agréable. La contrée qu'arrosent le Nil et le Tacazzé est en effet agréable et fertile; et, chaque année, le retour du *Tsaltsalya* la rend déserte, et nulle habitation permanente n'y peut subsister. Si l'on admet notre opinion, à laquelle une discussion approfondie donnerait plus de certitude (2), on concevra comment, dans les premiers ravages de cet inévitable ennemi, l'homme supérieur sut montrer à la crédulité et à l'effroi, la punition de quelqu'une des fautes que la fragilité humaine permet toujours de supposer, et que multiplie à l'infini l'exigence des prêtres. Avec cette tradition, Moïse avait rapporté d'Éthiopie la connaissance du privilége dont jouissent les pays sablonneux : lui fut-il

---

(1) *Aelian. de Nat. animal.* lib. xvii. cap. 40. — Elien parle, il est vrai, de l'Inde; mais l'Ethiopie a reçu ce nom chez les anciens; et la position du fleuve Astaboras ne laisse pas de doute sur celle du pays dont l'auteur a voulu parler.

(2) Je me propose de m'y livrer, dans l'ouvrage intitulé : *de la Civilisation*, 1re partie, liv. ii, chap. i, *de l'Afrique ancienne*.

difficile de combiner l'une et l'autre, pour en former l'histoire miraculeuse qu'il racontait à une génération née dans le désert, et élevée dans l'ignorance invincible des anciens souvenirs (1)?

Comment tant de faits naturels ont-ils pu passer pour merveilleux?

1° Si la multitude regarda souvent comme un prodige le phénomène local dont elle ne soupçonnait pas le retour périodique, souvent aussi l'ignorance ou l'oubli déroba la connaissance du fait naturel, aux prêtres même qui proclamaient le prodige. L'exemple que nous venons de discuter nous en fournira la preuve.

Les Éléens adoraient Jupiter *chasse-mouche* (Apomyios); aux jeux olympiques, un sacrifice au Dieu *Myiodès* faisait disparaître toutes les mouches; Hercule, sacrifiant dans

---

(1) Plus tard, les communications fréquentes des Hébreux avec l'Egypte leur firent connaître la périodicité du fléau. Isaïe, pour exprimer le rassemblement soudain de l'armée des Egyptiens, le compare à l'apparition de la *mouche* dans les pays qu'arrose le haut Nil, le fleuve d'Egypte (Isaï. cap. VII. vers. 18.)

le même lieu où, depuis, Rome lui éleva un temple, invoqua un Dieu *Myagrius* (*chasse-mouche*); on ajoute, à la vérité, que les mouches n'entraient point dans ce temple (1) : mais indépendamment des secrets, tels que certaines fumigations, qui peuvent éloigner ces insectes, leur disparition a lieu naturellement dans les édifices obscurs et profonds, comme étaient tous les sanctuaires. Pour savoir si le prodige a créé le surnom du Dieu, ou si le surnom du Dieu a fait inventer le prodige, voyons dans quels pays son culte a dû commencer.

On adorait en Syrie et en Phénicie, le Dieu Belzébuth (Baal-Zebud), *Dieu ou Seigneur des mouches*. Dupuis le rapproche de Pluton, ou d'Hercule le *Serpentaire*, dont la constellation s'élève en octobre, lors de la *disparition des mouches*. Mais une pareille coïncidence n'a pu être consacrée par la religion, que dans une contrée où la présence des mouches était un véritable fléau, ramené périodiquement par le cours des saisons.

(1) *Solin.* cap. 1. — *Plin. Hist. nat.* lib. x. cap. 28 et lib. xxix. cap 6.

Les habitans de Cyrène sacrifiaient au Dieu *Achor*, pour être délivrés des mouches (1). Ceci nous rapproche du point que nous voulons découvrir. C'est du plateau de Meroé que fuyaient les pasteurs, loin du redoutable *Tsaltsalya*, attendant l'équinoxe d'automne, terme désiré de son règne de six mois. C'est par eux que dut être adoré le vainqueur de *la mouche*, le soleil de cet équinoxe, figuré depuis par *Sérapis*, Pluton et le *Serpentaire*. Des pays où la divinité fut adorée comme changeant la face de la terre et la destinée des hommes, la renommée de son pouvoir, la vive impression que faisait sur les peuples qui ne l'observaient même qu'une fois, le fléau dont elle triomphait, étendirent sans peine son culte dans la Cyrénaïque, en Syrie, chez les Phéniciens. Rome et la Grèce auraient pu tenir de chacun de ces peuples la même superstition : mais nous observons qu'en Grèce, elle se rattachait à des traditions africaines. Les Arcadiens d'Héraéa joignaient le culte du demi-dieu *Myagrius* au culte de Minerve ; et la Minerve qu'ils ado-

(1) *Plin. Hist. nat.*

raient, ils l'avaient empruntée à l'Afrique. Ils la faisaient, à la vérité, naître en Arcadie, mais au bord d'une fontaine *Tritonide*, dont ils racontaient les mêmes prodiges (1) que ceux qui illustraient, en Lybie, le fleuve ou lac Triton, lieu de la naissance de la Minerve la plus anciennement connue. Une colonie arcadienne, établie au milieu des collines où Rome devait s'élever un jour, y avait porté le culte d'Hercule..... Si Numa dut aux Tyrrhéniens les connaissances qui lui firent consacrer à Rome, sous le nom de *Janus*, le Dieu-Soleil de Meroé (2), ce furent probablement les compagnons d'Evandre, qui, long-temps auparavant, dressèrent, au bord du Tibre, l'autel du libérateur annuel des rives de l'Astapus et de l'Astaboras.

Lorsque le culte de cette divinité locale se propagea ainsi chez des peuples auxquels elle devait pour jamais être étrangère, le prodige qu'ils lui attribuèrent naquit naturellement

---

(1) *Pausanias. Arcad.* cap. 26. — Les Béotiens d'Alalcomène montraient dans leur pays un fleuve *Triton*, sur les bords duquel ils plaçaient aussi la naissance de Minerve. (*Pausanias. Boeot.* cap. 33).

(2) Lenglet, *Introduction à l'Histoire*, page 193.

du sens de son nom dont ils ignoraient l'origine. Les inventions analogues ont, dans tous les temps, été nombreuses ; et d'autant plus qu'elles étaient souvent secondées par la vue d'emblèmes appropriés au sens du nom de la divinité, emblèmes dont le prodige supposé fournissait une explication plausible.

2° Le vulgaire, à l'adoration duquel on présentait des prodiges, croyait et ne réfléchissait pas ; l'homme instruit se soumettait, par habitude, à la croyance établie ; le prêtre ne parlait que pour la faire respecter, à moins que des haines de parti, plus puissantes que l'intérêt sacerdotal, ne lui arrachassent des révélations indiscrètes. A la voix du prophète Jadon, Jéroboam a vu se fendre l'autel de pierres qu'il couvrait de victimes impies ; il a vu sa main se *retirer*.... Un prophète du parti opposé s'empresse de le rassurer, en lui expliquant ce double prodige : l'autel, construit à la hâte, s'est affaissé sous le poids des victimes ; et la main du roi s'est engourdie de lassitude (1). Plus tard, le prophète Sédékias, après avoir frappé le prophète Michée, son

---

(1) *Fl. Joseph. Antiq. jud.* lib. VIII. cap. 3.

antagoniste, le défia insolemment de se venger, en lui faisant *retirer* la main comme Jadon l'avait fait à Jéroboam... Michée n'accepta point le défi (1).

Mais les discussions de ce genre ont toujours été rares : dans les âges de miracles et de prodiges, l'homme, enclin à soulever le voile du merveilleux et à montrer la vérité, dut s'arrêter souvent, et se rappeler qu'il existe des erreurs redoutables, si elles ne sont pas respectables.

Les mineurs qui périssaient suffoqués, avaient été tués par le *démon de la mine;* des esprits infernaux, gardiens de trésors cachés dans les profondeurs de la terre, immolaient l'homme avide qui, pour s'en emparer, osait pénétrer jusqu'à leur asile. Dans ces traditions, si anciennes et si répandues, nous reconnaissons les effets des *mofêtes*, des gaz délétères qui se dégagent dans les souterrains, et surtout dans les mines. En préservant l'homme de leur action meurtrière, la science a acquis le droit de révéler leur nature, et de dissiper les fantômes créés par l'ignorance

---

(1) *Fl. Joseph. Antiq. Jud.* lib. VIII. cap. 10.

et par l'effroi. Mais l'aurait-elle tenté avec succès, si elle n'avait pu qu'indiquer les causes du mal, et non y remédier? l'aurait-elle tenté sans péril, quand les princes qui confiaient leurs trésors au sein de la terre, voyaient, dans ces terreurs superstitieuses la garantie la plus sûre de l'inviolabilité de leur dépôt; ou quand les ouvriers mettaient sur le compte du *démon de la mine*, non seulement leurs dangers réels, mais encore les maladresses, les fautes, les délits qui se commettaient dans leurs souterraines demeures (1).

A la science encore il appartient de prévenir ou de guérir les erreurs universelles, véritables épidémies, telles que souvent on voit une multitude entière être trompée, sans qu'il y ait un trompeur.

Mais alors, et plus que jamais, la prudence peut arrêter l'essor de la vérité. Quand on croyait (2) que, dans deux contrées de l'Ita-

---

(1) J. Tollius. *Epist. itiner.* pag. 96. 97.

(2) Fromann, *Tractatus de Fascinatione*, pag. 622, 623 et 626. « *Frater Lombardorum* vel *Salernitarum.* »— Rabelais a probablement fait allusion à cette absurde croyance, dans les prodiges qui précèdent la naissance de Pantagruel

talie, l'accouchement des femmes était presque toujours accompagné de l'émission de monstres, désignés sous le nom de *frères des Lombards* ou *des Salernitains*, tant leur production passait pour habituelle ; quand on allait jusqu'à prétendre que ces monstres étaient des animaux *nobles*, des aigles, des autours, dans les familles nobles ; et dans les familles plébéiennes, des animaux *vils*, des lézards, des crapauds ; quand cette croyance donnait lieu à de fréquentes accusations de sorcellerie et à des condamnations atroces ; un savant n'aurait-il pas risqué de partager le sort des victimes qu'il eût voulu sauver, si, combattant l'extravagance générale, il en avait montré la source dans quelques phénomènes mal observés et plus mal racontés, et dans des supercheries inspirées par la folie, l'intérêt et l'esprit de vengeance ?

« Les truies, en chaleur, attaquent même « les hommes », a dit Aristote (1). Au commencement du XVII⁰ siècle, un prêtre fran-

---

(livre II, chap. 2), prodiges que j'avais toujours regardés comme une de ces fictions extravagantes qu'il destinait à servir de passeports à tant de vérités hardies.

(1) *Aristot. Hist. Animal.* lib. VI. cap. 18.

çais, exposé par un funeste hasard à une semblable agression, fut accusé de sortilége par son propre frère; traîné devant les tribunaux, aux cris de toute une ville frappée d'horreur; contraint, par les douleurs de la torture, à avouer un crime imaginaire; livré enfin à un affreux supplice (1).... Qu'un homme instruit eût rappelé alors ce qu'avait écrit Aristote vingt siècles auparavant; aurait-il fait cesser le scandale, empêché un absurde procès criminel, prévenu son abominable issue? ou, seul éclairé au milieu d'une population aveugle, ne se serait-il pas plutôt compromis lui-même, comme fauteur du crime, et complice de sortilége? on peut le croire, quand on voit que l'illusion avait gagné un homme aussi éclairé que l'était pour ce temps-là le célèbre d'Aubigné.

Pour expliquer plusieurs contes de sorcellerie, plusieurs traits de mythologie, il suffirait d'observer les écarts de la nature chez les animaux apprivoisés, ou retenus par l'homme dans l'esclavage et l'isolement (2).

---

(1) D'Aubigné, *les Aventures du baron de Fœneste*, liv. IV, chap. 2.

(2) Bodin (*Démonomanie*, page 308) dit que l'on regarda

Cette discussion que la décence permet peu aujourd'hui, la prudence, à d'autres époques, l'a dû interdire aux hommes assez instruits pour l'entreprendre.

En vain, d'ailleurs, l'interprète de la science eût-il élevé la voix, et signalé un phénomène déjà connu, où l'enthousiasme voyait un prodige, si les hommes en possession de se faire croire avaient quelque intérêt à persuader que le prodige était réel. Bravant les prêtres qui le menacent au nom de la divinité dont il méprise les droits, Érésichton porte la hache dans un bois consacré à Cérès. Quelque temps après il est attaqué de *boulimie*, maladie dont on a observé des exemples dans les temps anciens comme de nos jours : une faim insatiable déchire ses entrailles ; en vain il s'efforce de la satisfaire ; ses richesses épuisées ont bientôt disparu ; toutes les ressources lui manquent ; il succombe, il meurt d'inanition : les prêtres triomphent ; un mythe, consacré par eux, va redire à jamais que l'impie Érésichton a péri misérablement, victime dé-

comme un démon, le chien d'un couvent qui levait les robes des religieuses pour en abuser. On a vu des daims, des chevreuils apprivoisés, s'élancer sur des femmes, etc., etc.

vouée à la vengeance de Cérès, de la divinité dont les présens nourrissent le genre humain (1).

Tel était l'avantage que savaient tirer les prêtres des faits peu ordinaires dont le hasard leur permettait de s'emparer : il était assez grand pour qu'ils ne souffrissent point qu'un seul phénomène de ce genre échappât à leur investigation. Les pontifes romains n'avaient pas inventé la pratique religieuse de consigner sur des registres les prodiges que chaque année voyait éclore : comme toutes les connaissances magiques, ils l'avaient empruntée des prêtres étrusques, dont Lydus (2) cite fréquemment les livres sacrés; il est plus que probable qu'elle existait dans tous les temples anciens.

Cette pratique, dans quelque intention qu'elle eût été d'abord établie, devait créer, à la longue, une instruction assez étendue. Il est difficile de recueillir une série non in-

---

(1) La superstition moderne ne le cède point à l'ancienne. Fromann, *Tractat. de Fascin.* pag. 613, cite des exemples de boulimie, que l'on n'a pas manqué de prendre pour des effets de la possession du diable.

(2) *J. Lydus. de Ostentis.*

terrompue d'observations physiques, sans les comparer, même involontairement, entre elles, sans apercevoir quels phénomènes sont plus ou moins souvent conséquents les uns des autres, sans acquérir en un mot sur la marche de la nature, des connaissances réelles et d'une véritable importance.

Il serait, par exemple, intéressant de rechercher ce qu'il y avait de raisonné et de scientifique, dans le jugement que le prêtre ou l'augure portait sur les conséquences d'un prodige, et dans les cérémonies expiatoires qu'il prescrivait pour les prévenir. Souvent, sans doute, il ne songeait qu'à distraire ou à rassurer l'imagination effrayée ; souvent l'ignorance et la crainte obéissaient aveuglément à une superstition routinière, stupide ou féroce. Mais, comme l'avait enseigné Démocrite, l'état des entrailles des animaux immolés pouvait fournir, aux colons débarqués sur une terre inconnue, des indices probables sur les qualités du sol et du climat ; l'inspection du foie des victimes qui depuis servit de base à tant de prédictions, n'avait pas originairement d'autre but : si l'on y trouvait, dans toutes, un caractère maladif, on en concluait le peu de salubrité des eaux et des pâturages ; les Romains se réglaient encore d'après cet indice, dans la fondation des villes et la position des camps retranchés (1). De tels exemples prouvent que, dans les pratiques religieuses des anciens, quelques-unes, au moins dans l'origine, émanèrent d'une science positive, basée sur de longues observations, et dont nous pourrions retrouver des vestiges encore instructifs.

Que devons-nous maintenant penser des opérations magiques, bien plus utiles aux prêtres que les prodiges, puisque, loin d'éclater à l'improviste, elles dépendaient de la la volonté de l'homme, pour le moment précis, l'étendue et la nature de leurs résultats? La discussion à laquelle nous venons de nous livrer répond à cette question. Les prodiges rapportés par les anciens s'expliquent naturellement ; leurs récits ne peuvent donc être argués de mensonge : pourquoi seraient-ils plus suspects quand il s'agit d'œuvres magiques qui admettent des explications non moins

---

(1) *Vitruv. de Archit.* lib. 1. cap. 4. — *Cicer. de Divin.* lib. 1. cap. 57. lib. 11. cap. 13.

satisfaisantes ? Alors, seulement, il faudra supposer avec nous, que les prêtres ont possédé et tenu secrètes les connaissances nécessaires pour opérer ces merveilles. Rappelons ici la règle qui doit décider notre croyance, la mesure des probabilités favorables ou contraires : est-il vraisemblable que, dans tous les pays, des hommes dont nous venons de justifier la véracité sur des points où on l'attaquait avec force, aient raconté tant de merveilles absurdes qui n'avaient pour principes que l'ignorance et l'imposture ? N'est-il pas plus vraisemblable que leurs récits sont fondés en vérité ; que les merveilles ont été opérées par des procédés dus aux sciences occultes renfermées dans les temples ? et la vraisemblance n'approche-t-elle pas de la certitude, quand on songe que l'observation assidue et la comparaison de tous les prodiges, de tous les faits extraordinaires, suffisaient pour doter les prêtres d'une partie notable des connaissances théoriques dont a dû se composer la magie ?

CHAPITRE V.

Magie. Antiquité et universalité de la croyance à la magie. Ses œuvres furent attribuées également au bon et au mauvais principe. On n'a point cru, dans l'antiquité, qu'elles fussent le renversement de l'ordre naturel. On n'en contestait point la réalité, lors même qu'elles étaient produites par les sectateurs d'une religion ennemie.

La seule puissance qui ne connaisse rien d'immuable, le temps, se joue des croyances comme des vérités : il passe ; et en suivant, sur sa trace, les vestiges des opinions détruites, on s'étonne de voir des mots, jadis presque synonymes, différer plus, maintenant, par les idées qu'ils réveillent, qu'ils ne furent jamais rapprochés par le sens qu'ils exprimaient.

Long-temps la magie a gouverné le monde.

Art sublime d'abord, elle parut une participation au pouvoir de la divinité : admirée encore au commencement de notre ère par des philosophes religieux, comme « la science « qui découvre sans voile les œuvres de la « nature (1), et conduit à contempler les « puissances célestes (2) », cent cinquante ans plus tard, le nombre et surtout la bassesse des charlatans qui en faisaient un métier, avaient livré son nom au mépris des hommes éclairés ; tellement que le biographe d'Apollonius de Tyane, Philostrate, s'empresse d'assurer que son héros n'était point magicien (3). Dans les ténèbres du moyen âge, la magie, en reprenant de l'importance, devint un objet d'horreur et d'effroi : depuis un siècle, le progrès des lumières en a fait un objet de risée.

Les Grecs imposèrent à la science qui leur avait été enseignée par les *Mages* (4), le nom de *magie*, et lui donnèrent pour inventeur

---

(1) *Phil. Jud.* lib. *De specialibus. Legibus.*
(2) *Idem.* lib. *Quod omnis probus liber.*
(3) *Philostrat. Vit. Apollon.* lib. 1. cap. 1 et 2.
(4) Les *Mobeds*, prêtres des Guèbres ou Parsis, se nomment encore, en langage pehlvy, *Magoi* (Zend-Avesta, tome II, page 506; et ci-après. chap. IX.)

le fondateur de la religion des *Mages*. Mais, selon Ammien Marcellin (1), Zoroastre ne fit qu'ajouter beaucoup à l'art magique des Chaldéens. Dans les combats soutenus contre Ninus, par Zoroastre roi de la Bactriane, Arnobe (2) assure que, de part et d'autre, on employa les secrets magiques, non moins que les armes ordinaires. Suivant les traditions conservées par ses sectateurs, le prophète de l'*Ariéma* fut, dès le berceau, en butte aux persécutions des magiciens ; et la terre était couverte de magiciens, avant sa naissance (3). Saint-Épiphane (4) raconte que Nembrod, en fondant Bactres, y porta les sciences magiques et astronomiques dont l'invention fut depuis attribuée à Zoroastre. Cassien parle d'un traité de magie (5) qui existait au Ve siècle, et qu'on attribuait à Cham, fils de Noé. Le père de l'église que nous avons cité tout à l'heure, fait remonter

---

(1) *Ammian. Marcell.* lib. xxvi. cap. 6.

(2) *Arnob.* lib. 1.

(3) *Vie de Zoroastre.* — *Zend-Avesta*, tom. 1, deuxième partie, pages 10, 18, etc.

(4) *S. Epiphan. advers. haeres.* lib. 1. tom. 1.

(5) *Cassian. Conferen.* lib. 1. cap. 21.

au temps de Jarad, quatrième descendant de Seth, fils d'Adam, le commencement des enchantemens et de la magie.

La magie joue un grand rôle dans les traditions hébraïques. Les anciens habitans de la terre de Chanaan avaient encouru l'indignation divine, parce qu'ils usaient d'enchantemens (1). A la magie recoururent, pour se défendre, et les Amalécites combattant les Hébreux à leur sortie d'Égypte (2), et Balaam, assiégé dans sa ville par le roi des Éthiopiens, et ensuite par Moïse (3). Les prêtres d'Égypte étaient regardés, dans l'Hindoustan même (4), comme les plus habiles magiciens de l'univers. Non moins versée qu'eux dans leurs sciences secrètes (5), l'épouse de Pharaon put en communiquer les mystères à l'enfant célèbre que sa fille avait sauvé des eaux; et qui, « instruit dans toute « la sagesse des Égyptiens, devint puissant

---

(1) *Sapient.* cap. XII. vers. 4.
(2) *De Vitâ et morte Mosis.* etc. pag. 35.
(3) *Ibid.* pag. 18-21.
(4) *Les Mille et une Nuits*, DVII[e] nuit (traduction d'Edouard Gauthier), tome VII, page 38.
(5) *De vita et morte Mosis.* etc. not. pag. 199.

« en paroles et en œuvres. » (1) Justin, d'après Trogue-Pompée, raconte que Josèphe, amené comme esclave en Égypte, y apprit les arts magiques qui le mirent en état d'expliquer les prodiges, et de prévoir long-temps d'avance l'horrible famine qui, sans son secours, aurait dépeuplé ce beau royaume (2). Et, à une époque bien plus rapprochée de nous, les hommes qui attribuaient à la magie les miracles du fondateur du christianisme, l'accusèrent d'en avoir dérobé les secrets merveilleux dans les sanctuaires égyptiens (3).

La magie a, de tout temps, obtenu, dans l'Hindoustan, une haute importance. M. Horst (4) établit que le recueil des *Vèdas* contient plusieurs écrits magiques; il remarque que les lois de Menou, dans le code

---

(1) *Act. Apost.* cap. VII. vers. 22.
(2) *Justin.* lib. XXXVI. cap. 2.
(3) « Magus est; *clandestinis artibus* omnia illa perfecit : Aegyptiorum ex adytis, angelorum potentium nomina et *remotas* furatus est *disciplinas.* » *Arnob. Disput. adv. gentes.* lib. I.
(4) M. Greg. Conrad. Horst a publié, en 1820 et 1821, la *Bibliothèque magique* (2 volumes). Je n'ai pu consulter l'original allemand : ce que j'en cite ici, et dans le IXe chapitre, est tiré d'une notice que le savant M. P. A. Stapfer a eu la complaisance de me communiquer.

publié par sir Jones, indiquent (chap. ix et xi) diverses formules magiques dont l'usage est permis ou défendu à un Brame. Dans l'Hindoustan aussi existe, non moins anciennement, une croyance que l'on retrouve à la Chine ; c'est que par la pratique de certaines austérités, les *Pénitens* acquièrent un pouvoir redoutable et véritablement magique, sur les élémens, sur les hommes et jusque sur les Dieux. Des innombrables légendes dont se compose la mythologie hindoue, la moitié peut-être présente des *Pénitens* dictant des lois et même infligeant des punitions aux divinités suprêmes.

Si, de l'Orient, nous portons nos regards vers l'Occident et le nord, la magie y paraît également puissante, également ancienne : c'est sous ce nom encore que les écrivains grecs et romains parlent des sciences occultes que possédaient les prêtres de la Grande-Bretagne (1) et des Gaules (2). Odin, aussitôt qu'il eut fondé, en Scandinavie, le règne de

---

(1) *Plin. Hist. nat.* lib. xxx. cap. 1.
(2) *Ibid. ibid.* lib. xvi. cap. 14; lib. xxiv. cap. 11; lib. xxv. cap. 9; lib. xxix. cap. 3.

sa religion, y passa pour l'inventeur de la magie : combien il avait eu de prédécesseurs ! Ses *Voëlur* ou *Volvur*, prophétesses très-habiles dans la magie, appartenaient à l'ancienne religion qu'Odin vint détruire ou refondre (1) ; les premiers récits de Saxa-Grammaticus remontent à des temps bien antérieurs à Odin ; il en est peu où des magiciens ne fassent éclater leur puissance.

Au point où sont parvenues aujourd'hui l'érudition et la critique physiologiques, il devient superflu de discuter si les peuples du nord ont pu emprunter leurs sciences occultes des Grecs et des Romains. La négative est évidente (2). Il serait moins absurde peut-

---

(1) Munter, *De la plus ancienne religion du Nord avant le temps d'Odin..... Dissertation extraite par M. Depping, Mémoires de la Société des Antiquaires de France*, tome II, pages 230 et 231.

(2) M. Tiedmann a mis cette vérité hors de doute. Voyez sa *Dissertation* couronnée en 1787, par l'Académie de Gottingue. « *De Quaestione* quae fuerit artium magicarum artium origo ; quomodo illae, ab Asiae populis ad Graecos atque Romanos, atque ab his ad coeteras gentes sint propagatae, quibusque rationibus adducti fuerint ii qui, ad nostra usque tempora, easdem vel defenderent, vel oppugnarent? (Marpurg. in 4°, pag. 94 et 95.) — J'ai profité plus d'une fois de l'excellent travail de Tiedmann.

être de remonter jusqu'aux hommes dont les Romains et les Grecs n'ont été que de faibles écoliers ; les sages de l'Égypte, de l'Asie, de l'Hindoustan........ Quelle époque oserait-on assigner aux communications des prêtres du Gange avec les druides des Gaules, ou les scaldes de la Scandinavie ? Qui dira l'origine des sciences humaines et de la superstition, dira aussi l'origine de la magie.

Mais, à quelque époque que l'on étudie l'histoire de la magie, on est frappé de voir son nom désigner tantôt la science cachée au vulgaire, par laquelle les sages, au nom du principe de tout bien, commandaient à la nature ; et tantôt l'art d'opérer des merveilles en invoquant des génies malfaisans. Cette distinction de pouvoirs égaux ou inégaux, mais contraires, et produisant quelquefois des œuvres semblables, se retrouve dans l'histoire de Zoroastre et dans la mythologie hindoue, comme dans les récits de Moïse ; elle se reproduira partout où des hommes doués des mêmes ressources magiques, auront des intérêts opposés. Quels furent, dans tous les temps, les mauvais génies ? Les Dieux et les prêtres d'une religion rivale ; prestige là, miracle ici, le même fait, suivant les opinions et les localités, fut attribué à l'intervention des puissances célestes, et à l'entremise des démons infernaux.

A cette opposition directe sur l'origine des merveilles adorées ou vouées à l'horreur par la superstition, s'alliait pourtant un accord unanime sur leur réalité. L'assentiment du genre humain est, dit-on, une preuve irréfragable de la vérité (1) : quand cet assentiment s'est-il prononcé avec plus de force qu'en faveur de l'existence de la magie, de la science d'opérer des miracles, quelque nom qu'on lui donne, quelque titre qui la décore ? Les nations civilisées depuis des milliers d'années, les peuplades les plus barbares (si l'on en excepte quelques hordes véritablement sauvages), toutes proclament, chérissent et redoutent le pouvoir accordé à quelques hommes de s'élancer, par leurs œuvres, hors de l'ordre commun de la nature.

Je dis hors de l'ordre commun : car, il importe de l'observer, l'opinion qu'avaient les anciens sur les miracles, l'opinion la plus gé-

---

1 *Consensus omnium populorum*, etc.

néralement admise diffère beaucoup de celle que semblent s'en être faite les peuples modernes de l'Occident, et suivant laquelle, c'est nier un miracle que de chercher à l'expliquer. La doctrine qu'un miracle est un renversement ou une suspension des lois de la nature peut être admise par l'effroi ou l'admiration et conservée par l'irréflexion et l'ignorance : mais elle armera bientôt contre elle le raisonnement et le doute. En ce sens, il n'y a point de miracle pour l'incrédule. Sous ses yeux, vous rendez la vie à un homme décapité..... (1) « Je croyais la chose impos-
« sible, dira-t-il, je me trompais ; si toutefois
« mes sens ne sont pas en proie à une illusion
« invincible. Constatons bien le fait ; c'est une
« acquisition précieuse pour la science. Mais

---

(1) Les *Ali-Oulahies*, tribu de Kurdes qui adorent Ali, gendre de Mahomet, comme une incarnation du Dieu toutpuissant, lui attribuent ce miracle. On a assuré plus tard qu'un noble magicien possédait aussi le secret de l'opérer. (Fromann. *Tract. de Fascin.* etc. pag. 635-636). Le philosophe qui, sous le masque de la folie, a tant de fois vengé la raison, Rabelais ne devait pas oublier cette imposture. Il nous montre *Panurge* guérissant parfaitement un de ses compagnons d'armes qui a eu la tête coupée dans un combat. (*Pantagruel*. liv. II. chap. 30.)

« avant que j'y visse un miracle, il faudrait
« me démontrer que la chose n'a pu exister
« qu'autant que Dieu aurait renversé les lois
« données par lui-même à la nature. Quant
« à présent, vous ne m'avez prouvé que mon
« erreur et votre habileté. »

Concluant aussi, de l'existence d'une chose, sa possibilité, les anciens, pour être pénétrés d'une reconnaissance religieuse, n'avaient pas besoin que la merveille qui les frappait, parût bouleverser l'ordre de la nature : tout secours inespéré, dans un besoin pressant, leur paraissait un bienfait de la divinité ; tout ce qui supposait une valeur, une prudence, une instruction au-dessus de celles du commun des hommes, était rapporté par eux à une participation intime à l'essence divine, ou du moins à une inspiration surhumaine dont l'être supérieur qu'illustrait ces dons était le premier à se vanter. Dans l'ancienne Grèce, des exploits merveilleux méritaient aux grands hommes, le titre de *héros*, synonyme de celui de *demi-dieux*, et les honneurs divins. Pour prouver que Moïse était inspiré par Dieu lui-même, sa sagesse et sa sainteté sont alléguées par Josèphe (1), non moins que ses actions merveilleuses. Si Daniel était supérieur à tous les princes ou satrapes de la cour de Darius, c'est que l'esprit de Dieu se répandait sur lui *plus abondamment* que sur eux (2).

Attentifs à cette croyance jadis universellement reçue, nous blâmerions moins, dans Homère et dans les poëtes anciens, la continuelle intervention des divinités : le récit du poëte exprime avec vérité le sentiment du héros, lorsque sauvé d'un grand péril, ou couronné par une victoire signalée, il rapporte cet avantage au dieu qui daigne lui servir de guide et de protecteur.

Attentifs à cette croyance, nous ne mettrions pas en doute les intentions pieuses de Philon et de Flavien Josèphe : lorsqu'ils simplifient, lorsqu'ils expliquent les œuvres de Moïse et des prophètes, ils en prouvent la réalité, ils n'en diminuent point le merveilleux.

---

(1) *Joseph. Adv. Appion.* lib. II. cap. 6.
(2) *Daniel.* cap. VI. v. 3. « *Daniel superabat omnes prin-
« cipes et satrapas quia spiritus dei* amplior *erat in illo.* »

Dans cette croyance enfin qui se concilie si bien avec notre hypothèse sur l'origine de la civilisation (1), l'homme d'une religion n'éprouve pas le besoin d'arguer de fourberie les miracles que d'autres sectes invoquent à l'appui de leurs révélations ; il ne s'expose point à une récrimination dangereuse ; il n'entend point rétorquer contre sa croyance, l'argumentation destinée à infirmer les témoignages humains sur lesquels se fonde la foi à tous les miracles dont on n'a pas été le témoin soi-même. Il suffit d'admettre, comme l'ont fait les juifs et les premiers défenseurs du christianisme, des degrés différens dans l'importance des miracles ; et de prouver ainsi, que la divinité que l'on adore, l'emporte, par la grandeur des œuvres de ses serviteurs, et sur des dieux rivaux, et sur des génies inférieurs ou même malfaisans, et particulièrement sur la plus haute science à laquelle se puissent élever des hommes dépourvus de son secours. Les prêtres, les magiciens des religions les plus opposées avouaient sans peine les miracles opérés par leurs adversaires. Zoroastre des-

1. *De la Civilisation.* liv. 1. chap. 7.

cend, à plusieurs reprises, dans la lice, avec les enchanteurs ennemis de sa nouvelle doctrine : il ne nie point leurs œuvres merveilleuses ; il les surpasse ; il affirme qu'elles sont l'ouvrage des *Dews*, émanations du *principe du mal;* et il le prouve en remportant sur eux la victoire, au nom du *principe du bien* (1). Moïse, prophète du vrai Dieu, ne se serait point abaissé à lutter avec les prêtres Égyptiens, s'ils n'eussent été que des jongleurs adroits : il lutte avec eux de miracles ; sûr d'établir, par la supériorité des siens, la supériorité du Dieu au nom duquel il parle devant le Roi d'Égypte. Son triomphe fut complet : suivant une tradition hébraïque, conservée en Orient, il devina le secret des procédés employés par ses rivaux (2), sans que ceux-ci pussent pénétrer le sien. Son histoire fait sans doute allusion à cette preuve décisive de sa victoire, quand elle ajoute, en style figuré, que la verge du frère de Moïse et celles de ses antagonistes étant transfor-

---

(1) Anquetil. *Vie de Zoroastre. Zend Avesta.* tome 1. partie 2. passim.

(2) Dherbelot. *Bibliothèque orientale.* Art. *Moussa.*

mées en serpens, la première dévora soudain toutes les autres (1).

(1) *Exod*. cap. VII. v. 10-12.

CHAPITRE VI.

Lutte d'habileté entre les thaumaturges : le vainqueur était reconnu pour tenir sa science du Dieu le plus puissant. Cette science avait pour base la physique expérimentale. Preuves tirées, 1° de la conduite des thaumaturges ; 2° de ce qu'ils ont dit eux-mêmes sur la magie ; les *génies* invoqués par les magiciens ont tantôt désigné les agens physiques ou chimiques qui servaient aux opérations de la science occulte, tantôt les hommes qui cultivaient cette science ; 3° la magie de Chaldéens comprenait toutes les sciences occultes.

Toutes les fois que l'intérêt de la domination ou celui de la gloire divisa les colléges sacerdotaux, on dut voir se renouveler des combats analogues à ceux où triomphèrent Moïse et Zoroastre : leur effet nécessaire était de donner à la science occulte plus d'éclat et plus d'énergie. Jouet de la crédulité, esclave de la peur, si la multitude adorait volontiers, comme des prodiges ou des miracles, des phénomènes naturels, des prestiges grossiers, moins de facilité secondait le Thaumaturge, quand des hommes éclairés étaient à la fois ses rivaux et ses juges. On appréciait la merveille d'après des règles sévères de discussion. On exigeait, avant tout, qu'elle fût durable et ne déçût pas les yeux par une apparence fugitive. Le *miracle* devait opérer des choses impossibles à l'homme ordinaire, comme serait la métamorphose d'une verge en serpent; le *prodige*, sortir de l'ordre commun par un caractère insolite, par la forme effrayante des sauterelles ou la grosseur énorme de la grêle qu'envoyait aux hommes le courroux céleste : il fallait surtout que le *prodige* eût été prédit par le Thaumaturge, et arrivât au moment qu'avait fixé sa voix prophétique (1).

Victorieux dans les luttes d'habileté que réglaient ces lois, le Thaumaturge se faisait

---

(1) *Rabbi Meiraldabic. Semit. fidei.* lib. 1... Gaulm n. *De vitâ et morte Mosis.* not. pag. 208-209.

reconnaître sans peine pour le disciple et l'interprète du dieu puissant par excellence, du dieu élevé au-dessus des autres dieux. En effet, la croyance pieuse qui rapportait à une inspiration de la divinité tout ce qu'il y avait d'excellent dans les qualités d'un homme et dans ses œuvres, dut s'appliquer spécialement à la connaissance et à la pratique des sciences occultes. Les résultats de vertus telles que la prudence, la tempérance ou le courage, se rapprochent par degrés, et admettent, entre leurs extrêmes les plus éloignés, une comparaison assez facile pour exclure communément le besoin de leur supposer une origine extraordinaire : il n'en était pas de même de résultats scientifiques, toujours environnés de merveilleux, et dont on s'étudiait soigneusement à déguiser la liaison et les rapports avec les produits d'arts purement humains.

Ces considérations, si l'on s'y arrête sans préjugés, absoudront, je crois, les écrivains de la Grèce et de Rome du reproche d'avoir trop facilement donné place, dans leurs narrations, à de prétendus miracles dignes de leur mépris. Non-seulement ils croyaient, et ils devaient rapporter ceux dont s'honorait leur religion, et ceux que d'autres religions avaient consacrés : mais connaissant, ou soupçonnant du moins la liaison des miracles avec une science mystérieuse émanée des dieux, c'était l'histoire de cette science que, par leur exactitude, ils préservaient de l'oubli.

Le charlatanisme, l'*escamotage*, si l'on me permet d'employer ce mot, ont certainement joué un rôle dans les œuvres des thaumaturges : nous aurons occasion de le prouver. Mais les tours d'adresse, quelquefois très-surprenans, que font sur nos théâtres et dans nos places publiques, les *prestigiateurs* modernes, ont souvent pour principe des faits chimiques et physiques qui appartiennent à l'histoire de l'aimant, du phosphore, du galvanisme, de l'électricité : pour le grossier charlatan, le secret de ces prestiges est une série de *recettes* dont il n'a que la pratique ; les connaissances dont les recettes dérivent n'en forment pas moins pour nous une véritable science.

Et voilà ce que nous retrouvons dans les temples, aussitôt que quelques lueurs historiques nous permettent d'y pénétrer. Il est impossible de se livrer à des recherches suivies sur l'origine des sciences, sans apercevoir qu'une vaste branche des connaissances anciennes n'a pu fleurir qu'au fond des sanctuaires, et qu'elle composait une partie importante des mystères religieux. Tous les miracles qui n'appartenaient point à l'adresse ou à l'imposture, étaient les fruits de cette science occulte : c'étaient, en un mot, de véritables expériences de physique. Les formules, par l'exécution desquelles on en assurait le succès, durent faire partie de l'enseignement sacerdotal. Qui avait originairement conçu et rédigé ces formules scientifiques ? Des sages, possesseurs d'un corps de doctrine que leurs disciples ont désigné sous les noms de magie, de philosophie théurgique et de sciences transcendantes.

Pourquoi Mahomet refusa-t-il d'opérer des miracles, en avouant que Dieu lui en avait refusé le don ? Parce qu'il était étranger à la science occulte des Thaumaturges. Pourquoi, de nos jours, Swédenborg, entouré de spectateurs trop éclairés, recourut-il à un subterfuge semblable, et dit-il que ses révélations étaient un miracle suffisant, et que ceux qui ne croyaient point à sa parole, ne se rendraient pas non plus à des miracles (1). C'est qu'il savait que le temps des miracles est passé. Nous sommes, dit-on, trop éclairés pour y croire. N'est-ce pas dire, en d'autres termes : ce qui formait une science secrète, réservée uniquement à quelques êtres privilégiés, est rentré dans le vaste domaine des sciences accessibles à tous les esprits?

Suivons notre assertion dans ses conséquences : il en est quatre que nous ne pouvons refuser d'admettre, et que nous devons, dès-lors, constater par des faits.

1°. Des arts, depuis long-temps vulgaires, ont dû passer pour divins ou magiques, tant que leurs procédés sont restés secrets.

Sur le mont Larysium, dans la Laconie, on célébrait la fête de Bacchus *au commencement du printemps* : des raisins mûrs y attestaient le pouvoir et la bienfaisance du Dieu (1).... Les prêtres de Bacchus connaissaient l'usage des *serres chaudes*.

---

(1) Swédenborg. *Vera christ. Relat.* pag. 846-850... *De coelo et inferno praefatio... Abrégé des ouvrages de Swédenborg* (par Daillant-Latouche), in-8. 1788 pages 37-38 et 293-294.

(2) *Pausanias. Laconic.* cap. 22.

Des hommes industrieux avaient apporté dans les îles de Chypre et de Rhodes, l'art de fondre et de travailler le fer. Une allégorie ingénieuse les présenta, sous le nom de *Telchines*, comme fils du soleil, père du feu, et de Minerve, déesse des arts ; l'ignorance et l'effroi qu'inspirait le fer dont, les premiers, ils parurent armés, les transformèrent en magiciens, dont le regard même était redoutable.

Experts à traiter les métaux, les Finnois figurent aussi, dans les poésies scandinaves, comme des nains-sorciers, habitant les profondeurs des montagnes. Deux nains de la montagne de Kallova, très-habiles à forger le fer et à fabriquer des armes, ne consentirent, qu'à des conditions très-dures, à instruire des secrets de leur art, le forgeron *Watland*, si fameux dans les légendes du Nord pour la perfection des armes qu'obtenaient de lui les guerriers (1).

La supériorité des armes offensives et défensives avait trop d'importance aux yeux d'hommes qui ne savaient que combattre,

(1) Depping. *Mémoires de la Société des Antiquaires de France*. tome v. page 223.

pour qu'on ne la demandât point à un art surnaturel. Les armes *enchantées*, les boucliers, les cuirasses, les casques sur lesquels tous les traits s'émoussent, toutes les épées se brisent; les glaives qui percent et pourfendent toutes les armures, n'appartiennent point seulement aux romanciers de l'Europe et de l'Asie : ils naissent, dans les chants de Virgile et d'Homère, sous le marteau de Vulcain ; et dans les *Sagas*, sous la main des sorciers ou des hommes qui sont parvenus à surprendre leurs secrets.

2°. Les œuvres de la magie étaient nécessairement circonscrites dans les limites de la science : hors de ces limites, l'ignorance seule pouvait implorer son secours.... Le biographe d'Apollonius de Tyane, se moque, en effet, des insensés qui demandaient à la magie, la couronne dans les combats du cirque, et le succès de leurs poursuites amoureuses ou de leurs spéculations commerciales (1).

3°. Dans les luttes d'habileté qu'élevaient entre les dépositaires de la science, des intérêts opposés, on avait à craindre de laisser

(1) *Philostrat. Vit. Apollon.* lib. VII. cap. 16.

apercevoir aux regards profanes, les bornes des moyens de la magie : pour prévenir ce danger, il devait donc exister, entre les thaumaturges, un pacte tacite ou formel dont les adversaires même les plus acharnés avaient intérêt à respecter les clauses? oui, sans doute.

Dans la mythologie grecque, il n'était pas permis à un Dieu de défaire ce qu'un autre Dieu avait fait. La même défense se retrouve dans la plupart de ces contes de fées que nos ancêtres ont empruntés à de plus anciennes traditions. L'histoire héroïque du Nord, à une époque très-antérieure au premier Odin, nous montre une magicienne (1) mise cruellement à mort par sa caste entière, pour avoir enseigné à un prince qu'elle aime, le moyen d'abattre la main d'un magicien qui le voulait faire périr. Dans un recueil de narrations merveilleuses, dont l'origine hindoue serait difficilement contestée, on voit une magicienne et un génie, très-opposés dans leurs inclinations, et liés néanmoins par un traité solennel qui leur défend de s'entre-nuire,

---

(1) *Saxo grammaticus. His. dan.* lib. 1.

ou de se faire personnellement aucun mal. Ils y contreviennent, et d'abord s'opposent réciproquement des prestiges tels que l'on en retrouve dans tous les récits de ce genre. Aucun des deux ne voulant céder, ils finissent par se combattre à outrance, en se lançant des jets de matière enflammée qui tuent ou blessent plusieurs spectateurs, et finissent par donner la mort aux deux combattans (1).

A des êtres prétendus surnaturels, substituons des hommes comme nous ; les choses ne se passeront pas différemment. Ce ne sera qu'aveuglés par la fureur, qu'au risque de trahir un secret qu'il leur importe de conserver, ils emploieront des armes jusqu'alors prohibées entre eux, et qu'ils se montreront au vulgaire, frappés mortellement des traits miraculeux que leur prudence réservait pour l'épouvanter ou le punir.

4°. Dans ces mêmes luttes enfin, le triomphe d'un thaumaturge pouvait ne point paraître

---

1) *Les Mille et une nuits.* [IV° *nuit.*] tome I. page 318 et [V° *nuit.*] ibid. pages 320-322.

aussi décisif à ses adversaires qu'à ses partisans, surtout quand lui-même avait indiqué la merveille qu'il opérerait, et qu'il défiait son antagoniste d'imiter : celui-ci pouvait recouvrer la supériorité, en choisissant, à son tour, une épreuve où sa capacité lui assurerait la victoire.... Cet argument a sûrement été opposé plusieurs fois au spectacle des miracles. Nous dirons même que l'histoire devient inexplicable, si l'on rejette l'opinion qui lui sert de base. Dans une lutte solennelle, Moïse a vaincu les prêtres égyptiens, Élie les prophètes de Baal. Loin de tomber aux pieds des envoyés du Dieu d'Israël, Pharaon poursuit à main armée le peuple que conduit Moïse; Jézabel jure de venger, par la mort d'Élie, les prêtres qu'il a mis à mort. Le roi d'Égypte, la princesse Sidonième n'étaient cependant pas privés de leur raison : il faut donc supposer, ce qui est presque certain pour l'un et probable pour l'autre, qu'ils étaient initiés dans la science secrète de leurs prêtres. L'insuffisance momentanée de cette science, la victoire du thaumaturge ennemi, ne furent alors, à leurs yeux, qu'un accident facilement explicable, qu'une défaite momentanée, qu'en d'autres occasions compenserait la victoire.

Rien n'est plus propre à confirmer nos idées qu'un coup-d'œil sur la manière dont, en général, opéraient les magiciens. Leur art paraît moins un secours et un bienfait continuel de la divinité, que le produit d'une science péniblement acquise et difficilement conservée. Pour opérer *magiquement*, pour *conjurer* les génies et les dieux, et les contraindre à agir, il fallait des préparatifs très-étendus, sur la nature et l'action desquels on jetait un voile mystérieux. On devait recueillir, en secret, des plantes et des minéraux, les combiner de diverses manières, les soumettre à l'action du feu ; et faire à peine un pas sans répéter des formules ou sans ouvrir des livres dont l'oubli ou la perte entraînait la privation de tout pouvoir magique. Telle était la marche de la plupart des thaumaturges, véritables écoliers en physique expérimentale ; forcés de relire sans cesse des prescriptions que, faute d'une théorie raisonnée, ils n'avaient pu se rendre propres et graver dans leur entendement.

Mais il est temps de les consulter eux-mêmes sur la nature de leur art.

Apollonius (1) se défend d'être au nombre des magiciens : ce ne sont, dit-il, que des *artisans* de miracles. Échouent-ils dans leurs tentatives ? ils reconnaissent qu'ils ont négligé d'employer telle substance, ou de brûler telle autre. Charlatans maladroits qui laissaient apercevoir le travail et les procédés mécaniques ! Sa science, à lui, est un don de Dieu, une récompense de sa piété, de sa tempérance, de ses austérités ; et pour opérer des miracles, il n'a besoin ni de préparatifs ni de sacrifices. Cette prétention, qui le rapprochait des *Pénitens* hindous, annonce seulement un homme plus adroit, plus sûr de son fait. Ce qu'il dit des Thaumaturges vulgaires prouve, comme nous l'annonçons, qu'ils n'étaient que des *manœuvres* dans l'art des expériences physiques.

Chaerémon, prêtre et écrivain sacré (*scriba sacer*) enseignait l'art d'évoquer les dieux, même malgré eux, en sorte qu'ils ne pussent s'éloigner sans avoir opéré le prodige de-

---

(1) *Philostrat. vit. Apollon.* lib. 1. cap. 2.

mandé. Porphyre, réfutant Chaerémon, affirme que les dieux ont enseigné les formules et les caractères avec lesquels on peut les évoquer (1)..... Ce n'est ici que l'attaque d'une école de sciences occultes, contre une autre école ; ce n'est qu'une dispute de mots. Les êtres qui obéissaient aux *conjurations* n'étaient pas les dieux qui avaient dicté les formules dont émanaient les *conjurations*; Iamblique nous fait connaître les uns et les autres.

Voulant expliquer comment l'homme a de l'empire sur les *génies*, il distingue ceux-ci en deux sortes ; les uns *divins*, et dont on n'obtient rien que par des prières et la pratique des vertus ; ce sont les dieux de Porphyre. Les autres, qui correspondent aux dieux obéissans de Chaerémon, sont définis par le théurgiste. « Des esprits dénués de raison,
« de discernement et d'intelligence ; doués
« (chacun à la vérité pour un seul objet)
« d'une puissance d'action supérieure à celle
« que l'homme possède ; forcés d'exercer la
« propriété qui leur appartient, quand

---

(1) *Euseb. Praep. Evang.* lib. v. cap. 8. 9. 10. 11.

« l'homme le leur commande ; parce que sa
« raison et son discernement, qui lui font
« connaître l'état dans lequel chaque chose
« existe, l'élèvent au-dessus de ces génies,
« et les soumet à sa puissance (1) »... Assistons maintenant à un cours de chimie ou de physique expérimentale. « Il existe, dit le professeur, des substances par lesquelles s'opèrent des prodiges impraticables à l'homme réduit à ses facultés personnelles, tels que de faire jaillir des étincelles de la glace, ou de produire de la glace sous une atmosphère embrasée ; mais chacune a une propriété unique qu'elle exerce sans but comme sans discernement. Agens aveugles, elles devien-

___

(1) *Iamblichus. De mysteriis.* cap. xxxi. *Invocationes et opera hominum adversus spiritus...* « Est etiam aliud *genus*
« *spirituum.... indiscretum et inconsideratum,* quod *unam*
« *numero potentiam* est sortitum... unde *unum uni* tantum
« *operi addictum* est... Jussa et imperia violenta diriguntur
« ad spiritus *nec utentes propriâ ratione, nec judicii* dis-
« cretionisque principium *possidentes*. Cum enim cogitatio
« nostra habeat ratiocinandi naturam atque discernendi quâ
« res ratione se habet... spiritibus imperare solet, *non uten-*
« *tibus ratione* et ad *unam tantum actionem* determinatis...
« imperat, quia natura nostra intellectualis praestantior est
« quam *intellectu carens,* etsi illud in mundo latiorem ha-
« beat actionem. »

nent des instrumens de miracles dans les mains de l'homme qui, par le raisonnement et la science, sait s'en rendre maître, et en appliquer judicieusement les propriétés et l'énergie... » Le professeur a peint avec exactitude les substances que mettent en œuvre la physique et la chimie ; et ce qu'il en dit, Iamblique l'a dit des génies du second ordre.

Le professeur continue : « Quand un ignorant essaie une expérience, sans observer les procédés qu'il faut suivre, il manque l'expérience..... Toute l'expérience manquera, si l'on omet d'employer conformément au procédé indiqué par la science, une seule des substances dont l'usage est prescrit. » Aux mots *ignorant*, *expérience*, *procédés*, *substances*, substituons *profane*, *œuvre religieuse*, *rites*, *divinités* ou *génies* ; le professeur se trouvera avoir traduit deux passages d'Iamblique sur la marche à suivre pour opérer des miracles (1).

Des génies subordonnés au pouvoir magi-

---

(1) « *Quando* profani *tractant sacra contra* ritus, *frustratur* eventus. » (*Iamblich. De mysteriis.* cap. xxx)... « *Uno praetermisso* numine sine ritu, *communis ipsa* Religio *finem non habet.* » (*ibid.* cap. xxxiii.)

que, les uns doivent être évoqués en langue égyptienne, les autres en langue persane (1) : ne serait-ce point que les formules magiques consistaient dans des *recettes* de physique, que chaque temple conservait, rédigées dans sa langue sacrée ; les prêtres égyptiens opéraient un miracle par un procédé ignoré des prêtres persans ; et ceux-ci, par un procédé différent, opéraient la même merveille ou lui opposaient quelque autre merveille aussi brillante.

Aux esprits sévères que révolte l'idée de voir transformer en êtres surnaturels des agens physiques, montrons divinisées les plus simples opérations de l'industrie. Chez les Romains, disciples de ces Étrusques qui, tenant de la religion leur civilisation originaire, rapportaient à la religion leur existence tout entière, qu'étaient les dieux appelés par le *Flamen*, à la fête célébrée en l'honneur de la terre et de la déesse de l'agriculture ? leurs noms le disent : l'ouverture de la terre en jachère ; le second labour ; le troisième ; les semailles ; le quatrième labour, qui enterrait

(1) *Origen. contr. Cels.* lib. 1.

la semence ; le hersage ; le sarclage à la houe ; le second sarclage ; la moisson ; l'enlèvement et le transport des gerbes ; l'engrangement ; la sortie des grains pour les moudre ou les vendre (1).... Le prêtre énumérait les opérations de l'agriculture ; la superstition les divinisa.

La même superstition transforma en êtres surnaturels, les hommes dont l'habileté produisait des œuvres au-dessus de la capacité du vulgaire. L'art de traiter les métaux fut divinisé sous le nom de *Vulcain*. Les premiers ouvriers en fer, connus chez les Grecs, les Telchines (2), traités d'abord de magiciens,

---

(1) *Servius in Virgil. Georgic.* lib. I. vers. 21 et seq. Et *Varro de Re rust.* lib. 1. cap. 1... Noms des divinités : *Vervactor... Reparator... Imporcitor... Insitor... Obarator... Occator... Sarritor... Subruncinator... Messor... Convector... Conditor... Promitor.* — L'amendement des terres était aussi divinisé sous le nom de *Sterquilinius* ou *Stercilinius*.

(2) *Suidas* verbo. *Telchines* Voyez l'article des *Telchines* dans les *Dictionnaires de la fable* de Noël et de Chompré et Millin. — Des hommes attachés au culte de la nature, de la terre divinisée (Cybèle, *Magna Mater*, etc.), répandirent sur divers points, l'art de travailler les métaux ; ils furent connus de chaque peuple sous des noms différens, Telchines, Curètes, Dactyles idéens, Corybantes, etc. ; mais tous appartenaient au même corps sacerdotal, et se trans

passèrent ensuite pour des demi-dieux, des génies, des démons malfaisans. Les *Fifes* (fées ou génies) étaient citées en Écosse, comme excellant dans les arts (1); et nous devons probablement à une croyance semblable, l'expression proverbiale, *travailler comme les fées*. « Les *gnomes*, disent les cabalistes, gens de « petite stature, gardiens des trésors, des mi- « nières et des pierreries,... sont ingénieux, « amis de l'homme.... Ils fournissent aux en- « fans des sages, tout l'argent qu'ils peuvent « demander, etc. (2) » La crédulité, dans plusieurs pays de l'Europe, peuplait les mines de génies; on les voyait, sous la figure d'hommes bruns, petits, mais robustes; toujours prêts à punir de son indiscrétion, le profane qui venait épier leurs travaux. Tout ce qu'on a dit de ces génies ou des gnomes, pouvait se dire des mineurs eux-mêmes, dans un temps

---

mettaient leurs connaissances de génération en génération. C'est pour cela que les écrivains anciens, tantôt les confondent, et tantôt disent que les uns furent les ancêtres des autres. *Diod. sic. Pausanias. Strabo.*

(1) *Revue encyclopédique.* tome XXXI. page 714.
(2) *Le comte de Cabalis* ou *Entretiens sur les sciences secrettes. Second entretien.* pages 48-49.

où leur art, dérobé aux regards du vulgaire, était exclusivement destiné à accroître les richesses et à soutenir la puissance de la classe éclairée.

Le voile de l'allégorie, toujours plus clair, se déchire dans les récits orientaux : les ouvriers qui exploitent des mines d'acier, y sont appelés les *génies* de ces mines. Ces génies se montrent si sensibles à un festin splendide qu'un prince leur a fait servir, qu'ils accourent à son aide, dans une conjoncture où sa vie ne peut être sauvée que par leur reconnaissance (1).

On peut quelquefois encore signaler la gradation qu'a suivie une pareille métamorphose. Agamède (2), dans Homère, est une femme secourable, instruite des propriétés de tous les médicamens qui naissent sur la terre ; Orphée était un sage interprète des Dieux (3), qui entraînait après lui, non moins que les animaux féroces, les hommes sauvages

---

(1) *Mille et une nuits.* tome VI. pages 344-347. CCCCLXXXIX*e* nuit.

(2) *Homer. Odyss.* lib. IV. vers. 226. *Iliad.* lib. XI. vers. 737-739.

(3) *Horat. De art. poet.* vers. 390-393.

qu'il civilisait, par le charme des vers et l'harmonie du langage ; les historiens qui ont servi de guides à Diodore, peignaient comme purement naturelles les connaissances de Circé et de Médée (1), connaissances relatives surtout à l'efficacité des poisons et des remèdes : la mythologie a conservé aux deux filles d'Aëtès la réputation de magiciennes redoutables ; des poëtes postérieurs à Homère peignent Orphée comme un magicien très-habile (2) ; Théocrite fait d'Agamède la rivale, dans les arts magiques, de Médée et de Circé (3).

Les prêtres qui, en Égypte, tenaient le premier rang après le souverain pontife, et qui luttèrent d'habileté contre Moïse, sont appelés magiciens dans les traductions de l'Exode, et les opérations de leur art y sont qualifiées d'*enchantemens* (4). Un archéologue qui a fait de la langue et de l'histoire des Hébreux une étude approfondie,

---

(1) *Diod. sic.* lib. II. cap. 1 et 6

(2) *Euripid. Iphigen. in Aulid.* vers. 11-12. *Cyclop.* vers. 642.

(3) *Theocrit. idyll.* II. vers. 15-16.

(4) *Exod.* cap. VII. vers. 22. cap. VIII. vers. 7.

M. Drummond, croit ces traductions inexactes : suivant lui, le texte ne parle que d'*opérations secrettes* et non *magiques;* le titre des prêtres, *chartomi*, dérivé d'un mot qui signifie *graver* des hiéroglyphes, n'exprime que l'intelligence qu'ils possédaient de tous les hiéroglyphes sans exception (1).

Qu'étaient les *prophètes* que Pythagore consulta à Sidon, et dont il reçut des instructions sacrées ? les descendans, les héritiers de la science de Mochus le *physiologue*, d'un sage versé dans la connaissance des phénomènes de la nature (2).

Enfin le savant Moses-Maimonide (3) nous révèle que la *première* partie de la magie des Chaldéens était la connaissance des métaux, des plantes et des animaux. La *seconde* indiquait les temps où les œuvres magiques pouvaient être produites ; c'est-à-dire, les momens où la saison, la température de l'air, l'état de l'atmosphère, secondaient le succès des opérations physiques et chimiques, ou

---

(1) W. Drummond. *Memoir on the antiquity of the zodiacs of Esneh and Dendera* (8° London 1823), pag. 19-21.

(2) Φυσιολογος... *Iamblich. de vita Pythag.* cap. 3.

(3) *Moses Maimonides. More nevochim.* lib. III. cap. 37.

permettaient à l'homme instruit et attentif de prédire un phénomène naturel, toujours imprévu pour le vulgaire..... Le mystère de la magie s'évanouit : introduits dans le sanctuaire des sciences occultes, nous n'y voyons qu'une école où l'on enseignait les diverses branches des sciences naturelles. Et nous pouvons admettre dans le sens littéral, tout ce que racontent la mythologie et l'histoire, d'hommes et de femmes que des instituteurs habiles avaient investis de la possession des secrets de la magie, et qui souvent s'y montraient supérieurs à leurs maîtres. Il suffisait qu'après avoir subi les épreuves prescrites pour s'assurer de sa discrétion, l'élève se livrât avec zèle à l'étude de la science occulte, et que sa persévérance et sa capacité lui permissent d'en reculer les bornes ; avantage qu'il gardait ensuite pour lui-même ou qu'il ne communiquait partiellement qu'aux objets d'une bienveillance particulière.

CHAPITRE VII.

Erreurs mêlées aux connaissances positives : elles sont nées, tantôt d'impostures volontaires, et tantôt du mystère qui enveloppait la science sacrée. Impostures, promesses exagérées des thaumaturges ; charlatanisme, escamotage ; tours d'adresse plus ou moins grossiers ; emploi du *sort*, et facilité d'en diriger le résultat. Oracles : à l'équivoque, à l'imposture, se joignirent, pour assurer leurs succès, des moyens naturels, tels que le prestige du *ventriloquisme*, les vertiges, etc.; et enfin des observations exactes, mais très-simples.

Si les Thaumaturges avaient cultivé la science pour le noble plaisir de s'éclairer, et de répandre, parmi leurs semblables, de brillantes et utiles lumières, nous n'aurions plus à rechercher, dans leurs œuvres, que des vestiges de doctrines incomplètes sans doute, mais pures, mais exemptes d'un vil alliage. Il n'en est point ainsi : conquérir une vénération et une docilité sans bornes, tel était le but de la magie ; tout ce qui aidait à l'atteindre parut légitime : le secours de l'adresse et les ruses de l'imposture, comme l'emploi des connaissances les plus sublimes.

Il fallait conserver le sceptre après l'avoir conquis ; il fallait montrer partout un pouvoir surnaturel, et cacher la main de l'homme, lors même qu'il eût été glorieux à l'homme de divulguer l'empire que son génie pouvait exercer sur la nature. Un secret religieux enveloppa les principes de la science ; une langue particulière, des expressions figurées, des allégories, des emblèmes en voilèrent les moindres détails. L'espoir de deviner ces énigmes sacrées fit naître, parmi les *profanes*, mille conjectures extravagantes ; loin de les dissiper, le Thaumaturge les aida à se répandre : c'était autant de garanties de l'impénétrabilité de son secret. Mais les opinions absurdes qui en dérivèrent ne furent pas, nous le verrons, le seul mal que la conservation de ce secret ait alors causé à l'esprit humain.

Nous discuterons successivement ces deux sources d'erreurs : leurs conséquences font partie de l'histoire de la magie et de l'histoire de la civilisation.

Le présent agit peut-être moins fortement que l'avenir sur l'esprit humain. L'un circonscrit la crédulité dans ce qu'il présente de réel ; le vague de l'autre la livre aux rêves indéfinis de la crainte, de l'espoir et de l'imagination. Le Thaumaturge pourra donc promettre ; il pourra faire croire des merveilles qu'il n'aura pas lui-même l'espoir de réaliser.

Rien de plus absurde que les détails du rajeunissement d'Eson, par les enchantemens de Médée ; mais, avant les Grecs, les Arabes et les Hébreux avaient cru possible cet étrange miracle : suivant les traditions rabbiniques, Moïse, près de mourir, demandait que son corps fût divisé en morceaux, pour être ensuite ressuscité par un ange bienfaisant (1).

N'assignant point de bornes au pouvoir

---

(1) Gaulmyn. *De vitâ et morte Mosis*. not. lib. II. pag. 328.

des Thaumaturges; la crédulité dut, par cela même, les forcer souvent à recourir à l'adresse, pour refuser, sans se compromettre, un miracle impossible. Un Cilicien vient implorer Esculape dans son temple : de riches présens, de pompeux sacrifices, des promesses magnifiques, des prières ferventes pourront, il l'espère, déterminer le Dieu à lui rendre un œil qu'il a perdu. Instruit, par des moyens usités alors dans tous les temples, et aujourd'hui dans toutes les institutions de *Police*, Apollonius de Tyane déclare que cet homme n'obtiendra point ce qu'il demande; il en est indigne; la perte de son œil a été la juste punition d'un adultère incestueux (1).

Lors même que la merveille demandée n'excède point les ressources de la science, il importe d'occuper l'attention du spectateur, de lui dérober les opérations mécaniques des Thaumaturges, ou l'embarras qu'ils éprouvent quand le résultat désiré se fait trop long-temps attendre. Cet art, si familier aux prestigiateurs modernes, ne l'était pas moins à ceux de l'antiquité.

(1) *Philostrat. vit. Apollon.* lib. 1. cap. 7.

Ce que les premiers obtiennent par des plaisanteries plus ou moins ingénieuses, les autres y parvenaient par des cérémonies propres à inspirer le respect et l'effroi. La *troisième* partie de la magie des Chaldéens appartenait tout entière à ce genre de charlatanisme; elle enseignait les gestes, les postures, les paroles intelligibles ou inintelligibles qui devaient accompagner les opérations du Thaumaturge (1). Les prêtres de Baal, dans leur lutte inégale contre le prophète Élie, se faisaient aux bras des entailles plus visibles que profondes (2) ; le Théurgiste de Grèce et d'Italie menaçait les génies trop lents à lui obéir, de les évoquer par *un nom redoutable pour eux* (3) : de l'une ou de l'autre manière on cherchait à gagner du temps, à distraire l'attention ; émus de crainte ou de pitié, les spectateurs fixaient un œil moins défiant sur les pratiques secrètes propres à consommer une merveille trop lente à s'opérer.

(1) *Moses maimonides. More nevochim.* lib. III. cap. 37.
(2) *Reg.* lib. III. cap. 18. vers. 28.
(3) *Lucan. Pharsal.* lib. VI. vers. 745. Stat. *Thébaïd.* lib. IV. vers. 156.

Mais, nous l'avons déjà observé, ce n'était guère que dans des luttes d'habileté élevées entre les Thaumaturges, que l'on avait à combattre de pareils obstacles. Partout ailleurs, la crédulité allait au devant du miracle. Combien de récits, par exemple, ne nous présentent-ils pas des empreintes de sang merveilleusement conservées depuis des siècles, pour rendre témoignage d'un crime ou d'une punition célèbre! Introduits, en 1815, dans la chambre où fut poignardé *David Rizzio*, des voyageurs rapportent qu'on leur fit remarquer, sur le plancher, des gouttes de sang, qu'*on a soin*, leur dit-on, de repeindre à neuf tous les ans (1). Voilà l'histoire de toutes les empreintes de ce genre, à l'aveu près.

La tête d'une statue a été renversée par la foudre, et jetée dans le lit du Tibre; les augures indiquent l'endroit où on la retrouvera; et l'événement confirme leur prédiction (2)... Ils avaient pris sans doute, pour être sûrs de leur fait, des mesures infaillibles,

---

(1) *Voyage inédit en Angleterre* en 1815 et 1816... *Bibliothèque univ. Littérature.* tome VII page 383.
(2) *Cicer. De divinat.* lib. I. § 10.

les mêmes mesures qui, en d'autres temps et en d'autres pays, ont fait rencontrer, dans le lit des fleuves, dans les grottes, dans les forêts, tant d'images saintes et miraculeuses... Dernièrement, je dirais presque hier, un lapin, un chien, deux bœufs, n'ont-ils pas ainsi révélé à l'adoration des Portugais, une *Madone* que bientôt après on a remerciée solennellement de la chute des hommes qui voulaient arracher le peuple à l'esclavage de l'ignorance et du fanatisme? Nul n'a pu, sans courir risque de la vie, essayer de dévoiler l'imposture... en 1822 (1)!

A Témessa, une vierge, chaque année, devait être sacrifiée aux mânes de Lybas. L'athlète Euthymus veut mettre un terme à cette barbarie. Il ose défier au combat le spectre de Lybas, qui se présente à lui, noir, horrible, vêtu d'une peau de loup. L'athlète intrépide triomphe, et le spectre, de rage, se précipite dans la mer (2). Déguisé, et tel qu'au moyen âge on peignait les loups-ga-

---

(1) Mme Marianna Baillie. *A sketch of the manners and Customs of Portugal*, etc. London, 1824... *Nouvelles Annales des Voyages*. tome xxx. page 405.

(2) *Pausanias. Eliac.* lib. ii. cap. 6.

roux, qu'un prêtre ait joué le rôle du spectre et n'ait pas voulu survivre à sa défaite, je penche d'autant plus à le croire, que le vainqueur disparut bientôt après, sans que l'on ait jamais connu le genre de sa mort. Les collègues du *spectre* étaient probablement, sur ce point, mieux instruits que le public.

Sinan-Raschid-Eddin (1), chef des *Bathéniens* ou Ismaélites de Syrie, cacha dans une cavité, un de ses affidés, dont la tête seule paraissait au dehors : entourée d'un disque de bronze figurant un bassin, et de sang nouvellement répandu, elle semblait récemment coupée. Il découvre la tête devant ses disciples, et somme le mort de lui répondre sur ce qu'il a vu depuis qu'il a cessé de vivre. Le docile interlocuteur fait, comme il lui a été prescrit, une brillante peinture des célestes délices; il déclare qu'il aime mieux continuer à en jouir que de revenir à la vie; il recommande, comme le seul moyen d'y

---

(1) *Mines de l'Orient*, tome IV. page 377... Fragment traduit des auteurs originaux, par M. Hammer... *Sinan*... mort en 1192... Bathéniens, internes, intérieurs, cachés; ainsi appelé par allusion à leurs doctrines secrettes et à leurs dogmes mystérieux. (*Anthologie arabe*. page 275.)

parvenir, l'obéissance la plus aveugle aux ordres de Sinan. Cette scène redouble l'enthousiasme, le dévouement, le fanatisme des auditeurs..... Après leur départ, Sinan tue son complice et met en sûreté le secret de son miracle.

A quoi bon rapporter en détail des supercheries si visibles que la plus adroite mérite à peine le nom d'*escamotage*?

L'art d'en imposer à nos sens, malgré notre attention et notre incrédulité, l'art de l'*escamoteur*, répondrai-je, n'est point étranger au sujet que je traite, s'il a pu servir l'intérêt, l'ambition, la cupidité, la politique des hommes qui mettent à profit la crédulité de leurs semblables.

Il l'a pu, et dans tous les temps, puisque très-anciennement comme aujourd'hui, il a existé, avec les raffinemens les plus propres à commander la surprise et l'admiration. C'est ainsi qu'il a toujours fleuri dans l'Hindoustan; et à tant d'autres traits caractéristiques qui attestent l'origine hindoue des bohémiens (*gypsies, zingari*), on peut ajouter leur perfection connue dans les tours d'adresse de tout genre.

Il l'a pu, et dans tous les pays, puisque les merveilles dont il étonne les hommes peu éclairés, ont partout figuré parmi les œuvres des prétendus possesseurs d'une science surnaturelle. Les faits que nous discuterons nous en offriront assez de preuves chez les peuples civilisés : bornons-nous ici à citer les magiciens qui, au sein d'une horde demi-sauvage, réunissent les fonctions de prêtres, de magistrats et de médecins; les magiciens Osages doivent surtout leur influence à l'éclat de leurs prestiges ; on en voit qui s'enfoncent, dans le gosier, un énorme couteau de boucher; le sang en sort à gros bouillons, comme si la blessure était véritable (1).... Des escamoteurs, en Europe, donneront le même spectacle : et, toutefois, parmi les indigènes de l'Amérique, quelle confiance, quel respect ne commande point le mortel privilégié dont le pouvoir ne laisse pas subsister la moindre trace d'une lésion si épouvantable !

Pour montrer maintenant comment la politique sacerdotale rangera, au nombre de ses ressources, un art en apparence futile, je ne

---

(1) *Nouvelles Annales des Voyages*, tome XXXV. page 263.

citerai point l'épreuve judiciaire de *l'eau froide*, où tout dépendait de la manière de garrotter l'homme qu'on y soumettait ; les liens dont il était chargé pouvant également le submerger ou le faire surnager, selon le rapport de leur pesanteur spécifique à la pésanteur de l'eau. Je ne citerai point le collier de fer de saint *Sané*, qui, en Bretagne, servait d'épreuve à la vérité des sermens, et qui étranglait infailliblement l'homme coupable de parjure (1) : le prêtre qui attachait le collier était, à coup sûr, maître d'opérer le miracle comme il le voulait. Mais, voyez-vous, dans la place publique, les plateaux d'une balance perdre leur équilibre, et alternativement, s'élever et s'abaisser à l'ordre d'un *escamoteur?* Cette jonglerie vous amuse : dans l'Hindoustan, elle met la vie d'un accusé au pouvoir des prêtres qui dirigent l'épreuve judiciaire de la balance. S'il est coupable, disent-ils, son crime se manifestera, en ajoutant visiblement au poids déjà connu de son

---

(1) Cambry. *Voyage dans le département du Finistère*, tome 1. page 173. Le prêtre n'était sûrement pas entouré de surveillans incommodes.

corps. Après quelques préparations religieuses, on le pèse donc avec soin ; puis on lui attache sur la tête son acte d'accusation, et on le pèse de nouveau. S'il est plus léger qu'auparavant, on le déclare innocent ; s'il est plus lourd, ou si la balance se rompt, le crime est avéré. S'il reste en équilibre, il faut recommencer l'épreuve ; alors, dit le livre sacré, « il y aura *certainement* une différence de pesanteur (1). » Quand on promet un miracle d'une façon si positive, on est sûr d'avance des moyens de l'opérer.

Empruntons un exemple d'un autre genre, à un peuple que l'on ne soupçonnerait pas d'un tel raffinement d'adresse. Chez les Soulimas, près des sources du Dialliba, un voyageur anglais, le premier homme blanc qui ait paru dans le pays, a vu des soldats d'élite, armés de fusils, tirer sur un chef qui leur opposait ses talismans ; les fusils faisaient tous long-feu, quelque bien qu'ils eussent été amorcés. Ensuite, et sans aucune préparation, les soldats tirèrent d'un autre côté, et toutes les armes partirent. Ces hommes ont

---

(1) *Recherches asiatiques.* tome 1. page 472.

donc l'adresse d'ouvrir et de fermer la lumière du fusil à volonté (1); et l'on ne peut apercevoir quand ou comment ils exécutent cet escamotage, dont le but est de persuader au peuple qu'on n'a rien à craindre des armes de l'ennemi, quand on est muni de talismans consacrés par les prêtres.

En Europe, et depuis plus long-temps que l'on ne serait tenté de le croire, il a existé des hommes à qui il n'aurait fallu que de l'audace ou un intérêt dominant pour se présenter, à leurs admirateurs, comme doués d'un pouvoir surnaturel (2). Supposons à de tels hommes la seule chose qui leur ait manqué : et loin de se borner à l'amusement de quelques spectateurs oisifs, leur art, conservé dans des mains plus respectées et dirigé vers un but moins futile, commande l'adoration

---

(1) Laing. *Voyage dans le Timanni, le Kouranko, le Soulimana*, etc., traduction française... pages 211-212 et 234.

(2) Fromann, qui avoue que beaucoup d'escamoteurs (*cauculatores ant saccularii*), ont été pris pour des magiciens (*Tract. de Fascin.* pag. 771 et seq.), n'en cite pas moins, comme des œuvres de sorcellerie, les tours si connus de casser un verre, de couper une chaîne d'or ou une serviette en plusieurs morceaux, et de faire ensuite reparaître ces divers objets parfaitement entiers (*Ibid.* p. 583).

de ceux dont il excitait la risée, et suffit à l'explication de miracles aussi nombreux qu'imposans.

Ce rapprochement n'a rien de forcé. De nos jours, *Comus* (et lui seul à la vérité) savait, en écartant toute possibilité de connivence, annoncer en secret à une personne la carte que pensait une autre personne. Il existe encore des témoins du fait : *Comus*, d'ailleurs, en Angleterre, a souvent répété le même tour devant des spectateurs qui, pariant fort cher contre la réussite, ne pouvaient être soupçonnés d'y contribuer par leur complaisance. Le clairvoyant Bâcon affirme qu'il a vu exécuter le même tour, dans un temps où, en donnant une pareille preuve d'habileté, on risquait de se voir conduire sur les bûchers destinés aux magiciens; le jongleur (1) « dit, tout bas à l'oreille d'un des « spectateurs, que telle personne penserait « telle carte.... » Le philosophe ajoute qu'il chercha alors à expliquer le tour par une

---

(1) « *He did first whisper the man in the eare, that such a man should* think such à Card. » Bacon. *Sylva sylvarum.* Century x. 946.

connivence que, de son propre aveu, il n'avait aucun droit de soupçonner.

Que des hommes si habiles, au milieu d'une population peu instruite, veuillent se signaler par des miracles, en trouveront-ils beaucoup d'impossibles? Qu'on les charge, par exemple, de diriger un *tirage au sort*, doutez-vous que le sort devienne l'interprète de leurs volontés? mesurez dès-lors l'étendue de la puissance ainsi remise entre leurs mains. Quel rôle, de tout temps, *le sort* n'a-t-il pas joué dans les plus grands événemens comme dans les moindres, là même où l'on ne pouvait supposer de supercherie? Combien de fois des hommes, se défiant de leur prudence, ou ne pouvant accorder leurs opinions diverses, s'en sont remis à la décision *du sort !* Aux premiers jours du christianisme, l'église eut recours *au sort* pour décider qui, de Joseph ou de Mathias, succéderait, dans l'apostolat, au traître Judas Iscariote ; et Origène loue les apôtres de cet acte d'humilité, par lequel ils soumettaient à la puissance céleste un choix qu'ils pouvaient faire eux-mêmes (1). Aux

---

(1) *Act. apost.* cap. 1. vers. 24 et séq. — *Origen. Homil.* xxiii. *in libr. Jes. Nave.*

yeux d'hommes incapables d'influer par l'adresse sur le tirage au sort, son résultat paraît donc uniquement dû à la volonté de Dieu.

Cette idée a paru assez plausible pour que des hommes, d'ailleurs éclairés, la poussassent à l'extrême. Origène ne craint pas d'avancer que les anges, dans le Ciel, *tirent au sort* (1) pour décider de quelle nation ou de quelle province chacun d'eux prendra soin, ou de quelle personne il sera le gardien. Un ministre protestant qui soutenait, il y a un siècle, la doctrine que *le sort est une chose sacrée*, a été entraîné jusqu'à dire que « les plus petits « jeux, ceux où il y a le moins à gagner ou à « perdre, sont, par cela même, les plus « profanes (2). »

La question a été envisagée autrement par un écrivain qui a fait servir sa haute éloquence à introduire, dans la philosophie et la politique, l'esprit et les doctrines des temples. Platon (3) veut que, dans sa République, les

---

(1) *Origen. Homil.* xxiii. *in lib. Jes. Nave.*
(2) Dejoncourt. *Lettres* (quatre *sur les jeux de hasard.* La Haye, 1713.) page 19.
(3) *Plato* in *Timaeo...* et *Republic.* lib. v.

mariages des citoyens soient déterminés par une espèce de *sort*. Mais, en même temps, les chefs de l'État doivent avoir soin de diriger le sort par *quelque artifice*, en sorte qu'il ne décide rien que conformément à leurs vues ; et que néanmoins l'artifice soit si bien caché, que les personnes qui se croiront mal assorties, ne s'en prennent qu'au hasard et à la fortune.

A l'une ou à l'autre opinion, l'on peut rapporter les événemens où le sort a dû manifester la volonté de Dieu et révéler ses arrêts, et où le même moyen de décision a été employé tour-à-tour par la crédulité et par la politique.

Un crime secret a allumé, contre Israël, le courroux du Seigneur : le Seigneur a livré Israël au glaive de ses ennemis. Pour découvrir le coupable, on jette *le sort* entre les douze tribus ; entre les familles de la tribu qu'il a désignée ; entre les membres de la famille qu'a frappée *le sort*. *Le sort* tombe sur Achan ; et Achan avoue le crime dont il va subir la peine (1). Instruit par des voies secrètes, dont

---

(1) *Josué*. cap. 7. vers. 14-23.

la police moderne donne facilement une idée, Josué profitait de la conjoncture pour effrayer et convaincre ceux qui eussent osé douter de son infaillible inspiration ; et le miracle, en même temps, devait relever le courage des Juifs, en leur montrant et en séparant d'eux l'homme sacrilége, cause unique de leur honteuse défaite.

C'est par *le sort* aussi que Saül est appelé à régner sur les Hébreux (1) ; ou plutôt c'est ainsi que Samuel sanctifie le choix qu'il a déjà fait d'un jeune homme obscur (2), en qui il espère trouver, moins un rival de pouvoir, qu'une créature soumise et un ministre dévoué.

Par un vœu solennel (3), Saül astreint son armée à un jeûne absolu, jusqu'à ce qu'il ait coupé la retraite aux Philistins. Consulté sur le succès de ce dessein par le grand-prêtre, le Seigneur ne rend point de réponse. Saül veut qu'on jette *le sort* pour savoir qui a violé

---

(1) *Reg.* lib. 1. cap. 10. vers. 20-21.
(2) *Reg.* lib. 1. cap. 10. vers. 1.
(3) *Reg.* lib. 1. cap. 14. vers. 24-46. — Théodoret et saint Chrysostôme condamnent le vœu de Saül comme contraire à la prudence et à la raison.

son vœu ; et *le sort* tombe entre lui et son fils Jonathas : il insiste ; le sort désigne Jonathas, et Saül n'hésite point à l'envoyer au supplice. Mais le peuple entier s'oppose à cette conséquence atroce d'un vœu absurde, dont les prêtres de Dieu ne réclament point l'exécution. Saül, découragé, renonce à une poursuite téméraire. Les sages qui dirigèrent *le sort*, voulaient probablement amener ce résultat.

Nabuchodonosor a mêlé ses flèches contre Ammon et contre Jérusalem ; la flèche sort contre Jérusalem ; et le terrible conquérant ne tarde point à accomplir l'arrêt du destin (1). Il est curieux de rencontrer, dix-sept cents ans plus tard, des imitateurs de son exemple. Alexis Comnène, pour savoir s'il doit ou non attaquer les Comanes, s'il livrera bataille ou marchera au secours d'une ville assiégée, place deux tablettes sur un autel ; la première qui frappe ses yeux, après une nuit passée en prières, lui paraît, dans les deux cas, exprimer la volonté du Ciel (2).

---

(1) *Ezéchiel.* cap. XXI. vers. 19-22.
(2) *Anne Comnène. Hist. d'Alexis Comnène.* liv. x. chap. 2. liv. xv. chap. 5.

Les sénateurs de Venise, sous le règne du doge Dominique Michièli (1), ne pouvaient tomber d'accord sur la désignation de la ville qu'il convenait d'attaquer la première : on eut recours *au sort*, et l'on s'en tint à sa décision.

Quoique *le sort* ait été employé souvent, et à Venise plus qu'ailleurs, pour modifier les élections, ou départager les suffrages, on peut douter qu'on lui accordât sérieusement une égale influence sur un plan de campagne, et cela dans un sénat renommé pour sa politique et rempli alors d'habiles guerriers. N'était-ce pas plutôt un moyen adroit d'entraîner un peuple brave, mais encore peu soumis à ses chefs, à une expédition dont les dangers et les fatigues lui dérobaient peut-être la gloire et la nécessité ?

Dans l'état misérable où languissait l'empire grec, ce n'était point l'honneur ou l'intérêt national, ce n'était point la religion, c'était la superstition qui pouvaient inspirer quelque énergie à une population dégradée :

---

(1) D. Michieli, 35ᵉ doge... *Hadrian. Barland. De ducib. venet.*

ce fut elle que mit en œuvre Alexis, prince fort au-dessus de son siècle, et surtout au-dessus de sa nation.

Et quoique de mille manières, dans l'antiquité, *le sort* rendît des oracles, consultés avec une avidité, et reçus avec un respect également aveugle, nous pensons de même que le roi de Babylone, certain d'avance de ses opérations, ne chercha, dans cette cérémonie superstitieuse, que le secret d'en assurer le succès, en le montrant comme infaillible, comme garanti par la volonté des dieux, à l'enthousiasme de ses soldats.

Conduire les hommes par leur crédulité, en feignant de la partager, est une ruse que, sur tous les points du globe et dans tous les temps, la politique a employée, sans autre soin que d'en varier les formes, pour l'assortir aux habitudes et à la mesure d'intelligence des hommes qu'elle devait mettre en mouvement.

Le chef d'une tribu brasilienne, ayant pris les armes à l'instigation des Hollandais qui lui avaient promis un puissant secours, eut quelque sujet de croire que ses alliés voulaient le laisser combattre seul l'ennemi commun, et recueillir ensuite le fruit de ses travaux. En présence de leur envoyé, il consulta, à plusieurs reprises, la divinité. De la *hutte du sacrifice*, sortent des voix qui prédisent la défaite et la fuite, si l'on combat avant l'arrivée du secours promis; elles annoncent que l'on n'est pas encore près de le recevoir, et ordonnent, en l'attendant, de reculer devant l'ennemi. D'accord avec ses guerriers, le chef proteste qu'il obéira et se retirera jusque sur le territoire des Hollandais : c'était un moyen sûr de mettre un terme à leurs lenteurs. L'envoyé hollandais, Baro, crut fermement que l'oracle avait été prononcé par le diable (1). Nous l'attribuerons, avec plus de vraisemblance, à des prêtres cachés dans la *hutte du sacrifice*. L'artifice était grossier; la politique ne l'était pas.

L'augure Naevius, après avoir osé combattre, au nom de la religion, les altérations que Tarquin l'ancien voulaient apporter à la constitution romaine, est sommé de donner une preuve de sa science, en déclarant si un dessein conçu en secret par le monarque,

---

(1) *Voyage de Roulox Baro au pays des Tapayes en* 1647.

n'a rien que de possible. Il répond affirmativement. Ce dessein est de couper une pierre avec un rasoir; et le miracle s'opère, dit-on, aux yeux de tout le peuple (1). L'oracle de Delphes indique avec précision ce que, au moment même où on l'interroge, fait à Sardes, Crésus renfermé au fond de son palais. Nous soupçonnerons que Tarquin, embarrassé pour abandonner sans honte un projet dont il sentait trop tard le danger, suscita l'opposition de l'augure, et concerta avec lui le miracle qui devait la faire triompher, afin de se conserver l'honneur de ne céder qu'à l'ordre des dieux. Nous savons que les ambassades religieuses du roi de Lydie avaient pour prétexte de consulter sur ses projets les divinités fatidiques, et pour but réel d'amener les peuples à s'allier avec lui, et surtout de les y déterminer par les promesses brillantes que devait lui faire le plus célèbre des oracles.

Ces promesses furent mensongères : et l'équivoque à la faveur de laquelle le dieu de Delphes sauva sa réputation d'infaillibilité,

---

(1) *Dionys. Halic.* lib. III. cap. 24.

se présente si naturellement à la mémoire et réveille le souvenir de tant d'événemens semblables que, pour expliquer presque tout le merveilleux des oracles, il suffirait de rappeler cet usage qu'ils faisaient constamment de termes ambigus, et la connivence dont ils s'assuraient souvent le secours, et les inventions mécaniques dont ils empruntaient les prestiges, et les hasards dont la simplicité des consultans leur permit sans cesse de se prévaloir, et tant d'oracles enfin qui ne se sont trouvés vérifiés que parce que la crédulité voulait absolument qu'ils le fussent... Mais tout le monde à lu l'excellente *histoire des oracles*, extraite de Van-dale par Fontenelle (1) : Elle nous laisse bien peu de choses à ajouter touchant une erreur presque universelle sur la terre, et qui ne semble guère cesser sous une forme que pour se reproduire sous une autre : tant sont faibles l'expérience

(1) Voyez aussi Clavier, *Mémoire sur les oracles anciens*, in-8°. 1818. — Lucien (*Alexandre* ou le *Faux prophète*, OEuvres de Lucien, tome III. pages 18-23 et 42-46.), donne une idée des artifices employés de son temps, par les prêtres des Oracles : on y remarque le secret de décacheter les lettres, si familier aux gouvernemens modernes.

et la raison pour combattre l'ardeur qu'a l'homme passionné de s'élancer dans l'avenir !

Ce ne sera donc qu'en passant que nous rappellerons Apollon n'accordant aux êtres qu'il favorise, le don de divination, qu'à la condition de ne le point interroger *sur ce qu'il n'est pas permis de savoir* (1) ; précaution sage pour éviter des questions trop difficile ; la sybille écrivant des oracles sur des feuilles (2) que le vent disperse, artifice qui, rendant facilement l'oracle obscur et incomplet, laissait toujours, après l'événement, une porte ouverte à l'équivoque ; nous ne ferons, de même, que citer une statue colossale de Shiva (3), derrière laquelle des marches conduisent à un banc commode situé sous le bonnet du dieu, banc où s'asseyait sans doute le prêtre chargé de rendre en son nom des oracles. Deux faits plus généraux nous arrêterons davantage.

1° Nous l'avons dit : ce qui n'est aujourd'hui que du domaine de l'amusement, agrandit autrefois le domaine des Thaumatur-

---

(1) *Servius* in *Virgil. Eclog.* VIII. vers. 30.
(2) *Virgil. Aenéid.* lib. III. vers. 442-450.
(3) Maria Graham. *Séjour aux Indes.* page 96.

ges. Les ventriloques, qui excitent nos rires sur les tréteaux modernes, jouaient autrefois un rôle plus sérieux. Cette voix intérieure, étrangère en apparence à l'homme dont on ne voit pas remuer les lèvres, souvent même paraissant sortir de la terre ou d'un objet éloigné, on la prit pour la voix des puissances surnaturelles. Les expressions de l'historien Josèphe (1) ne permettent pas de douter que la devineresse d'*Aïn-dor* ne fût ventriloque, et qu'il ne lui ait été facile de faire ainsi entendre à Saül, les réponses de l'ombre de Samuel. Les êtres doués, comme elle, d'un *esprit de Python,* de sorcellerie, exprimaient leurs oracles par une voix sourde et faible qui semblait sortir de terre : c'est de cette habitude qu'Isaïe (2) emprunte une comparaison remarquable. Le nom d'*Engastrimythes*, donné par les Grecs aux Pythies, aux femmes qui pratiquaient l'art de deviner, indique qu'elles usaient du même artifice. Pythagore adressa la parole au fleuve Nessus, qui ré-

---

(1) *Flav. Joseph. ant. Jud.* lib. vi. cap. 15.
(2) « Et erit quasi Pythonis vox tua, et de humo eloquium « tuum mussitabit. » *Isaï.* cap. xxix. vers. 5.

pondit d'une voix claire, *salut, Pythagore* (1); au commandement du chef des Gymnosophistes de la Haute Égypte, un arbre parla devant Apollonius ; *la voix qu'on entendit était distincte, mais faible et semblable à une voix de femme* (2) : c'était dans les deux cas, la voix d'un ventriloque, convenablement placé ; et ces exemples nous revèlent probablement le secret des oracles que rendaient les chênes de Dodone. C'est en étonnant ses auditeurs pour l'engastrimysme qu'à la Chine, un devin, un magicien leur persuade qu'en lui parle une Divinité. Cet artifice n'était pas ignoré des esclaves noirs : à Saint-Thomas, au commencement du dernier siècle, un de ces malheureux avait fait parler une figure de terre, et même la canne que portait un des habitans ; il fut brûlé vif comme sorcier (3). De nos jours, des planteurs crédules ont consulté plus d'une fois un *bon sorcier*, c'est-à-dire, un esclave ventriloque, toujours prêt, pour

---

(1) *Iamblich. vita Pythagor.* cap. 28.
(2) *Philostrat. vit. Apollon.* lib. vi. cap. 5.
(3) En 1701. — Labat. *Nouveau Voyage aux îles françaises de l'Amérique*, tome ii. pages 64-65.

entretenir leur confiance en lui, à dévouer aux tortures et à la mort tel ou tel noir, comme coupable du crime réel ou imaginaire dont le maître cherche les auteurs (1).

2° Tout n'était pas imposture dans les oracles, au moins si l'on remonte à leur origine. Les prétendus interprètes des arrêts du destin étaient souvent plongés dans une sorte de délire. M. Tiedmann croit, avec beaucoup de vraisemblance, que si, chez les Germains, les femmes sacrées prophétisaient en écoutant le fracas des torrens, en contemplant fixement les tourbillons formés sur le cours rapide des fleuves (2), c'est que, dans cette position, elles parvenaient bientôt à se donner des vertiges.

La musique exerce sur nous une action bien connue, et toute propre à disposer l'homme enthousiaste à croire que les Dieux vont mettre leur parole dans sa bouche. Chez les Hébreux même, comme chez les autres peuples de l'antiquité, l'homme appelé a ré-

---

(1) Je tiens ce fait d'un témoin digne de foi.
(2) *Plutarch.* in *Caesar.* cap. 21. — *S. Clem. Alex. Stromat.* lib. 1.

véler l'avenir, recourait aux accens de la musique pour soutenir l'exaltation prophétique de son esprit (1). Chez les Billhs, dans l'Hindoustan, les prophètes ou *Barvas* exaltent leur esprit par les chants sacrés et la musique instrumentale : alors ils tombent dans une sorte de frénésie, font des gestes extravagans et rendent des oracles. Les *Barvas* reçoivent des disciples, et après quelques cérémonies préparatoires, les soumettent à l'épreuve de la musique : ceux qu'elle n'émeut pas jusqu'à la frénésie, jusqu'à l'extase, sont aussitôt renvoyés comme incapables de recevoir l'inspiration divine (2).

Point de croyance aux oracles, sans exaltation d'esprit; et, pour jeter ses auditeurs dans cette sorte de délire, il faut l'éprouver soi-même. Aussi, dans les temples de Grèce et d'Asie, ne se bornait-on pas à l'emploi des flûtes, des cymbales, des tympans; des moyens plus puissans agissaient encore sur les interprètes du ciel.

La divinité voulait-elle se révéler en songe?

---

(1) Elysée... *Reg.* lib. IV. cap. 3. vers. 15.
(2) *Nouvelles Annales des Voyages*, tome XXVII. pages 333-334.

« Les êtres les plus jeunes et les plus simples
« étaient les plus propres à réussir dans cette
« divination ; et on les y disposait par des
« invocations magiques, et par des fumiga-
« tions de parfums particuliers. » (1) Porphyre
avoue que ces procédés influaient sur l'imagination; Iamblique assure qu'ils rendaient
plus digne de l'accession de la divinité; c'est
dire la même chose dans un autre langage.

A Didyme, avant de prophétiser, la prêtresse de l'oracle des Branchides respirait
long-temps la vapeur qu'exhalait une fontaine
sacrée (2). L'oracle des Colophoniens, à Claros, était rendu par un prêtre, qui s'y pré-
parait en buvant de l'eau d'un bassin que
renfermait la grotte d'Apollon..... Mais *ce
breuvage abrégeait ses jours* (3). On sait de
quelle manière étrange la Pythie s'exposait à
la vapeur qu'exhalait l'antre de Delphes (4).
Pindare et Plutarque nous apprennent que

---

(1) *Iamblichus de Mysteriis.* cap. XXIX.

(2) *Iamblichus de Mysteriis.* cap. XXV.

(3) « *Bibentium breviore vitâ* »... *Plin. Hist. nat.* lib. II. cap. 105. — *Iamblich. de Myst.* cap. XXV.

(4) *S. Johan. Chrysost. Homelia* XXIX. super cap. XII. Epist. 1 *ad Corinth.*

le dégagement de la vapeur sacrée était accompagné d'une odeur suave qui pénétrait jusqu'à la cellule où les consultans attendaient la réponse de l'oracle (1) : soit que l'on joignît ainsi l'efficacité des parfums à celle d'autres agens physiques, ou que l'on cherchât à masquer l'odeur fétide du gaz qui sortait de l'antre. Nous savons d'ailleurs que l'on faisait mâcher, à la Pythie, du laurier qu'il était facile d'imprégner de drogues enivrantes ; et qu'après une séance sur le trépied fatidique, la prêtresse d'Apollon était communément très-malade.

On le voit : c'est en vain que nous voudrions, dans l'histoire des miracles et des prodiges, trier et présenter séparément ce qui appartient à l'histoire des sciences anciennes : la chose n'est pas toujours possible. Quand des enfans avaient l'esprit troublé par l'action de parfums choisis, et le prêtre de Claros par le breuvage qui détruisait sa santé ; quand la prêtresse des Branchides et celle de Delphes s'exposaient à des odeurs gazeuses dont quel-

---

(1) *Pindar. Olymp.* vii. vers. 59. *Plutarch. de Oracul. defect.*

ques moyens physiques pouvaient redoubler l'énergie ; quand les prophétesses de la Germanie s'asseyaient immobiles aux bords des torrens ; quand les *Barvas,* habitués par leur éducation religieuse à subir le pouvoir de la musique, s'y abandonnent violemment; rien de plus naturel que les songes délirans, l'énivrement, les vertiges, l'exaltation frénétique des uns et des autres : l'inspiration subséquente, ou plutôt les oracles qu'on lui attribue ne sont que des impostures sacerdotales ; mais la science a présidé à la recherche des causes des vertiges et de la frénésie, et à l'indication des avantages que les Thaumaturges devaient en recueillir.

Des observations simples, qui ne demandent qu'une réflexion commune et que l'on ose à peine ranger dans le domaine de la science, ont suffi également pour dicter des oracles. En consultant les entrailles des victimes, le prêtre, instruit par l'habitude, y puisait des notions assez probables, pour hasarder une prédiction sur les qualités du sol et le climat d'un pays. La science des aruspices et des augures a de même dû s'appuyer d'observations appartenant à la physique, à la météorologie, ou à l'histoire naturelle.

En Livonie et en Esthonie, une opinion religieuse, antérieure à l'établissement du christianisme (1) défend au cultivateur de détruire par le feu, les grillons qu'il trouvera dans son habitation ; ceux qu'il n'aurait pu tuer, mettraient en pièces ses vêtemens et son linge. Quand on veut bâtir une maison, elle prescrit d'observer quelle espèce de fourmi se montre la première à la place qu'on a choisie ; on s'y établira si c'est la grande fourmi fauve ou la fourmi noire ; si c'est la petite fourmi rouge, il faut chercher un autre lieu : celle-ci fait le plus grand dégât dans les provisions amassées par l'homme, et elle trouve, dans les deux autres espèces, des destructeurs qui mettent un terme à ses ravages. Les grillons, de même, dévorent des insectes, et surtout des fourmis : c'est à ce titre qu'ils ont souvent été regardés, dans la campagne, comme des animaux sacrés ; il n'est pas dif-

---

(1) Debray. *Sur les préjugés et idées superstitieuses des Livoniens, Lettoniens et Esthoniens... Nouvelles Annales des Voyages*, tome XVIII. page 114.

ficile de prédire à l'homme qui les détruit, qu'il verra ses hardes déchirées par les insectes dont ils auraient fait leur proie.

Naévius, dès son enfance, annonça le talent qu'il aurait un jour pour la profession d'augure : cherchant la plus belle grappe d'un vignoble pour l'offrir aux Dieux, il consulta les oiseaux, et ce fut avec autant de succès que d'intelligence (1) ; les oiseaux, en effet, devaient se porter de préférence à l'endroit où le raisin était le plus mûr et le plus abondant. Nous verrions aujourd'hui, dans ce trait, la preuve d'une intelligence peu commune chez un enfant, comme on cite la manière ingénieuse dont Gassendi prouva, à ses camarades d'école, que les nuages, et non pas la lune, fuyaient au-dessus de leurs têtes, chassés par un vent rapide : au temps des oracles, ce fut le premier pas du futur prophète.

Le Thaumaturge ne se proposait qu'un but : pour l'atteindre, il se servait indifféremment de tout ; charlatanisme, tours d'adresse, style figuré, prodiges naturels, observations, raisonnement, science véritable.

---

(1) *Dionys. Halic.* lib. III. cap. 21-56.

Mais des moyens qu'il employait, le plus puissant peut-être, celui du moins qui doublait l'efficacité de tous les autres, ce fut le secret religieux dont, avec l'assentiment général, il sut en couvrir l'usage. Envelopper les choses saintes d'une obscurité mystérieuse, c'était, disaient les sages eux-mêmes (1), rendre la divinité vénérable, c'était imiter sa nature qui échappe aux sens de l'homme.

(1) « *Mystica sacrorum occultatio majestatem numini con-« ciliat, imitans ejus naturam effugientem sensus nostros.* » Strabo. lib. x.

CHAPITRE VIII.

Garanties du mystère qui enveloppait les sciences occultes. Hiéroglyphes, idiome et écriture sacrés inconnus aux profanes ; langage enigmatique des évocations ; révélations graduées, partielles, et qu'un petit nombre de prêtres obtenaient dans leur plénitude ; religion du serment ; mensonge sur la nature des procédés et l'étendue des œuvres magiques.

Conséquences du mystère : 1° entre les mains des Thaumaturges, la science magique se dégrade, réduite à une pratique dénuée de théorie, et dont les formules même finissent par n'être plus comprises ; 2° l'ignorance où l'on est des limites qui circonscrivent son pouvoir, le désir de deviner ses secrets, et l'habitude d'attribuer l'efficacité de ceux-ci aux procédés que la science emploie ostensiblement, font germer parmi la multitude les erreurs les plus grossières.

Que dans les écrits des anciens, percent à peine çà et là d'imparfaites notions sur leurs sciences occultes; que de ces sciences quelques-unes se soient perdues en entier, doit-on s'en étonner? Quiconque a lu l'histoire, sait que non-seulement ces connaissances exquises, mais toutes les richesses intellectuelles restaient autrefois plus ou moins inaccessibles, étroitement resserrées sous la garde du génie du mystère.

Et combien de causes concouraient à entretenir le pouvoir de ce ténébreux génie! L'influence subsistante de la *forme fixe* de civilisation; les habitudes des initiations, auxquelles s'assimilèrent, par la suite, les écoles philosophiques; le prix d'une possession exclusive; la crainte trop juste d'appeler sur soi la haine des hommes qu'un orgueil jaloux attachait à cette possession; enfin, et surtout, le besoin de retenir dans l'obscurité le genre humain pour le dominer; la volonté de conserver à jamais ce qui formait le patrimoine de la classe éclairée, la garantie de ses honneurs et de sa puissance.

Cette dernière considération n'a point échappé à un homme qui savait relever par une philosophie saine et profonde, le prix de sa vaste érudition. Michaëlis (1) remarque qu'une langue universelle, créée par les savans et à l'usage des savans seuls, mettrait ceux-ci en possession exclusive de la science : « Le peuple serait livré à leurs doctes im-« postures; c'est ce qui arriva en Égypte, « du temps que toutes les découvertes étaient « cachées dans l'ombre des hiéroglyphes. » Si les découvertes relatives à l'électricité n'étaient exposées que dans la langue savante, quoi de plus facile aux possesseurs exclusifs de cette langue que de former entre eux une conjuration pour métamorphoser les phénomènes en miracles, et établir sur les faux miracles une tyrannie sacrée? « L'occasion « tente, et la facilité à fourber augmente le « nombre des fourbes. »

En faisant un pas de plus, Michaëlis aurait observé que son hypothèse était l'histoire de l'antiquité, que les religions possédaient presque toutes une langue ou une écriture sacrée, aussi peu intelligibles pour le vul-

---

(1) Michaelis. *De l'influence des Opinions sur la langue*, etc. pages 164-166.

gaire que les hiéroglyphes. Les pontifes romains se servaient, dans leurs rites, de noms propres et de mots dont l'usage n'appartenait qu'à eux : nous en connaissons un assez petit nombre ; et ceux-là ne sont relatifs qu'aux *cérémonies* ; ceux qui se rapportaient à la science sacrée ont été trop soigneusement cachés pour arriver jusqu'à nous. Voici le précis de ce que nous apprend Lydus (1), relativement au peuple dont les Romains avaient emprunté tout leur système religieux. Les Étrusques, dit-il, furent instruits dans la divination par les Lydiens, avant l'arrivée de l'arcadien Évandre en Italie. Alors existait une *forme d'écriture* différente de celle dont on s'est servi depuis, et généralement très-peu connue : sans son secours, aucun secret ne serait resté caché aux profanes. Tarchon l'ancien (2) (antérieur au contemporain d'Énée) avait écrit un livre sur les mystères et les rites religieux de la divination. Il s'y représentait interrogeant *Tagès* (l'enfant miracu-

---

(1) *Lydus. de Ostentis.* cap. III.

(2) Photius dit que Tarchon fut l'instituteur des Etrusques dans les sciences magiques. *Biblioth. Cod...*

leux, né d'un sillon de la terre); précisément comme, dans le *Baghuat-Ghita*, *Arjoun* interroge le dieu *Krishna*. Les questions de Tarchon étaient exprimées en langue vulgaire : mais son livre ne rapportait les réponses de *Tagès* qu'écrites avec les *caractères anciens et sacrés*, en sorte que Lydus (ou l'écrivain qu'il copie) n'a pu en deviner le sens que par les questions même qu'elles ont dû résoudre, et par les passages de Pline, d'Apulée, etc., qui y ont quelque rapport. Lydus insiste sur la nécessité de ne point exposer clairement la science sacrée ; mais de l'envelopper de fables et de paraboles, pour la cacher aux profanes : ce n'est que dans cet esprit qu'il écrit sur les prodiges. Singulière disposition ! Pour qu'on la retrouve chez un écrivain chrétien du VIe siècle, combien ne fallait-il pas qu'elle fût ancienne et générale, et pour ainsi dire, rendue inséparable de tous les moyens d'aborder à la connaissance de la science sacrée !

Il ne faut pas croire qu'à cet égard les prêtres égyptiens s'en reposassent entièrement sur l'impénétrabilité des hiéroglyphes. Lorsque Apulée obtint d'eux le premier dégré de l'initiation, ce fut dans la partie la plus cachée du sanctuaire qu'un prêtre alla chercher les livres destinés à son instruction. C'était peu que les images de diverses espèces d'animaux y tinssent lieu d'une écriture sténographique ; une partie de ces livres était écrite en caractères inconnus; dans une autre partie, de nombreux accens de formes bizarres et variées, se pressant au-dessus des lettres (dont sans doute ils changeaient la valeur), en interdisaient la lecture à la curiosité des profanes (1).

En Égypte encore, et probablement aussi dans les temples des autres pays, une seconde enveloppe voilà les mystères, le langage dans lequel étaient conçues les invocations. Chaerémon (2) enseignait à commander aux génies au nom de *celui qui est assis sur le Lotos..., porté dans un navire.... qui paraît*

---

(1) «*De opertis adyti profert quosdam libros* litteris ignorabilibus *praenotatos,* partim figuris cujuscemodi animalium *concepti sermonis compendiosa verba suggerentes;* partim nodosis, et in modum rotae tortuosis capreolatimque condensis apicibus, a ... curiosâ profanorum lectione munitos. » *Apul. metamorph.* lib. xi.

(2) Porphyre, cité par Eusèbe : *Praep. évang.* lib. v. cap. 8 et 9.

autre dans chacun des signes du zodiaque.
Ces traits désignent, sans équivoque, Osiris-Dieu-Soleil. Émanées d'une religion astronomique, les formules sacrées transportaient, dans les opérations magiques, le langage de l'astronomie. La magie et la sorcellerie des modernes, nous le prouverons, furent en grande partie composées de lambeaux de la science occulte, renfermée autrefois dans les temples : on y retrouve cette confusion de langage, d'autant plus frappante, que rien ne pouvait la faire naître à des époques éloignées du règne des religions astronomiques : nous sommes donc autorisés à affirmer qu'elle remonte à un temps où ses expressions étaient comprises, où son origine était connue et révérée. Une sorcière de Cordoue (1), invoquant une étoile, la conjurait au nom de *l'ange-loup :* quoique l'on sache que le loup était, en Égypte, l'emblème du soleil et de l'année, cet exemple particulier prouverait peu, s'il était unique. Mais que l'on examine le fragment que J. Wierius a publié sous le

---

(1) Llorente. *Histoire de l'inquisition,* chap. 38. tome III. page 465.

titre de *Pseudo-Monarchia Daemonum* (1) : il est difficile d'y méconnaître les restes défigurés d'un calendrier céleste. Dans le dénombrement prétendu des génies qui obéiront aux invocations du théurgiste, on en voit un qu'un double visage rend semblable à Janus, à l'emblème de la fin et du renouvellement de l'année. Quatre *Rois* président aux quatre points cardinaux. L'*homme*, le *taureau*, le *lion*, tous trois ailés, et le crocodile qui, dans les planisphères égyptiens, remplace le *scorpion*, rappellent les *signes* anciens des solstices et des équinoxes. Quelques-uns des génies habitent dans des *signes* célestes ; un entre autres, dans le *signe* du *sagittaire*. On retrouve au milieu d'eux le *dragon*, le *monstre marin*, le *lièvre*, le *corbeau*, le *chien*, la *vierge*, le *petit cheval*, dont les noms figurent parmi les constellations. Des génies, peints

---

(1) J. Wierius. *De Praestigiis daemonum et incantationibus ac veneficiis* (Basileae, 1583). — Les magiciens donnent à ce fragment des titres pompeux. Ils l'appellent quelquefois *Liber empto-Salomonis* ; mais ce n'est probablement que l'extrait d'un écrit plus étendu qui a jadis porté ce nom, et dont l'autorité y est elle-même invoquée.

avec plus de détail, offrent des traits semblables à ceux qu'attribuent aux génies des astres, des mois, des *décans* et des jours, les sphères persique et indique, et le calendrier égyptien (1).

Il n'est donc pas téméraire de penser que l'usage des termes et des allégories astronomiques fût, dès l'origine, introduit par la religion dans les formules de la science occulte ; on sent qu'il dût, par la suite, non-seulement compliquer l'étude de celle-ci, mais encore l'obscurcir, l'esprit établissant involontairement une connexion erronée entre les objets représentés par les allégories, et des résultats totalement étrangers à la science religieuse dont elles dérivaient.

Empruntée, comme elle a pu l'être quelquefois, à un autre langage que celui de l'astrologie, l'enveloppe du mystère n'en aurait été ni moins difficile à pénétrer, ni moins

---

(1) *Sphaerarum persicae, indicae et barbaricae ortus*, ex libro Aben Ezrae judaeorum doctissimi... — *Monomoeriarum ascendentes cum significationibus et decanis suis aegyptiacis*. — (*J. Scaligeri Notae* in *Manilium*. pag. 371-384 et 487-504).

propre à induire en erreur les profanes qui essayaient d'en percer l'obscurité. Un exemple moderne, un exemple en apparence futile, me fera comprendre.

Populeam virgam mater regina tenebat.

Si je dis qu'on a besoin de retenir ce vers latin pour faire réussir un tour de cartes assez compliqué, les personnes familiarisées avec ce genre d'amusement, devineront d'abord que les voyelles, par leur valeur numérique conventionnelle, marquent les nombres de cartes ou de points qu'il faut successivement ajouter ou retrancher; on concevra que le même moyen pourrait servir à désigner les proportions des substances qu'on devrait combiner dans une expérience de chimie; on se rappellera que cinq ou six vers, composés de mots barbares et ne formant aucun sens, ont été employés pendant plusieurs siècles, pour indiquer, d'une manière analogue, les diverses formes que peut prendre le syllogisme dans l'argumentation. Mais transportons-nous en des temps où l'intelligence de l'homme n'était, en ce genre, éveillée par aucune expérience : le vers emprunté à une langue étrangère sera une formule magique, comme celles que répétaient sans les comprendre les Grecs et les Romains ; les curieux ne soupçonneront pas que son efficacité tient à la position respective des voyelles ; ils la chercheront dans le sens des mots, s'ils parviennent à le connaître ; et l'ignorance établira un rapport mystérieux entre l'art de deviner la pensée, et une *branche de peuplier que tenait une femme reine et mère.*

Tant d'obstacles ne suffisaient point pour rassurer la jalouse inquiétude des possesseurs de la science sacrée.

Des expressions de plusieurs écrivains, on induit, avec vraisemblance, que, dans certaines initiations, on révélait aux adeptes tous les secrets de la nature. Mais les révélations n'étaient sûrement que lentes et graduées ; nous pouvons en juger par l'exemple d'Apulée : ce ne fut qu'après un temps assez long, et plusieurs initiations successives, qu'il parvint au dernier degré ; néanmoins il se félicitait d'avoir obtenu, jeune encore, un honneur, une perfection d'instruction qui ne s'accordait communément qu'à la vieillesse (1).

Quelle que fût l'étendue des révélations faites aux initiés, les causes *efficientes* des miracles en faisaient-elles partie? Nous penchons à croire que, bientôt après l'institution des initiations, la connaissance de ces causes fut réservée aux prêtres, et seulement à quelques-uns d'entre eux qui, dans plusieurs religions, formaient, sous un nom distinct, une classe séparée. M. Drummond (2) pense que les prêtres égyptiens qui luttèrent contre Moïse, les *Chartomi* avaient seuls, et à l'exclusion des prêtres inférieurs, l'intelligence de tous les hiéroglyphes. Si, à Rome, on brûla, *comme capables de porter atteinte à la religion* (3), les livres de Numa, trouvés près de cinq siècles après la mort de ce prince, ne fut-ce point parce que le hasard, au lieu de les jeter entre les mains des pontifes, les avait livrés d'abord aux regards des profanes, et qu'ils exposaient, d'une manière trop in-

(1) *Apul. Metamorph.* lib. xi. *Ad finem.*
(2) S. W. Drummond. Memoir on the antiquity of the zodiacs of Esneh. and Dendera. page 19-21.
(3) *Valer. max.* lib. i. cap. 1. § 12.

telligible, quelques pratiques de la science occulte que Numa avait cultivée avec tant de succès. Deux de ses livres, si l'on en croit la tradition, traitaient de la philosophie (1) : ce nom, on le sait, a souvent, dans l'antiquité, désigné l'art d'opérer des miracles. C'est d'ailleurs, en *parcourant les Mémoires* qu'avait laissés Numa, que son successeur découvrit un des secrets de cet art, dont l'essai imprudemment tenté lui devint fatal (2).

A ces précautions diverses, se joignait la religion d'un serment terrible : une indiscrétion était infailliblement punie de mort. La religion ne permettait pas d'oublier le long et terrible supplice de Prométhée, coupable d'avoir livré aux mortels la possession du feu céleste. Fondée probablement sur le genre de mort de quelqu'un des prêtres orphiques qui prirent le nom de leur fondateur, la tradition racontait aussi que les dieux foudroyèrent Orphée, pour le punir d'avoir, dans les mystères, enseigné aux hommes ce qu'aupa-

---

(1) *Tit. Liv.* lib. XL. cap. 29. *Plin. Hist. nat.* lib. XIII. cap. 13.

(2) Voyez ci-après, chap. XXIV.

ravant on ne leur avait jamais appris (1). Jusqu'à la chute du paganisme, la révélation des secrets de l'initiation fut le crime le plus affreux dont on pût s'entendre accuser, même devant la multitude que cet esprit de mystère enchaînait dans l'ignorance et l'infériorité, mais qui voyait toujours ses dieux prêts à perdre une nation entière, si on laissait vivre le révélateur parjure.

Le mystère avait une dernière garantie ; le mensonge : moyen familier de tout temps (2) et de nos jours encore, au commerce et à l'industrie, quand ils craignent de perdre trop tôt le bénéfice d'une possession exclusive. L'art magique, à plus forte raison, sentit l'avantage de mentir sur la nature et l'étendue de son pouvoir. Dévoilé, rendu vulgaire, ce mélange de connaissances précieuses, de puérilités et de charlatanisme,

―――――

(1) *Pausanias Boeotic.* cap. 30. Deux épigrammes de l'Anthologie supposent aussi qu'Orphée périt par la foudre.

(2) Les Indiens, qui livraient seuls aux autres peuples le *Cinnamome*, affirmaient que personne ne savait d'où provenait cet aromate ; on ne le recueillait qu'en s'emparant des nids construits par certains oiseaux, avec des branches de cinnamome. (*Aelian. De Nat. Anim.* lib. II. cap. 34. — Lib. XVII. cap. 21.)

n'eut plus commandé l'admiration ni l'obéissance.

A l'instant d'une éclipse qu'elle avait su prévoir, Aglaonice persuada aux Thessaliennes, que, par ses chants magiques, elle pouvait obscurcir la lune, et la forcer à descendre sur la terre (1). On attribuait à la racine de la plante *baaras* ou *cynospastos*, des vertus merveilleuses; il importait donc aux Thaumaturges d'en éloigner toute autre main que la leur : ils assuraient qu'on ne pouvait la cueillir sans courir risque de la vie, à moins de prendre des précautions singulières, dont Josèphe a donné le détail avec tout le sérieux de la conviction (2). Suivant une tradition hébraïque conservée en Orient, Moïse découvrit que les magiciens d'Égypte introduisaient du vif-argent dans des baguettes et dans des cordes qui, jetées sur la terre échauffée par le soleil, ne tardaient pas à se tordre et à prendre des mouvemens semblables à ceux des serpens (3). Ce procédé

---

(1) *Plutarch. De Oracul. Defectu.*

(2) *Fl. Joseph. De Bell. Judaïc.* lib. VII. cap. 23. *Aelian. De Nat. Animal.* lib. XIV. cap. 27.

(3) Dherbelot. *Bibl. orientale*, art. *Moussa. Moyse.*

ne produirait certainement pas l'illusion magique qu'on lui attribue ; des observateurs attentifs ne prendraient point une baguette ou une corde pour un serpent : mais la tradition citée nous apprend qu'au lieu de révéler le véritable secret des prêtres d'Égypte, on satisfit la curiosité du vulgaire par une explication absurde.

Tel fut, en général, la politique des Thaumaturges : persuader qu'ils atteignaient le but par certains procédés ostensibles, mais, dans la réalité, tout-à-fait indifférens et inutiles ; donner l'apparence d'un enchantement, d'une œuvre surnaturelle à des opérations souvent si simples que chacun les eût comprises sans peine et imitées, si elles avaient été offertes aux regards dépouillées de l'enveloppe imposante du prestige ; surcharger enfin d'accessoires futiles ou mensongers, l'expression des faits réels ; et cela *pour cacher les découvertes des sages à une multitude indigne de les connaître* (1). Ces ex-

---

(1) « *Quae philosophi adinvenerant, in operibus artis et naturae, ut secreta occultarent ab indignis.* » *(Rog. Bacon. de secret. oper. art. et nat. cap.* 1.)

pressions sont de Roger Bâcon : elles prouvent que la même politique existait encore dans le moyen âge ; mais son origine remonte au premier jour où des hommes instruits voulurent assurer à leurs connaissances, un caractère surnaturel (1) et un prix incommunicable, pour paraître eux-mêmes supérieurs à l'humanité, et dominer sur le reste des mortels.

Quels furent, sur l'esprit humain, en général, et d'abord sur la science elle-même et sur les hommes qui la cultivaient, les effets de ces habitudes jalouses, et si contraires à la philosophie libérale qui se fait aujourd'hui (2) un noble devoir du soin de répandre les lumières ?

« Les anciens, dit Buffon, tournaient toutes

---

(1) Ce fut ainsi qu'*instruite par une révélation*, Elisabeth, épouse de Charles I, roi de Hongrie, trouva au commencement du XIVe siècle, l'eau spiritueuse produite par la distillation de l'alcohol sur le romarin, et connue sous le nom d'eau de la reine de Hongrie. (Boquillon, *Dictionnaire biographique*. tome 1. page 208.)

(2) Un livre a été publié, il y a moins de deux cents ans, pour établir que l'on doit écrire en latin et non pas en français, *les ouvrages savans*, « parce que, dit l'auteur, on a « produit de grands maux, en communiquant au peuple les « secrets des sciences. » (Belot. *Apologie de la langue latine*, etc. 1637.)

« les sciences du côté de l'utilité.... Tout ce
« qui n'était pas intéressant pour la société,
« pour les arts, était négligé. Ils rapportaient
« tout à l'homme moral, et ne croyaient pas
« que les choses qui n'avaient point d'usage
« fussent dignes de l'occuper (1). » Cette disposition générale dut surtout s'appliquer à l'étude des sciences occultes : on ne cherchait que les moyens d'opérer des merveilles ; tout ce qui ne devait pas y conduire semblait peu digne d'attention. D'une telle méthode, il ne peut résulter que des connaissances partielles, interrompues par de vastes et importantes lacunes ; et non pas une science dont toutes les parties enchaînées entre elles se rappellent mutuellement, en sorte que la connexité de l'ensemble préserve les détails de tomber jamais dans l'oubli. Chaque secret, chaque connaissance pouvait se perdre isolément ; et l'habitude du mystère rendait chaque jour le danger plus probable.

Ceux qui douteraient de notre assertion peuvent la vérifier sur des faits modernes :

(1) *Discours sur la manière de traiter l'histoire naturelle.* OEuvres de Buffon. tom. 1. pag. 52. 53.

car la manière empirique dont la science était étudiée, cultivée et conservée dans les temples, nous est représentée par la marche des chimistes avant la renaissance de la chimie véritable. Ils cherchaient, et quelquefois ils trouvaient des phénomènes étonnans ; mais c'était sans suivre de théorie, sans réfléchir sur les moyens qu'ils employaient, tellement qu'ils ne réussissaient pas toujours deux fois à obtenir les mêmes produits ; mais surtout c'était avec le désir de cacher profondément leurs procédés, et de s'en assurer la possession exclusive. Quoi de moins estimé aujourd'hui que leurs travaux? quoi de moins connu que les découvertes auxquelles ils étaient parvenus? Il est curieux de pouvoir citer, en ce genre, un exemple qui date d'un peu plus de soixante ans. Un prince San-Sévero s'occupait, à Naples, avec quelque succès, de travaux chimiques : il avait, par exemple, le secret de pénétrer le marbre en le peignant, de manière que chaque lame détachée du bloc par la scie, présentât la répétition de la figure empreinte sur la surface extérieure (1).

(1) Grosley. *Observations sur l'Italie*. tom. III. pag. 251.

En 1761, il exposa des crânes d'hommes à l'action de divers réactifs, et ensuite à la chaleur d'un feu de verrerie; mais en se rendant un compte si peu exact de sa manière de procéder, que, de son aveu, il n'espérait pas arriver une seconde fois au même résultat. Du produit qu'il obtint s'exhalait une vapeur ou plutôt un gaz, qui, allumé par l'approche de la flamme, brûla plusieurs mois de suite sans que la matière parût diminuer de poids (l'oxigène combiné par l'effet de la combustion remplaçait, et au-delà, les parties perdues par l'évaporation). San-Sévero crut avoir retrouvé le secret impossible des lampes inextinguibles : mais il ne voulut point divulguer son procédé, de peur que le caveau où étaient inhumés les princes de sa famille ne perdît le privilége unique dont il comptait le gratifier, d'être éclairé par une lampe inextinguible (1). En opérant comme un savant de nos jours, San-Sévero aurait attaché son nom à l'importante découverte de l'existence

---

(1) Voyez les quatre *lettres* qu'il écrivit à ce sujet, et qu'a traduites en anglais Ch. Hervey, *Letters from Italy, Germany*, etc..... tom. III. pag. 408. 436.

du phosphore dans les os ; car il est difficile de douter qu'un dégagement très-lent de phosphore gazéifié ne fût le principe du phénomène qu'il avait obtenu. Il opéra comme un Thaumaturge : son nom et ses travaux sont oubliés. Et la science cite avec honneur Gahn et Schoell, qui, huit ans plus tard (en 1769), constatèrent l'existence du phosphore dans les os, et publièrent le procédé propre à l'en retirer.

La comparaison établie entre les tentatives des chimistes empiriques et celle des Thaumaturges, manque peut-être d'exactitude sur un point essentiel : les premiers étaient libres de choisir les objets de leurs recherches ; il est douteux que la même liberté existât dans les temples ; c'est du moins ce qu'on peut induire d'un passage obscur, mais très-curieux de Damascius (1). A Hiérapolis, en Phrygie, le temple d'Apollon était placé près d'une caverne remplie de sources chaudes, et d'où s'exhalait au loin une vapeur léthifère ; les seuls initiés y pouvaient pénétrer impunément. L'un d'eux, Asclépiodote, par-

---

(1) *Damasc* apud *Phot. biblioth*. cod. 242.

vint à produire, par la combinaison habile de diverses substances, un gaz semblable à celui de la caverne sacrée : « Méprisant ainsi « et violant, par sa témérité, les préceptes « et les lois des prêtres et des philosophes. » En rapportant ces expressions de Damascius, pouvons-nous ne pas nous écrier encore une fois (1) : combien il était puissant et révéré, le vœu du secret que faisaient les prêtres et les philosophes instruits par leurs leçons ! Au VIe siècle du christianisme, c'est encore avec l'accent du reproche que Damascius rappelle l'imitation, par des moyens scientifiques, d'un phénomène naturel que le polythéisme avait consacré comme un prodige !

Resserrée ainsi dans son action ; concentrée dans un petit nombre de mains ; déposée dans des livres écrits en hiéroglyphes, en caractères que les adeptes seuls pouvaient lire, et dans une langue sacrée, dans un style figuré qui doublaient la difficulté de les comprendre ; souvent même confiée uniquement à la mémoire des prêtres qui s'en transmettaient de vive voix les préceptes, de géné-

---

(1) Ci-dessus, pag. 199.

ration en génération; d'autant plus inabordable enfin, que, destinées presque uniquement à la servir, la physique et la chimie n'étaient guère cultivées hors des temples, et qu'en dévoiler les secrets eût été trahir un des plus importans mystères de la religion; la doctrine des Thaumaturges se borna peu à peu à une collection de procédés, qui même, dès qu'ils n'étaient point habituellement pratiqués, risquaient de se perdre, parce qu'il n'existait point une science qui les unît et les conservât les uns par les autres. Elle devait donc, au moins sur plusieurs points, s'obscurcir insensiblement et s'éteindre, ne laissant après elle que des débris incohérens, des pratiques mal comprises, bientôt mal exécutées, et la plupart enfin oubliées sans retour.

C'est là, nous n'hésitons point à le dire, c'est là le préjudice le plus grave que le voile jeté, par la religion, sur les connaissances physiques, ait porté à l'esprit humain. Les travaux de siècles accumulés, les traditions scientifiques qui remontaient à l'antiquité la plus haute, se perdirent au sein d'un secret inviolablement observé; les dépositaires de la science, réduits enfin à des formules qu'ils avaient cessé de comprendre, devinrent presque, pour les erreurs et pour la superstition, les égaux de ce vulgaire qu'ils s'étaient trop efficacement étudiés à retenir dans l'ignorance.

Quittons maintenant la caste éclairée qui, par sa propre faute, cessera progressivement de mériter un si beau titre : plaçons-nous au milieu de ces foules d'hommes crédules, instruits seulement que, dans l'obscurité des sanctuaires, se conserve et ne cesse d'agir l'art sublime d'opérer des miracles. Pour le plus grand nombre, l'ignorance, la superstition, l'amour du merveilleux étendent à l'infini son efficacité ; il n'est rien qu'on ne puisse en espérer ou en craindre. Mais, dans quelques esprits ardens, la curiosité, la cupidité, l'orgueil font germer le désir et l'espoir d'en pénétrer les mystères. De ces deux erreurs, la première sert trop bien l'intérêt des dominateurs pour qu'ils ne la fomentent point par leurs promesses exagérées. Ils ne seront pas étrangers à la naissance de la seconde : en laissant, comme nous l'avons vu, percer au dehors, des lueurs trompeuses, des indications erronées, des explications mensongères, quel était leur espoir, sinon d'égarer dans de fausses routes, les profanes que des recherches opiniâtres et d'heureux hasards pourraient conduire à la découverte de quelqu'un des secrets sacrés ?

Sur la justesse de ces idées, interrogeons encore l'expérience.

Dire que la chimie et l'astronomie sont les filles très-sages de mères très-folles, et doivent leur naissance à l'alchimie et à l'astrologie, c'est mal juger la marche de l'esprit humain. L'enfant voit briller les étoiles aux cieux, sans imaginer qu'elles aient quelque influence sur les événemens de la terre. Il admire la couleur et l'éclat d'un morceau d'or ou d'argent; et si on ne l'induit point en erreur, il ne suppose pas que l'art puisse fabriquer un métal, pas plus que du bois ou un caillou. Mais quand la multitude qui ne connaissait que l'or natif charrié par les rivières, vit tirer ce métal de corps où rien n'indiquait à l'œil sa présence, elle crut que, par un procédé dont ils se réservaient le secret, des êtres supérieurs transmuaient les substances et *faisaient de l'or*. L'avarice convoita la possession d'un art si merveilleux ; les tentatives, les recherches se multiplièrent, se portèrent sur tous les métaux, sur tous les minéraux, sur tous les corps de la nature ; et l'on inventa l'alchimie, parce que l'on ignorait la docimasie. En observant le cours des astres, le prêtre annonçait le retour des saisons, et certains phénomènes météorologiques (1); il réglait d'une manière raisonnée les travaux de la campagne, et en prédisait assez exactement le succès. Les hommes grossiers qu'il dirigeait ne mirent pas de limites au pouvoir de la science ; ils ne doutèrent pas que les divers aspects du ciel ne révélassent également l'avenir du monde moral, et l'avenir du monde physique. Le prêtre ne les désabusa point : l'astrologie, dès les premiers temps connus, a été mise au nombre des sciences sacrées ; et elle conserve encore, sur une partie de l'Asie, l'empire qu'elle a long-temps exercé sur toute la terre.

Une cause que nous avons déjà signalée

---

(1) Les deux calendriers de Ptolémée, réglés, l'un sur les mois égyptiens, l'autre sur les mois romains, et le calendrier romain, tiré d'Ovide, de Columelle et de Pline, indiquent jour par jour l'état du ciel, et prédisent celui de l'atmosphère.

concourut au progrès ou à la naissance de l'erreur; l'interprétation fautive des emblèmes et des allégories. L'usage des uns et des autres, dans l'astronomie, remonte à la plus haute antiquité. Les *Dynastes* égyptiens cités par Manéthon ne semblent-ils pas du domaine de l'histoire? Les épithètes qui suivent leurs noms ne conviennent-elles pas à des hommes : *Ami de ses amis.... Homme remarquable par la force de ses membres.... Celui qui augmente la puissance de son père ?* Dans ces rois prétendus, Dupuis nous montre les trente-six *décans* qui divisent le zodiaque de dix en dix degrés ; et, dans les titres qu'on leur donne, l'indication de phénomènes astronomiques qui correspondent à chaque *décan* (1). Sous les noms de sphère *barbarique*, sphère *persique* et sphère *indique*, Aben-Ezra a recueilli et mis en regard trois calendriers anciens (2). Le premier, que l'on croit appartenir à l'Égypte, énonce seulement le lever et le coucher des constellations, dans chaque décan. Le second joint à cette in-

---

(1) Dupuis. *Origine de tous les cultes.* tom. xii. (in-8º). pag. 116-126.

(2) J. *Scaligeri notae in M. Manilium.* pag. 371-384.

dication quelques figures allégoriques. Le troisième ne présente que de pareilles figures, et quelquefois même leur attribue des sentimens que le pinceau ne peut rendre, tels que l'intention de frapper son père ou celle de retourner dans sa maison. Le fond des trois calendriers est le même : le dernier, si on le voit seul, ne réveillera-t-il pas toute autre idée que celle de l'astronomie ? Que des allégories semblables, distribuées dans certaines divisions de temps, aient paru renfermer des prédictions appropriées à chacune de ces divisions, cela est infiniment probable. La probabilité se changera en certitude, quand on parcourra un calendrier égyptien (1) où, sur une colonne, répond, à chaque degré du zodiaque, un emblème, destiné, comme le titre l'annonce, à indiquer les levers correspondans des astres ; sur une seconde colonne, est l'indication du caractère futur ou de la destinée de l'enfant qui naîtra sous l'influence de chaque degré ; indication toujours conforme à la nature de

---

(1) *Monomoeriarum ascendentes*, etc. J. Scalig. Not. in M. Manil. pag. 487-504.

l'emblème. S'il offre un *homme pilant dans un mortier*, l'enfant sera laborieux; il tendra à s'élever, si l'emblème est un *aigle*.

Ce calendrier est évidemment l'ouvrage de deux auteurs. L'un a disposé, d'après des observations antérieures, une série d'emblèmes astronomiques; l'autre, trompé ou trompeur, a voulu deviner le sens d'un livre qu'il ne comprenait pas, ou égarer, dans la voie de l'erreur, ceux qui tenteraient de le deviner.

Nous ne connaissons point assez la philosophie *intérieure* de l'école de Pythagore, pour décider si ce sage professait dans le sens propre ou dans le sens figuré, la doctrine étrange qu'on lui attribue sur les propriétés des nombres. Mais nous n'hésitons point à penser que la doctrine même fut d'abord le voile allégorique, et plus tard l'enveloppe superstitieuse d'une science réelle; science dont il existe encore des vestiges dans l'Hindoustan où Pythagore avait puisé ses dogmes, et qui comprenait probablement, avec les bases des grands calculs astronomiques, les principes et les théorèmes d'une arithmétique transcendante.

La découverte assez moderne d'un fragment de cette science vient à l'appui de notre conjecture.

Vers la fin du XVIIe siècle, les astronomes français apprirent avec surprise qu'il existait, à Siam, une méthode de calculer les éclipses par une suite d'additions opérées sur des nombres en apparence arbitraires. La clef de cette méthode est perdue depuis longtemps pour ceux qui s'en servent; peut-être ne l'ont-ils jamais possédée (1), l'inventeur ayant exercé son génie à construire un instrument dont l'effet fût infaillible, sans vouloir en révéler le principe d'action. Quoi qu'il en soit, supposons que de pareils *savans* opèrent sous les yeux du peuple, dans l'antique Asie, dans l'Égypte et même dans la Grèce civilisée. A l'aide de quelques nombres, combinés suivant les principes d'une

---

(1) Les grandes *Tables de logarithmes* publiées, à Paris, par le *Bureau du cadastre*, avaient été calculées par une méthode semblable à celle-là. C'était aussi une suite d'additions et de soustractions exécutées, sur des nombres en apparence arbitraires, par des hommes qui n'avaient pas besoin de connaître les élémens et la marche du calcul propre à déterminer ces nombres; et qui arrivaient cependant à des résultats si précis, qu'après la détermination de cent logarithmes, l'erreur possible n'affectait que le huitième chiffre décimal.

science inconnue, on les voit arriver à des prédictions que la nature ne manque pas de vérifier, au jour et à l'instant déterminés. Comment l'homme ignorant, forcé d'attribuer à ces nombres la propriété qu'ils possèdent en effet de produire des prédictions exactes, se défendra-t-il de leur supposer d'autres qualités qui ne lui semblent pas plus merveilleuses, de leur demander, comme au cours des astres qu'ils servent à mesurer, la révélation de l'avenir, et de consulter les *nombres babyloniens* (1) pour connaître la destinée de sa vie, et l'événement et le moment qui y mettront un terme?

Il n'est pas sans intérêt de voir la doctrine des propriétés mystérieuses des nombres, comme les allégories astronomiques, pénétrer dans les enseignemens de la magie. Les magiciens, nous dit-on, comptaient, parmi les esprits de ténèbres, *soixante-douze* princes *six* multiplié par *douze*) et 7,405,926 démons d'un rang inférieur (2). Ce dernier nom-

---

(1) . . . . *neu* Babylonios
   Tentaris numeros. . . . .
         Horat. od. lib. 1. od. xi. vers 2-3.
(2) J. *Wierlus. de Praestigiis*, etc.

bre, en apparence si bizarre, est encore le produit de *six* multiplié par 1234321 : est-il besoin de faire observer que 1234321 présente, tant à droite qu'à gauche, les quatre nombres qui constituent la *Tétrade* mystérieuse de Pythagore et de Platon ?

L'instrument du calcul dut naturellement participer aux propriétés merveilleuses des nombres, et la *Rhabdomantie*, la divination opérée avec des baguettes, être en honneur partout où des morceaux de bois, différemment marqués, ont servi de *machines arithmétiques*. C'est encore avec ces morceaux de bois qu'on exécute des calculs assez compliquées chez les Khiviens très-enclins aussi à croire à la *Rhabdomantie* (1).

La *Rhabdomantie* était pratiquée chez les Alains et chez les Scythes (2), ancêtres de presque tous les habitans actuels de la Tartarie ; elle l'était chez les Chaldéens, d qui les Hébreux paraissaient l'avoir emprun

---

(1) M. Mouraviev. *Voyage en Turcomanie et à Khiv*
(2) *Hérodot.* lib. iv. cap. 67. *Amm. Marcell.* lib. xxx cap. 2. Les anciens Germains en faisaient aussi usage. *Taci German.* cap. x.

tée (1). Est-il déraisonnable de supposer que la méthode de calculer avec des baguettes, méthode que ne peuvent expliquer ceux qui l'emploient aujourd'hui, remonte en Asie à une haute antiquité, comme la superstition dont elle nous semble avoir été l'origine ?

Presque partout, nous verrons l'ignorance placer ainsi une erreur à côté de ce qui lui paraît une merveille. Souvent la médecine a dissipé la douleur dans un membre, ou en a prévenu le retour, par l'application d'un remède local. Mais le médecin appartenait à la caste sacrée ; l'efficacité du remède venait donc tout entière de la main qui le donnait, et qui pouvait seule y renfermer une vertu secrète. La crédulité, en conséquence, supplia le charlatanisme de mettre, dans ces corps bienfaisans, non-seulement le don de guérir le mal actuel, mais encore celui de préserver des maux à venir ; et du succès des topiques naquit la puissance surnaturelle des amulettes. Ici encore l'astronomie jouait un rôle ; des figures qu'on lui empruntait se retrouvent sur un grand nombre

---

(1) *Osée.* cap. IV. vers 12.

de talismans ; les plus célèbres de tous, *les Abraxas* qui participaient à la puissance du *chef des bons génies*, exprimaient simplement le nombre des jours de l'année.

La confiance dans les amulettes survécut aux anciennes religions. Sous le christianisme même, une piété peu éclairée contribuait à l'entretenir. Le pape Urbain V, dit M. Tiedmann (1) envoya à l'empereur de Constantinople, trois *agnus dei*, avec des vers (2) où étaient exposées leurs vertus véritablement magiques. Après un tel exemple, pouvait-on blâmer les ignorans de croire aux talismans des magiciens. Où était la différence ? dans le mode de consécration.

Pourquoi les Scandinaves attachaient-ils aux vers une puissance magique (3) ? Pourquoi les Grecs et les Romains ont-ils attribué aux chants, aux vers, le pouvoir de faire périr les reptiles menaçans, et d'arracher la lune de la voûte céleste (4) ? Comme

(1) Tiedmann... *De Quaestione* etc. pag. 103.
(2) Ces vers ont été cités par Fromann. pag. 947-948.
(3) C. V. de Bonstetten. *La Scandinavie et les Alpes*. pag. 42-33.
(4) *Virgil. Églog.* VIII. vers. 69-71.

les principes de la politique et de la morale, comme les récits historiques et religieux, les formules magiques furent originairement conçues en vers, et les vers étaient toujours chantés. Cette opinion ne fut point partagée par les théurgistes qui reçurent leurs formules des prêtres égyptiens, ou qui les empruntèrent des disciples de Zoroastre et des sages de l'Hindoustan : ils ignoraient si ceux-ci s'étaient exprimés en vers; ils étaient sûrs que ceux-là ne l'avaient point fait. La religion, en Égypte, proscrivait la poésie, comme le langage du mensonge (1). Les sorciers modernes n'ont pas supposé de pouvoir aux vers; mais à des figures bizarres, à des caractères étrangers, à des mots d'une prononciation barbare : ils n'ont pu parler que ce qu'ils avaient reçu.

Entre les mains d'hommes qui n'avaient jamais eu, ou qui n'avaient plus l'intelligence des hiéroglyphes, ou de la langue et des caractères sacrés, la plupart des formules magiques devinrent inutiles; elles avaient cessé d'être comprises : cependant le souvenir de

(1) *Dio. Chrysost... Orat... de Ilio non captâ.*

leur pouvoir ne périt point. Récitées mystérieusement, alors même qu'on n'attachait plus de sens à leurs termes, gravées sur la pierre ou tracées sur le parchemin, on leur accorda une efficacité d'autant plus grande que l'on soupçonnait moins qu'elles avaient été jadis la cause et la mesure de leur efficacité réelle.

Ainsi naissent et s'étendent les erreurs. « Chaque lettre, disent les Hindous, est gou-« vernée par un ange, émanation des vertus « de la toute-puissance de Dieu; ce sont les « anges représentés par les lettres dont se « composent les oraisons, qui opèrent les « prodiges (1) »..... Avec quelle facilité, à l'aide d'une pareille doctrine, l'imposture n'a-t-elle pas rançonné les hommes crédules, en leur vendant des talismans, formés tantôt de lettres qui expriment une prière ou un vœu, tantôt de caractères étrangers ou groupés bizarrement, et supposés d'autant plus efficaces que leur assemblage est plus compliqué et d'un aspect plus extraordinaire.

---

(1) *Les mille et une nuits.* tom. 1. pag. 128-129 xive *nuit*. hist. du brame *Pad Manaba*.

Ayant écrit un vocabulaire de la langue des indigènes de la Louisiane, un missionnaire (1) y avait fréquemment recours pour répondre aux questions que ceux-ci lui adressaient. Les indigènes crurent que ce papier était un *esprit* qui communiquait au missionnaire sa science. Les Nadoëssis savent compter, mais ignorent l'usage des chiffres : Carver (2), ouvrant un livre devant eux, leur disait exactement combien il se trouvait de feuillets depuis le premier jusqu'à celui qu'il leur montrait ; ils en conclurent pareillement que le livre était un *esprit* qui dictait en secret les réponses du voyageur. A Kano, en Afrique, Clapperton rencontra un personnage qui lui supposait le pouvoir de transformer des hommes en bêtes, et la terre en or, rien qu'en lisant dans un livre (3). Les caractères runiques, dès que le sens de cette écriture a été perdu pour le vulgaire, ont été rangés au nombre des instrumens de la magie. Une

---

(1) Le P. Hennepin. *Description de la Louisiane*, pages 249-250.

(2) Carver. *Voyage dans l'Amérique septentrionale*. (traduction française, in-8° Paris 1784) pages 80-81.

(3) *Voyages et découvertes en Afrique*, etc. tom. III. pag. 37.

formule algébrique serait jugée de même par l'homme superstitieux qui la verrait fournir, sur-le-champ, une solution infaillible à des questions en apparence très-diverses, et dans lesquelles il ne démêlerait pas le point commun à toutes, qu'a su saisir la science (1).

L'extravagance fit un pas plus étonnant encore, et analogue à l'erreur qui, du sens de noms d'hommes ou de lieux, tira tant d'histoires fabuleuses. Tantôt on a vu, dans un emblème, non la représentation, mais la cause efficiente d'un phénomène ou d'un prodige : dans les provinces situées à l'est de la Baltique, que la force des armes et les ruses de la politique ont réunies à l'empire de Russie, on croit fermement que, si une femme grosse introduit le bois, dans le poêle, *dans un sens opposé à la direction des branches*, son enfant se présentera *en sens inverse* à l'instant de l'accouchement (2). Tantôt l'homme

(1) La notation de la musique, chez des peuplades qui n'en ont pas d'idée, paraîtrait sans doute quelque chose de surnaturel, quand un homme répèterait exactement un de leurs chants, recueilli par ce moyen, et qu'il n'aurait lui-même jamais entendu.

(2) Debray. *Sur les préjugés et les idées superstitieuses.*

crédule a imaginé qu'en imitant, autant qu'il était en lui, les postures figurées dans les hiéroglyphes, il opérerait le prodige que l'on obtenait, en des temps inconnus, par le procédé dont ces hiéroglyphes avaient renfermé ou déguisé l'expression. C'est ce dont on trouve plusieurs exemples dans le recueil de Gaffarel (1).

On peut, nous le croyons, rapporter à des méprises ou à des rêveries du même genre, l'origine de pratiques et d'opinions populaires répandues partout, et si étranges, si absurdes, qu'on ne peut en pénétrer le sens, ni leur assigner un motif ou un prétexte plausible ; derniers effets d'une cause qui influe encore sur l'existence des hommes, quand depuis des siècles elle en est profondément ignorée.

des Livoniens, etc. Nouvelles Annales des voyages. tom. XVIII. pag. 127.
(1) Gaffarel *Curiosités inouïes,* etc. chap. VII. §. 1 et 2.

CHAPITRE IX.

Malgré la rivalité des religions, l'esprit de la forme *fixe* de civilisation maintient le mystère dans les écoles philosophiques. Il en est, à la longue, banni par l'influence de la civilisation *perfectible*. 1° Communication habituelle des Grecs avec les successeurs des mages, dispersés dans l'Asie après la mort de Smerdis; première révélation de la magie; 2° l'appauvrissement de l'Égypte, après la conquête des Romains, fait affluer à Rome des prêtres de grades inférieurs, qui y trafiquent des secrets des temples; 3° les polythéistes qui se convertissent au christianisme, apportent dans son sein les connaissances magiques qu'ils possèdent.

A cette dernière époque, des débris de la science sacrée subsistent, 1° dans les écoles des philosophes théurgistes; 2° en la possession des prêtres errans, et surtout des prêtres égyptiens. On peut, sans invraisemblance, assigner pour successeurs, aux premiers, les *sociétés secrètes* d'Europe; aux seconds, les sorciers modernes.

Comme la forme fixe de civilisation dont il était une des bases principales, le mystère qui enveloppait la science sacrée a subi le pouvoir du temps : le voile s'est déchiré; assise pendant tant de siècles devant la porte des sanctuaires et des écoles philosophiques, la statue du silence a été renversée.

Quand s'est opérée cette révolution? Est-ce quand des religions rivales se sont combattues, quand, devant l'inflexible Zoroastre et ses successeurs, et devant le culte du feu, ont reculé le sabéisme, et l'adoration de Shiva, de Wishnou et du Brama? Non ; persécutés comme magiciens, les prêtres hindous et les chaldéens emportèrent dans l'exil leurs arts sacrés et leur silence inviolable.

L'invasion des Hébreux dispersa les prêtres des peuplades de Chanaan : contre eux, évidemment, Moïse dirige l'ordre de mettre à mort quiconque rend des oracles, ou opère des miracles au nom d'un dieu étranger. Mais la conquête entière de la Palestine s'acheva lentement. Établi au milieu des tribus indigènes, l'Hébreu, infidèle à sa loi, consulta souvent leurs prêtres et leurs devins. Redoutés et même révérés, ceux-ci ne léguèrent qu'à des adeptes leurs secrets, qui étaient encore une source de richesse et de considération, s'ils n'étaient plus un moyen de pouvoir. Je crois reconnaître leurs derniers successeurs dans ces hommes que Saül persécuta avec tant de zèle, que, lorsqu'il tomba lui-même dans la faute dont il voulait préserver son peuple, il ne trouva qu'avec peine une femme qui possédât l'art d'évoquer les ombres des morts.

Les prophètes, en Judée, se divisèrent, se combattirent, épousant les rivalités de Jérusalem et de Samarie : la persécution ni l'anathème ne dévoilèrent les ressources dont s'étayait, au besoin, leur inspiration.

Le farouche Cambyse outragea, en frappant Apis, le dieu suprême d'Égypte, dont ce taureau sacré était l'image ; il envoya ses prêtres et ses adorateurs au supplice ; il pilla les temples.... Il passa, laissant un souvenir exécrable, sans que de si grandes violences eussent porté atteinte au secret religieux des sanctuaires.

L'esprit de la forme fixe planait sur les théâtres de ces divers événemens : il ne permettait point qu'une lumière nouvelle brillât aux yeux des peuples, et les peuples même ne songeaient point à le désirer.

Mais, depuis plusieurs siècles, une cause dont on n'avait point soupçonné l'activité ni même l'existence, commençait, parmi les habitans de la terre, une révolution que trente-cinq ou quarante siècles n'ont pas entièrement consommée. Dans les colonies qu'il fondait sur des plages lointaines, le navigateur phénicien, à son insu, avait porté le germe de la civilisation perfectible. Trop faible, trop occupé d'intérêts mercantiles pour chercher à subjuguer par la force, trop peu instruit pour fonder la civilisation sur la religion et la science sacrée, il se borna à mêler ses usages à ceux des tribus au milieu desquelles il s'établissait. L'homme alors, pour la première fois, apprit que la manière d'être qu'il tenait de ses ancêtres pouvait changer, améliorée par un effet de son libre choix, et non par suite d'une obéissance aveugle à des êtres supérieurs. Du désir d'un perfectionnement réfléchi, la première conséquence est la curiosité : on conçut le prix du savoir ; on ne recula pas devant l'idée de l'aller puiser à des sources lointaines ; des voyages de long cours n'effrayèrent point les sages, pressés du besoin de s'instruire...... et toutefois, eux encore, ne brisèrent point le sceau du mystère. Les instructions qu'ils obtinrent dans l'Inde, dans la Chaldée et dans l'Égypte, se bornèrent, autant que nous pouvons en juger, à des notions particulières et dénuées de théorie : Thalès en effet put prédire une éclipse, mais une seule ; et Pythagore ne trouva qu'à force de génie, la démonstration du théorème qu'on lui avait révélé, de l'égalité du carré de l'hypothénuse à la somme des carrés des deux autres côtés du triangle rectangle. Les philosophes, d'ailleurs, se regardèrent comme des initiés ; l'orgueil de la possession exclusive les toucha comme leurs instituteurs : les disciples de Pythagore recevaient ses révélations, non en proportion de leur capacité, mais selon l'élévation de leur grade dans un enseignement qui avait, comme les initiations, sa durée préfixe, son langage et ses épreuves. Ce ne fut que peu à peu, et par l'influence extérieure de la civilisation perfectible, que, dans les écoles philosophiques, cessa de régner la même discrétion que dans les temples.

Ainsi, dans les pays même où la civilisation perfectible prodiguait ses bienfaits, où la culture des sciences et de l'art d'écrire ouvrait la route vers une gloire brillante, les sanctuaires et l'art merveilleux qu'y avaient porté des instituteurs sortis de la Thrace ou de l'Égypte, restaient impénétrables : les prêtres maintenaient autour d'eux cette obscurité, à l'épaisseur de laquelle se proportionnaient le pouvoir et la vénération qu'ils pouvaient obtenir.

Démosthène est le premier auteur qui ait signalé, en Grèce, l'existence de sorcières (1)... Alors donc la science occulte avait cessé d'être concentrée dans les temples; il en était tombé quelques lambeaux entre des mains profanes; des hommes obscurs, étrangers aux sacrés mystères, osaient professer l'art d'opérer des miracles. Pour assigner la cause de ce fait, il faut remonter à plus de trente-cinq lustres, et rappeler en conséquence un des événemens les plus remarquables de l'histoire ancienne, le massacre des mages, après la chute de Smerdis. La caste sacerdotale, très-nombreuse, très-puissante, ne pouvait pas

---

(1) *Demosthen. in Aristogit.* 1.... M. Tiedmann *de Quaestione*, etc. pag. 46.

succomber tout entière. Elle se dipersa sans doute de toutes parts ; et lorsque les vues politiques de Darius lui firent désirer de la réunir, on peut croire que tous les mages ne s'empressèrent point également de devenir les soutiens du trône de leur principal assassin. Au milieu de qui durent se trouver souvent ces fugitifs, et les successeurs auxquels ils transmirent leur haine et leurs secrets ? au milieu d'hommes nés dans une civilisation perfectible ; au milieu des Grecs disséminés sur tout le vaste empire de Perse ; commandans et soldats dans les troupes auxiliaires de Darius; gouverneurs de ses provinces ; agens actifs du commerce dans ses ports ; au milieu de la Grèce asiatique, qui, sous le joug du grand roi, conservait, avec le culte et l'idiome de la Grèce d'Europe, l'esprit de la civilisation perfectible (1). Les événemens subsé-

---

(1). Un indice puissant appuierait notre assertion, si le poëme attribué à Phocylide, était en effet de cet auteur. « Abstiens-toi *des livres magiques,* » y est-il dit, *vers* 138. Né à Milet dans la Grèce asiatique, 637 ans avant notre ère (selon Suidas), Phocylide a dû écrire ses préceptes moraux dans l'âge mûr, et par conséquent lorsque les mages fugitifs étaient depuis vingt ou trente ans en contact avec les grecs d'Asie.

quens, et la guerre de Cyrus le jeune, contre Artaxerxe, et surtout l'ascendant qu'avait pris le roi de Perse sur la Grèce, dont il devint l'arbitre pendant et après la guerre du Péloponèse, multiplièrent, pour les Grecs, les communications intimes avec l'intérieur de l'empire. Ils avaient admiré les prodiges opérés par les mages ; du nom de ces prêtres, ils avaient donné, à l'art d'opérer des merveilles, le nom de *magie*, et ce nom était devenu bientôt assez célèbre pour qu'Euripide l'imposât à l'inspiration céleste dont Orphée avait été animé. Curieux et avide, le Grec, ainsi rapproché des mages proscrits et de leurs descendans, profita sans doute des fréquentes occasions qu'il avait de s'instruire ; et, de retour dans sa patrie, il y fit un métier lucratif de l'emploi des secrets qu'il avait dérobés au ressentiment et à la misère (1).

(1) Un savant que j'ai déjà cité, M. G. C. Horst, dans sa Bibliothèque magique, établit que l'Italie et la Grèce reçurent d'Asie et des sectateurs *des deux principes* (c'est-à-dire des adorateurs d'Ormusd adversaire d'Arhiman) les doctrines magiques qui se mêlèrent peu-à-peu avec la mythologie ancienne, fondée, dans l'un et l'autre pays, sur l'adoration de la nature divinisée. Cette opinion, on le voit, se

Les conquêtes d'Alexandre établirent les Grecs sur tous les points de cette Asie où chaque temple avait ses mystères particuliers; les prêtres nombreux de Phrygie et de Syrie ouvrirent leurs sanctuaires aux vainqueurs, et s'empressèrent de se les affilier par des initiations.

La seconde idylle de Théocrite renferme la peinture d'une conjuration, d'un enchantement opéré par une femme ordinaire; déjà donc l'usage de la magie avait pénétré bien avant dans les mœurs des Grecs. L'idylle finit par la menace d'un empoisonnement que la magie doit opérer (1) : à l'idée simple succède ainsi une idée superstitieuse ; et l'expression propre aux temples, à l'expression du fait, la seule qu'eussent employée les Grecs, avant leurs communications avec des peuples régis par les dépositaires des sciences occultes; un crime atroce n'est plus l'œuvre d'un homme, c'est le résultat de l'intervention des êtres surna-

---

rapporte au temps où les doctrines magiques pénétrèrent dans les temples, époque fort antérieure au temps où les arts magiques cessèrent d'y être concentrés.

(1) *Théocrit. Eidyll.* II. v. 160.

turels. C'est ainsi que le même Théocrite transforme en magicienne Agamède, femme célèbre par ses connaissances médicales.

La religion de l'Égypte que Cambyse avait attaquée en vain, et que ne troubla point Alexandre, fut conservée et honorée par les Ptolémées; et les Romains, maîtres de l'Égypte, la laissèrent régner en paix sur leurs nouveaux sujets. Mais les guerres extérieures et les guerres intestines avaient ruiné le peuple et appauvri les temples. L'antique religion du pays languissait, comme le pays même, courbée sous une influence étrangère. Le sacerdoce n'était plus le premier corps dans l'état. Il avait trop perdu en majesté, en puissance, en richesses, pour conserver intacte sa nombreuse hiérarchie. Pressés par la misère, des prêtres d'un ordre inférieur se répandirent en foule dans la capitale du monde, et riches de prestiges et d'oracles, mirent à contribution la superstition et la crédulité. La classe éclairée méprisa ces mendians sacrés, aussi bien que ceux qui accouraient de la Syrie et de la Phrygie : elle était occupée de trop grands intérêts et nourrie d'une philosophie trop indépendante, pour que des thaumaturges subalternes jouassent un rôle parmi les contemporains de Cicéron et de César.

Observons qu'en même temps, la disposition des esprits accélerait la dégradation de la science sacrée. Les prodiges qu'elle offrait jadis à la vénération publique rencontraient beaucoup d'incrédules : un miracle nié ou discuté est bien près d'être dévoilé dans ce qu'il peut avoir de réel. Les prêtres éprouvaient combien leur tâche, facile sous une civilisation de forme fixe, le devenait peu dans une civilisation perfectible. Ce n'était qu'avec peine qu'ils combattaient celle-ci, et son influence trop prodigue de lumières. Les oracles se taisaient, les prodiges devenaient plus rares, l'obscurité des sanctuaires diminuait avec la superstition, lorsque le triomphe du christianisme vint donner aux esprits et aux croyances une impulsion nouvelle. Voyez d'un côté, les temples détruits, les prêtres dispersés, voués à l'ignominie, à l'indigence ; quelques-uns enfin réduits pour vivre, à trafiquer des sciences sacrées ; de l'autre, la persuasion, l'enthousiasme, la légèreté, l'intérêt, l'ambition, la persécution enfin, entraînant, sous les bannières de la religion nouvelle, de nombreux transfuges, prompts à l'enrichir des secrets magiques propres au diverses croyances qu'ils abandonnaient. Le miracle qui dissipa les ouvriers envoyés par Julien pour relever le temple de Jérusalem, prouva que les chrétiens aussi connaissaient les procédés dont les anciens thaumaturges avaient fait usage avec un succès éclatant. Alors l'ancienne religion reçut un coup mortel ; ses adversaires pouvant également la combattre avec ses propres armes, ou dévoiler au grand jour la faiblesse de ses prestiges.

Aussi long-temps que le polythéisme subsista, détesté et non encore proscrit par l'autorité suprême ; aussi long-temps que ses temples debout, ou leurs ruines récentes rappellèrent un culte auquel se rattachaient tant de souvenirs, le soin le plus pressant de ses adversaires fut de montrer la fausseté de ses miracles, comme l'absurdité de ses dogmes. Mais peu à peu le lierre et la mousse couvrirent des décombres au milieu desquels le zèle persévérant ne rassemblait plus les adorateurs ; l'habitude, le cours des choses, la nécessité poussèrent dans la nouvelle route, les populations entières : on cessa de combattre ce qu'on avait cessé de craindre ; on cessa d'armer contre la crédulité, la raison dont les progrès pouvaient s'étendre un jour au-delà du but prescrit à ses efforts.

Les débris des sciences sacrées restèrent entre les mains de deux classes d'hommes bien différentes.

1° Aux prêtres d'un ordre supérieur, aux disciples éclairés des sages de Babylone, de l'Étrurie, de la Perse, de l'Égypte et de l'Hindoustan, s'étaient réunis les successeurs de ces philosophes théurgistes qui, dès le second siècle, avaient essayé de relever le polythéisme en transformant ses légendes en allégories morales, et ses prestiges en œuvres divines, opérées à la voix de l'homme vertueux, par les puissances célestes. Tous ensemble, professant moins l'ancien polythéisme, que le culte d'une divinité unique, adorée sous mille noms divers dans les diverses religions, ouvrirent des écoles de philosophie où les chrétiens, amis des lumières, se crurent permis d'en venir chercher : une théosophie platonicienne et une morale austère et exaltée y formaient le fond de la doctrine. Mais on y révérait aussi la mémoire des hommes qui, grace à leur piété, mis en communication avec les êtres surnaturels, en avaient obtenu le don des œuvres merveilleuses. La juste crainte d'entendre discuter, nier ou avilir leurs miracles par des adversaires trop puissans, y avait ranimé l'ancien esprit de mystère ; plus que jamais on y faisait un devoir religieux de se taire sur tout ce que l'on possédait encore de leurs enseignemens. Synésius reproche amèrement à l'un de ses amis d'avoir révélé à des auditeurs non initiés, une partie de la doctrine secrète des philosophes (1). L'ouvrage entier de Lydus sur les prodiges, et le passage de Damascius que nous avons cité, prouvent à quel point ces deux derniers se croyaient encore étroitement liés par leurs promesses de silence (2). Les initiés de Memphis, les disciples des

(1) *Synes.* epist. 143.
(2) On retrouve bien plus tard la trace de cette habitude de mystère : ce n'est qu'au XIIe siècle que Tzetzès et Zonaras ont révélé le secret du miroir d'Archimède ; quoique ce miroir eût été employé par Proclus, au commencement du VIe siècle, pour incendier la flotte de Vitalien qui assiégeait Constantinople.

prêtres étrusques n'auraient pas tenu un langage plus réservé.

Sous le rapport des dogmes philosophiques, il serait possible de suivre en Grèce, puis en Italie après la prise de Constantinople, les traces de l'influence subsistante de ces écoles. Cela est moins aisé pour ce qui concerne la science occulte : les fondateurs des écoles l'ont sûrement possédée ; mais sa transmission n'est que probable ; combien d'accidens pouvaient l'ensevelir dans le mystère dont on ne la laissait sortir qu'avec de si grandes précautions! Quelques faits cependant viennent répandre un peu de jour sur cet intéressant problème.

La doctrine des Théurgistes, qui transformait en êtres surnaturels, en *génies*, les substances dont se servait la science expérimentale et les hommes qui les mettaient en usage, revit tout entière dans la doctrine cabalistique des modernes. Elle aussi, pour produire des œuvres merveilleuses, fait agir des génies et les soumet au pouvoir du sage qu'elle illumine de ses clartés. Les génies de la terre, de l'eau, de l'air et du feu sont répandus dans les quatre *élémens* où la physique, alors reçue, plaçait les principes de tous les corps. N'avons-nous pas retrouvé, dans les *gnomes*, les ouvriers qui exploitent les mines? Les détails brillans et romanesques dont une imagination vive a paré le fond des principes des cabalistes, n'empêche pas que l'identité des deux doctrines ne demeure reconnaissable.

On sait quel pouvoir sublime est attaché à la syllabe **OM** (**OUM**), qui désigne la *Trimurti* hindoue, composée de Shiva, Wishnou et Brama : en la prononçant, l'homme pieux s'élève à l'*intuition intellectuelle* des trois Divinités réunies. Ce nom divin et son énergie mystérieuse sont rappellés dans deux livres de magie publiés en Allemagne au commencement du seizième siècle (1). N'est-ce point là un dernier anneau de la chaîne qui, malgré l'éloignement immense des contrées et des âges, malgré la différence des idiômes et des religions, rattache aux doctrines transcendantes de l'Hindoustan, les débris qu'en avaient conservés les adeptes modernes.

(1) Ils sont cités dans la *Bibliothèque magique* de M. Horst.

Des inventions qui, dans l'antiquité, firent éclore tant de miracles, quelques-unes se sont réfugiées dans les écrits des hommes que le moyen âge admirait ou persécutait comme versés dans les sciences occultes (1). Il est certain qu'à cette époque de ténèbres, les savans se sont souvent transmis le dépôt de leurs connaissances, par l'intermédiaire de sociétés secrètes, qui ont subsisté presque jusqu'à nos jours sous le nom de *Rose-Croix*, ou sous d'autres noms également énigmatiques. L'un des plus beaux génies dont se puissent honorer l'Europe et le genre humain, Leibnitz, pénétra, à Nuremberg, dans une de ces sociétés; et de l'aveu de son panégyriste (2), il y puisa une instruction qu'en vain peut-être il eût cherchée ailleurs. Ces réunions mystérieuses étaient-elles les restes des anciennes initiations savantes? Tout porte à le croire : non-seulement, les épreuves et les examens qu'il fallait subir avant

---

(1) *Albert le grand*, l'abbé *Trithème*, le cordelier *Barthélemi*, *Robert Flud*, *Roger Bacon*, etc.

(2) Fontenelle. *Éloge de Leibnitz. Éloges des académiciens.* tom. 1. pag. 464-465.

d'y entrer ; mais surtout la nature des secrets qu'elles possédaient et la manière dont elles paraissaient les avoir conservés. Quelquefois en effet, dans les écrits des auteurs du XIIe et du XIIIe siècle, on retrouve tout entières les connaissances thaumaturgiques et leurs applications. Plus souvent, le souvenir des prodiges qu'elles opéraient jadis subsiste seul dans l'oubli où sont tombés les moyens qui avaient dû y conduire. C'est ainsi du moins que l'on est tenté d'interpréter ces mêmes auteurs, quand ils annoncent comme possibles à leur art, des œuvres si merveilleuses, qu'il faudrait leur accorder la gloire d'avoir retrouvé, avant Buffon, le miroir ardent d'Archimède, d'avoir inventé le télégraphe, etc., etc., si, à côté de leurs promesses, ils indiquaient les procédés propres à les effectuer.

Leur silence, cependant, n'est pas une preuve décisive de leur ignorance : amoureux du mystère, et fiers d'une possession exclusive, ils n'étaient savans que pour eux-mêmes et pour un petit nombre d'adeptes; ils se taisaient ou ne s'exprimaient qu'en allégories (1). Mais ce silence, cet amour du mystère sont un trait de ressemblance qui rappelle les écoles théurgiques au sein desquelles déposa ses secrets le Polythéisme expirant. Ce qui semble encore assigner la même origine aux connaissances des membres des sociétés secrètes, c'est l'horreur, l'effroi, l'esprit de persécution que leur science inspirait; sentimens d'autant plus énergiques qu'on supposait la science plus étendue. Un souvenir confus les désignait comme les héritiers des prêtres polythéistes, des ministres de ces dieux détrônés qui n'étaient plus que les génies du mal et des ténèbres.

Ayant porté ses conquêtes plus loin que les Romains n'avaient étendu leur empire, et se soumettant les vainqueurs même des Romains, le christianisme, fort de plus de six siècles d'existence, semblait n'avoir à craindre que les dissensions sans relâche re-

(1) Au XVIe siècle, Léopold d'Autriche, fils du duc Albert II, donna un tableau des *Paranatellons des Décans* (imprimé à Venise en 1510. Voyez Dupuis *Origine de tous les cultes*, tom. XII. pag. 127-128). C'est un extrait de la *Sphère persique*. Mais Léopold, au lieu de transcrire les indications positives, n'en a emprunté que les figures emblématiques.

naissantes entre ses enfans, lorsque, sur un point du globe presque ignoré, un homme parut. Étranger aux ressources des sciences occultes, il a le courage de s'en passer ; et le premier parmi les hommes, Mahomet fait croire à une révélation, il fonde une religion, en déclarant que le Dieu qu'il annonce lui a refusé le don d'opérer des miracles. Dans la Syrie, l'Égypte, la Perse, rapidement conquises, ses farouches sectateurs bouleversent la civilisation : dans la Perse, surtout, leur fanatisme poursuit avec une rage implacable, les mages, dépositaires des sciences religieuses. Quatre cents ans plus tard, au nom de l'islamisme encore, et animés de l'enthousiasme destructeur qu'il ne peut manquer d'inspirer à des hordes sauvages, les Turcomans inondent l'Asie, du pied du Caucase, aux bords de la mer Rouge, du golfe persique et du Pont-Euxin : la barbarie semble devoir à jamais y régner avec eux.... Des causes semblables produisent de semblables effets ; et à ces deux époques, les secrets des sciences occultes se répandent au dehors par suite de la dispersion de leurs possesseurs. Dès le VIIIe siècle, tranquilles au sein de leurs conquêtes, les Arabes s'adonnèrent avec passion à l'étude de la magie ; ils lui demandèrent l'art de faire de l'or et de découvrir les trésors cachés : vœu naturel à une population amollie par le luxe, et à qui le despotisme ne laissait connaître de propriétés assurées que celles que l'on pouvait emporter en fuyant. Au onzième siècle, lorsque les Musulmans civilisés redoutèrent à leur tour le fanatisme de leurs nouveaux frères, les rapports des Européens avec les Arabes et les Maures avaient pris une grande activité ; et l'on observe qu'alors le commerce de ceux-ci infecta de superstitions magiques (1) les sciences qu'ils avaient apportées en Occident. De diverses contrées de l'Europe, les étudians accouraient pour fréquenter les écoles de sciences occultes ouvertes à Tolède (2), à Séville, à Salamanque (3). L'école de Tolède était la plus célèbre : l'enseignement s'y perpétua du

---

(1) Tiedmann. *De Quaestione* etc. etc. pag. 97

(2) « Complures ex diversis regionibus scholares apud To-« letum student in arte necromanticâ. » Ainsi s'exprime *Caesar de Heisterbach*, écrivain de la fin du XIIe ou du commencement du XIIIe siècle... *Illustr mirac. et hist. mir.* lib. v. cap. 4. p. 207 (édition de 1605).

(3) Frommann. *Tract. de Fascin.* pag. 173-174.

XIIᵉ siècle jusqu'à la fin du XVᵉ (1). Les sociétés occultes d'Europe prirent une part active à ces communications : c'est par les adeptes dont elles se composaient, que nous avons connu la plupart des inventions physiques et chimiques des Arabes.

2° C'est dans la classe la moins relevée de la société que furent recueillis en partie les secrets du polythéisme : l'avilissement de la religion détruite donna les plus ignorans des hommes pour successeurs, aux Thaumaturges qui avaient si long-temps dominé les peuples et les rois.

Le vulgaire peut être détrompé d'un prestige et des imposteurs qui osaient s'en prévaloir ; mais tant que sa raison n'a pas été développée par une saine instruction, ses préventions superstitieuses ne meurent point ; elles n'abandonnent un objet que pour se porter sur un autre..... Voilà ce qu'entrevirent des ministres subalternes du polythéisme, des hommes dont la science se bornait presque à des mots, et les secrets

---

(1) Voyez le *Commentaire* de Leduchat sur *Rabelais*. liv. III, chap. 23. note 9.

à l'art de persuader qu'ils en possédaient beaucoup et de très-redoutables. Oubliant leurs dieux méprisés, ils parlèrent de démons, de génies, de *sorts* dont ils dirigeaient à leur gré l'action terrible ou bienfaisante.

Vers le milieu du VIe siècle, les Francs et les Visigoths portèrent des lois sévères contre la magie, c'est-à-dire, contre la dernière classe des magiciens ; les secrets de la haute théurgie étaient gardés avec trop de soin pour se répandre chez les barbares, au point de les allarmer. De telles lois prouvent que déjà cette classe était nombreuse, et puissante partout sur l'esprit de la multitude.

Dès le commencement du Ve siècle, en effet, saint Augustin parle du *Sabbat* et des assemblées de sorcières : avant cette époque, on ne citait que des magiciennes isolées, telles que celles dont Apulée et Lucien racontent les prestiges. Ceci est remarquable : l'idée de *Sabbat*, de réunions, implique celle d'une société organisée qui reconnaît, dans son sein, des grades et des chefs ; en un mot l'idée d'une initiation. Descendue dans la lie de la société, elle en porte la teinte ignoble ; mais enfin, c'est une initiation. Non contens de vendre des miracles, les magiciens subalternes communiquaient donc le don d'en opérer ; ils imitaient les épreuves, les sermens, les révélations et les spectacles des initiations anciennes.

Sommes-nous en droit de donner pour successeurs aux sorciers du Ve siècle, les sorciers dont les réunions ont été déférées à tous les tribunaux de l'Europe, jusque dans le XVIIIe siècle ?

Déjà nous avons tenté un rapprochement analogue, entre les sociétés secrètes formées par les savans du moyen âge, et les écoles des philosophes théurgistes. Mais là, c'est sur les formes et le secret de la réception qu'ont porté les altérations produites par le temps ; les connaissances que l'on voulait conserver, subsistèrent aussi long-temps du moins que l'on en put comprendre l'énoncé. Ici, au contraire, le but de l'initiation et son histoire sont également tombés dans l'oubli: pour remonter à son origine, nous n'aurons que quelques traces informes des pratiques et des fictions qu'elle mettait en usage, et qu'ont pu conserver d'abord la ruse et la cupidité, empressées de trouver des dupes; et ensuite la crédulité ignorante et la curiosité qu'aiguisait l'ennui d'une vie sans jouissances et sans avenir.

Diverses considérations montrent qu'un tel rapprochement n'a rien de forcé. M. Tiedmann soupçonne que plusieurs mots barbares, usités dans les opérations de sorcellerie, ne sont que des mots latins ou grecs, mal lus et mal prononcés par des ignorans (1); mots qui, dans l'origine, firent sans doute partie de formules d'opérations ou d'invocations. Rien de plus probable : c'est ainsi que les trois mots inintelligibles en grec, *Kongx*, *Om Panx*, que prononçait le grand-prêtre à la clôture des mystères d'Eleusis, ont été reconnus, par le capitaine Wilford, pour les mots samscrits, *canscha*, *om*, *panscha*, que prononcent chaque jour les brahmes, en terminant leurs cérémonies religieuses (2).

N'avons-nous pas remarqué aussi, dans les invocations des sorciers modernes, un mélange d'idées astrologiques dont on ne peut pas leur attribuer l'invention, puisque sûrement ils ne les comprenaient pas, et qu'ils

---

(1) Tiedmann. *De Quaestione* etc. etc. pag. 102-103.
(2) *The monthly repertory*, tom. XXIII. pag. 8.

ont dû les recevoir de prédécesseurs plus instruits ?

Pour se transporter au *sabbat*, ou plutôt pour rêver qu'ils s'y transportaient, les sorciers se frottaient le corps d'une certaine pommade : le secret de la composer, secret qui leur a été si souvent funeste, est le dernier, le seul peut-être qu'ils eussent conservé. Un sommeil subit, profond, durable, comateux, des visions tristes et lugubres mêlées de mouvemens voluptueux, voilà, en général ce que produisait l'onction magique, dont l'effet combinait ainsi les deux mobiles les plus puissans sur l'âme humaine, le plaisir et la terreur. Le choix des substances énergiques dont la pommade se composait, la découverte de leur vertu et de la manière de les employer, ne peuvent être attribués aux sorciers modernes que l'on a rencontrés toujours dans la classe la plus pauvre et la plus ignorante : ces connaissances, n'en doutons point, descendent d'une source plus élevée. La magie ancienne usait d'onctions mystérieuses ; Lucien et Apulée (1) décrivent

---

1) *Lucian... Lucius sive asinus. Apul. Métamorph.* lib. iv.

celles que pratiquaient Pamphila et l'épouse d'Hipparque ; et ces deux écrivains n'ont fait que copier les *Fables milésiennes*, déjà célèbres par leur antiquité autant que par leur agrément.

L'onction magique, ainsi que nous l'établirons bientôt (1), n'avait d'effet, dans les temps modernes, que par les rêves qu'elle enfantait. Mais, dans l'initiation primitive et dans des réunions réelles, composée d'ingrédiens moins soporifiques, elle a dû servir à disposer les adeptes aux mystères qu'ils allaient célébrer, en sorte qu'ils y apportassent d'avance cette ivresse morale, cette frénésie de croyance, si nécessaires pour créer et entretenir la superstition et le fanatisme.

Pouvons-nous retrouver quelques vestiges de l'initiation primitive ?

Dans les aveux arrachés par la torture aux prétendus sorciers, sur ce qui se passait au sabbat, on voit, au milieu de détails variés avec toute l'incohérence d'un délire stupide, on voit se reproduire un certain nombre

---

(1) Voyez ci-après. chap. 18.

d'idées uniformes. C'est, dit M. Tiedmann (1), parce que l'on tourmentait ces malheureux jusqu'à ce qu'ils eussent confessé tout ce dont on les accusait, et que les accusations étaient toujours identiques, conformément aux idées reçues parmi les juges. Mais ces idées bizarres, et pourtant suivies et liées entre elles, les magistrats ne les avaient point inventées : qui les avait originairement imprimées dans leur esprit, sinon des récits fondés sur des actions réelles ou sur des souvenirs conservés par une longue tradition? Le fond commun à tous les aveux, qui se composait de ces idées, peignait donc probablement, avec les altérations que le temps et l'ignorance n'avaient pu manquer d'y apporter, quelques cérémonies pratiquées jadis dans des initiations subalternes.

Que ces initiations se rattachassent aux derniers restes des cultes détruits, c'est ce qu'il est naturel de croire, et ce que divers indices rendent probable. Si, il y a cent cinquante ans, comme au temps de nos anciens druides, on attribuait des vertus magiques au gui de

(1) Tiedmann. *De Quaestione*, etc. pag. 137-138.

chêne (1); si journellement, les observateurs attentifs retrouvent au fond des campagnes, des légendes, des superstitions et des usages qui émanent des anciennes religions, combien, à une époque moins éloignée de celle de leur splendeur, ces religions n'avaient-elles pas conservé d'influence sur les habitudes et les croyances de la multitude ! Les prêtresses du polythéisme et les druïdesses, retirées loin des villes, conservèrent long-temps la confiance et la considération des peuples. Grégoire de Tours parle de l'existence de *Pythies*, dans les Gaules; en 798, on voit des devineresses, proscrites, sous le nom de *Striae*, par les capitulaires de Charlemagne. Bien plus tard, une foule de femmes et d'hommes de la campagne s'assemblaient encore la nuit, dans des lieux déserts, pour célébrer, par des festins, des courses et des danses, le culte de *Diana*, ou de dame *Abunde*, appelée aussi *Hèra*, du nom grec de Junon (2). Il paraît que le prêtre qui pré-

(1) Fromann. *Tract. de Fasc.* pag. 697.
(2) Voyez Dulaure. *Histoire de Paris*. 1re édition. tom. v. pag. 259 et suivantes... Carpentier. *Glossar.* verbis *Diana et Holda*.

sidait à l'assemblée était vêtu d'une peau de bouc, portait un masque cornu et barbu, et figurait ainsi Pan, la divinité de Mendès, que les Grecs empruntèrent à l'Egypte. Comme dans quelques cérémonies secrètes du polythéisme, d'autres prêtres y portaient probablement aussi des déguisemens d'animaux. Les noms de *Diana*, de *Hèra*, le souvenir de *Pan* nous reportent à la religion que renversa le christianisme : mais ne retrouvons-nous pas aussi les détails qui se répètent dans tous les aveux des sorciers ; les danses, les courses, les festins; le bouc que l'on adore ; les animaux divers qu'une imagination frappée transforma en démons, et qu'elle supposa servir de monture aux principaux personnages qui se rendaient à la cérémonie? Maxime de Turin, au V° siècle, signalait, dans de pareilles réunions, un reste de paganisme. Sept cents ans plus tard, Jean de Salisbury en a parlé. Il en est fait mention au XIV° siècle; mais il est douteux qu'alors elles eussent lieu réellement : le roman de la Rose dit que les personnes qui croyaient s'y rendre et s'y réunir *avec le tiers de la population,* étaient *deçues par une illusion..........* Dès ce temps, les réunions et les cérémonies du sabbat étaient donc tombées en désuétude ; elles n'existaient plus que dans les rêves des sorciers.

Après avoir essayé de renouer la chaîne historique qui unit les misérables qu'une ignorance stupide conduisait à la mort comme sorciers, et les derniers dépositaires des anciennes connaissances occultes, on voudrait, parmi ceux-ci, distinguer les créateurs de la magie subalterne, de *la sorcellerie*. Des hommes, sortis de divers temples, et possesseurs de secrets différens, ont concouru sans doute à lui donner de l'extension : mais nous soupçonnons qu'elle a été fondée par ces prêtres égyptiens du dernier ordre, que, dès le commencement de l'empire romain, on vit errer partout ; publiquement méprisés, consultés en secret, et qui durent naturellement chercher des prosélytes dans la classe la plus ignorante de la société. L'apparition et l'adoration d'un *bouc* faisaient une partie essentielle des cérémonies du sabbat ; le *chat* aussi y jouait un grand rôle, pour son malheur, puisque souvent il a partagé l'horreur qu'inspiraient les sorciers : on sait combien le culte du chat et du bouc était ancien en Égypte. On sait aussi quelle importance a la *clef*, dans la sorcellerie, quelles guérisons ont opérées la *clef* de saint Jean, la *clef* de saint Hubert, etc. : la *Crux ansata*, si fréquemment reproduite sur les monumens égyptiens, était une *clef* (1) ; les idées religieuses qui la mettaient à la main des principales divinités de l'Égypte, nous découvrent, dans la *clef*, l'hiéroglyphe de la souveraine puissance.

La *Pseudo-monarchia daemonum* nous paraît également avoir une origine égyptienne ; fait important, puisque la plupart des noms que cet écrit renferme, sont reproduits, avec peu d'altération, dans les *livrets* de sorcellerie qu'on rencontre dans les campagnes. Des *génies* de la *Pseudo-monarchia*, l'un est une *vierge-poisson*, figure propre aux planisphères égyptiens ; l'autre un vieillard vénérable, à cheval sur un *crocodile*, et portant sur le poing un *épervier*. Celui-ci se montre sous la forme d'un *chameau* qui parle très-bien la langue égyp-

---

(1) *Encyclop. méthod. Antiquités.* Article *Clef.*

tienne (on sait que le *chameau*, dans l'astronomie des Arabes, remplace la constellation d'Hercule-agenouillé) (1); celui-là, qui paraît tantôt un *loup*, tantôt un *homme* montrant, comme *Anubis*, une mâchoire de *chien*, c'est *Amun* ou *Amoun*, dont le nom décèle l'origine; *Amoun*, dieu-univers, dieu caché, que le prêtre égyptien suppliait de se manifester à ses adorateurs (2).

Nous avons dû donner de l'étendue à cette discussion : si les inductions que nous en avons tirées ont de la vraisemblance, elles nous autorisent à citer quelque fois, dans nos recherches, des prestiges modernes, comme empruntés aux anciennes connaissances, ou propres à expliquer, par analogie, les miracles des anciens; et en même temps elles nous montrent, se prolongeant presque jusqu'à nos jours, et les erreurs nées chez la classe ignorante, à l'occasion du mystère dont s'enveloppait la science, et le préjudice que ce mystère a porté à l'esprit humain, en com-

---

(1) *J. Scaligeri notae in M. Manilium.* pag. 484.
(2) Suivant Hécatée d'Abdère, cité par Plutarque. *Plutarch. de Isid. et Osirid.*)

primant les progrès de la science, en la faisant périr silencieusement entre les mains de la classe éclairée.

CHAPITRE X.

Énumération des merveilles que la pratique des sciences occultes donnait au Thaumaturge la possibilité d'opérer.

Le théâtre où se réunissent tant de prodiges pour éprouver le courage des initiés, subjuguer leur raison, exalter leur enthousiasme, récompenser leur constance, le sanctuaire va s'ouvrir. Soumis depuis plusieurs jours à des préparations variées dont on lui cache le but, dont les formes religieuses lui dérobent même la nature, l'aspirant est entré dans une carrière de miracles, dont il ne connaît point l'issue, dont il ignore s'il lui sera permis de sortir vainqueur.

Immobile d'abord, et comme enchaîné au sein de ténèbres aussi profondes que celles des enfers, si, par momens, de vifs éclairs viennent fendre la nuit qui l'environne, c'est pour lui en découvrir l'horreur. A leurs feux effrayans, il entrevoit, sans pouvoir les discerner, des figures monstrueuses, des spectres ; il entend près de lui siffler les serpens, hurler les bêtes féroces, les rochers s'écrouler avec fracas, et l'écho répéter et prolonger au loin ces bruits épouvantables. Dans un intervalle de calme, telle est encore son émotion qu'un bruissement léger, un son agréable, le font tressaillir (1)... La scène s'éclaire, et soudainement, il voit changer, autour de lui, l'aspect des lieux et leur décoration ; la terre tremble sous ses pas et tantôt s'élève en montagne, et tantôt s'abîme en un gouffre profond ; il se sent lui-même enlever ou entraîner avec rapidité ; et rien ne lui révèle à quelle impulsion il obéit. Sous ses yeux, les peintures et les marbres semblent s'animer ;

---

(1) J'ai emprunté ces traits à la peinture éminemment poëtique que fait l'auteur du *Livre de la Sagesse*, (Chap. XVII) des terreurs qui tourmentèrent les Egyptiens durant *trois jours de ténèbres*... Dans tout autre ouvrage, on croirait lire une description des *terreurs* auxquelles le récipiendaire était exposé dans les épreuves de l'initiation.

le bronze verse des larmes ; de pesans colosses se meuvent et marchent ; des statues font entendre un chant harmonieux. Il avance, et des monstres terribles, des centaures, des harpies, des gorgones, des hydres à cent têtes l'environnent, le menacent; images dépourvues de corps, et qui se jouent également de sa frayeur ou de son courage. Des fantômes offrant la ressemblance parfaite d'hommes que la tombe récèle depuis long-temps, d'hommes qui furent les objets de son admiration ou de son attachement, voltigent sous ses yeux, et trompent sans cesse ses embrassemens qu'ils paraissent chercher. Le tonnerre gronde, la foudre éclate, l'eau s'embrase et roule en torrent de feu. Un corps sec et solide fermente, se fond et se transforme en flots de sang écumeux. Là, des infortunées s'efforcent en vain de remplir une urne peu profonde ; le liquide qu'elles ne cessent d'y verser ne s'élève jamais au-dessus de son niveau. Ici, des amis de la divinité prouvent leurs droits à ce titre, en bravant l'eau bouillante, le fer rouge, l'airain fondu, les bûchers ardens ; ils commandent en maîtres aux animaux sauvages, aux animaux féroces ; ils ordonnent, et d'énormes serpens viennent ramper à leurs pieds ; ils saisissent les aspics, les cérastes ; ils les déchirent, sans que ces reptiles osent se venger par une morsure. L'aspirant, cependant, a entendu près de lui une voix humaine ; elle l'appelle, elle répond à ses questions, elle lui intime des ordres, prononce des oracles : et tout ce qui l'environne est inanimé ; et plus il approche du lieu d'où les paroles semblent sortir, moins il aperçoit la cause qui les produit, la voie par laquelle elles parviennent à son oreille. Au fond d'un souterrain étroit, inaccessible au jour, une lumière aussi vive que celle du soleil, brillant tout-à-coup, lui découvre, jusque dans un lointain immense, des jardins enchantés, un palais dont l'éclat et la magnificence le forcent à reconnaître le séjour immortel des dieux. Là, les dieux lui apparaissent ; les signes les plus augustes ont révélé leur présence. Son œil les voit, son oreille les entend.... Sa raison troublée, sa réflexion égarée, sa pensée absorbée par tant de miracles, l'abandonnent : enivré, hors de lui, il adore les preuves glorieuses d'un pouvoir sur-humain, et la présence certaine de la Divinité.

Quelque éclatantes que soient ces merveilles, elles ne paraîtront rien à l'initié, au prix des connaissances qui lui sont réservées, si sa naissance, son courage, son zèle, son génie l'appellent à prendre place un jour dans les rangs les plus élevés du sacerdoce. Tout ce qui l'a frappé d'admiration, il saura l'opérer lui-même; et le secret de merveilles encore plus importantes lui sera révélé.

Ministre d'une divinité tour-à-tour bienfaisante et vengeresse, mais toujours toute puissante, l'homme et les élémens t'obéiront. Tu étonneras la multitude en t'abstenant de nourriture ; et tu la pénètreras de reconnaissance en rendant saine la boisson impure que l'excès de la soif la force d'accepter. Tu troubleras l'esprit des hommes ; tu les plongeras dans une stupidité animale ou dans une rage féroce, ou tu leur feras oublier leurs maux, tu les affranchiras du pouvoir de la douleur; tu exalteras jusqu'au fanatisme leur audace et leur docilité ; tu combleras, dans des visions, leurs désirs les plus ardens ; souvent même, sans intermédiaire matériel, maître de leur imagination, tu agiras sur leurs sens, tu domineras leur volonté. Arbitre de leurs différens, tu n'auras pas besoin, comme eux, d'interroger des témoins, de balancer des déclarations : une épreuve simple te suffira pour distinguer l'innocent et l'homme véridique, du criminel et du parjure, atteints, devant toi, d'une mort douloureuse et inévitable. Dans leurs maladies, les hommes t'imploreront, et à ta voix, le secours du Ciel dissipera leurs maladies ; tu arracheras même à la mort sa proie déjà saisie. Malheur à qui t'offenserait ! Tu frapperas de lèpre, d'aveuglement, de mort, les coupables ; tu défendras à la terre de leur donner ses fruits ; tu empoisonneras l'air qu'ils respirent ; l'air, les vapeurs te fourniront des armes contre tes ennemis. Le plus terrible des élémens, le feu deviendra ton esclave : il naîtra spontanément à ta voix, il éblouira les yeux les plus incrédules, et l'eau ne pourra l'éteindre ; il éclatera, terrible comme le tonnerre, contre tes victimes, et déchirant le sein de la terre, il la forcera à les engloutir, et à les lui donner à dévorer. Le ciel même reconnaîtra ton pouvoir : tu prédiras au désir et à la crainte, les variations de l'atmosphère et les convulsions de la terre. Tu détourneras la foudre ; tu te joueras de ses feux ; et les hommes tremblans te croiront le pouvoir de la lancer sur leurs têtes....... Tels sont les dons de la divinité qui nous inspire ; tels sont les moyens de conviction par lesquels nous devons enchaîner au pied de ses autels, tous les hommes, quels que soient leurs rangs hors du temple, tous créés pour croire, adorer et obéir.

Ces promesses immenses, les sciences occultes ont su les remplir : mille fois l'œil attentif a vu ces miracles, quand l'enthousiasme défendait de remonter à leurs causes. Et nous aussi, à qui cette recherche est permise, à qui elle est prescrite, nous croirons à ces miracles, nous les admirerons dans la variété des connaissances nécessaires pour les produire : non que nous perdions de vue combien, dans l'ombre du mystère, il s'y mêlait d'adresse, de charlatanisme, d'imposture, nous-mêmes avons signalé ce honteux alliage ; mais, dégagé des impuretés qui le souillent, le métal précieux recouvre tout son éclat et toute sa valeur.

CHAPITRE XI.

Merveilles opérées par la mécanique : planchers mouvans ; automates ; essais dans l'art de s'élever en l'air.

Dans les prestiges dont se composaient les épreuves et les spectacles des initiations, on ne peut méconnaître, au premier coup d'œil, les secrets d'une mécanique et d'une acoustique ingénieusement appliquées ; les savantes illusions de l'optique, de la perspective et de la fantasmagorie ; diverses inventions appartenant à l'hydrostatique et à la chimie ; l'emploi habile d'observations pratiques sur les mœurs et sur les sensations des animaux ; enfin, l'usage de ces secrets, pratiqués dans tous les temps, et retrouvés toujours avec surprise, qui préservent de l'atteinte du feu, nos organes si frêles, notre chair si aisément vulnérable.

On ne retrouve pas, dans les écrits des anciens, l'indication positive de la possession théorique de toutes ces connaissances ; mais les effets parlent, et nous forcent d'admettre l'existence des causes. Il est plus sage d'en convenir, nous le répétons, que d'arguer gratuitement de mensonge, tant de récits dont le progrès des sciences a fait disparaître, à la fois, le merveilleux et l'impossibilité. Ce que les anciens disent avoir fait, nous possédons les moyens de le faire : des moyens équivalens leur étaient donc connus. A ceux qui rejetteraient la conséquence, je demanderai si l'histoire des sciences de l'antiquité, cette histoire enveloppée volontairement de tant de ténèbres, nous est parvenue si détaillée et si complète, que nous puissions, avec certitude, en définir l'étendue et en fixer les limites ?

Ce ne sera pas du moins pour ce qui concerne la mécanique que nous oserons l'entreprendre. « La science de construire des « machines merveilleuses dont les effet semblent renverser l'ordre entier de la nature », la mécanique, car c'est ainsi que Cassiodore (1) la définit, a été portée, chez les anciens, à un point de perfection que les modernes n'ont pu atteindre pendant long-temps, et qu'aujourd'hui même ils ont à peine surpassé. Il suffirait de citer Archimède : ses inventions peuvent nous rendre crédules sur les miracles que la mécanique opérait dans les temples. Mais observons-le : ce grand homme, trop séduit par la doctrine de Platon, attachait un prix médiocre aux applications les plus brillantes de la science ; il n'estimait que la théorie pure et les recherches spéculatives. On croit même (2), quoique peut-être à tort (3), sur

----

(1) *Cassiodor. Variar.* lib. 1. cap. 45.

(2) *Plutarch. in Marcell.* § 18 et § 22.

(3) Cassiodore (*Variar.* lib. 1. cap. 45.), dans le recensement des ouvrages que Boëce avait traduits du grec en latin, indique positivement un *Traité de mécanique d'Archimède*; « mechanicum *etiam* Archimedem *latialem siculis reddidisti.* » L'épithète donnée à chaque auteur, par Cassiodore, exprime le titre ou le sujet de l'ouvrage traduit : « *Pythagoras* musicus; *Plato* theologus; *Aristoteles* logicus ». Nous possédons encore le *Traité de musique* de Boëce. Le sens du mot *mechanicus* est d'ailleurs mis hors de doute, par la suite de cette lettre où Cassiodore donne de la mécanique, la définition que nous avons citée. Si l'on se rappelle que Plutarque n'est pas, quand il s'agit de faits, une autorité infaillible, on sera porté à accorder quelque poids à l'assertion de Cassiodore,

le témoignage de Plutarque, qu'il n'a laissé rien d'écrit sur la construction de ces machines qui lui avaient acquis tant de gloire. Seul, le thaumaturge connaissait toute la valeur des secrets que pouvait lui fournir la pratique de la science ; et l'injuste dédain des philosophes l'aidait à tenir les moyens de sa puissance renfermés dans une obscurité inabordable.

Dans les mystères infâmes dénoncés à la sévérité des magistrats romains, l'an 186 avant notre ère, et qui, sans doute, dérivaient d'initiations plus anciennes, *certaines machines enlevaient et faisaient disparaître* des malheureux qui, disait-on, étaient ravis par les dieux (1). Voilà comment, en d'autres cas, l'aspirant à l'initiation se sentait subitement enlever..... On s'étonnerait que l'artifice, dévoilé cette fois, continuât d'être adoré dans d'autres mystères, si la crédulité

---

contemporain et ami de Boëce ; on désirera du moins que, dans les bibliothèques riches en manuscrits, on fasse des recherches pour découvrir cette traduction d'un traité dont l'original, s'il a jamais existé, semble avoir depuis long-temps disparu.

(1) *Tit. Liv.* lib. xxix. cap. 13.

humaine ne nous offrait à chaque pas le spectacle de contradictions aussi palpables.

Pour descendre dans la grotte de Trophonius, ceux qui venaient consulter l'oracle se plaçaient dans une ouverture trop étroite pour livrer passage à un homme d'une grosseur moyenne. Cependant, dès que les genoux y avaient pénétré, on se sentait entraîné en dedans avec rapidité. Au mécanisme qui agissait sur l'homme, il s'en joignait donc un autre qui élargissait subitement l'entrée de la grotte (1).

Les sages de l'Inde conduisent Apollonius vers le temple de leur dieu, en chantant des hymnes, et formant une marche sacrée. La terre qu'ils frappent en cadence de leurs bâtons, se meut comme une mer agitée, et les élève presqu'à la hauteur *de deux pas*; puis se rasseoit, et reprend son niveau (2). Le soin de la frapper avec les bâtons trahit le besoin d'avertir l'ouvrier qui, placé au-dessous d'un théâtre mouvant et recouvert de

---

(1) Clavier. *Mémoire sur les oracles anciens.* pag. 149-150.
(2) Philostrat. *De vit. Apoll.* lib. III, cap. 5.

terre, le soulève par un mécanisme assez facile à concevoir.

Si l'on en croit Apollonius (1), les sages de l'Inde pouvaient seuls exécuter ce miracle. Il est probable néanmoins qu'un secret analogue existait dans d'autres temples. Des voyageurs anglais (2) ont visité, à Éleusis, les restes du temple de Cérès. Le pavé du sanctuaire est brut et non poli; il est beaucoup plus bas que celui du portique voisin. Il existait donc, au niveau de celui-ci, un plancher en bois qui cachait, au-dessous du sanctuaire, un souterrain destiné au jeu de quelques machines. Dans le sol d'un vestibule intérieur, on remarque deux rainures ou ornières profondément creusées : aucune voiture à roues n'avait pu pénétrer en ce lieu; les voyageurs pensent, en conséquence, que ces rainures recevaient des poulies qui, dans les mystères, servaient à soulever un corps pesant, *peut-être*, disent-ils, *un plancher mouvant*. Ce qui confirme leur conjecture, c'est qu'on voit au-

---

(1) *Philostrat. De vit. Apoll.* lib. VI. cap. 6.
(2) *The unedited antiquities of Attica, by the Society of dilettanti.* fol. London, 1817. *Monthly Repertory.* tom. XXIII. pag. 8-11.

delà, d'autres rainures où pouvaient se mouvoir les contre-poids qui élevaient le plancher; on voit aussi les places des chevilles qui le soutenaient immobile, à la hauteur désirée. Ce sont huit trous percés dans des blocs de marbre élevés au-dessus du sol, quatre à droite et quatre à gauche, et propres à recevoir des chevilles d'une dimension extraordinaire.

Vulcain, dit Homère, avait décoré l'Olympe de trépieds, qui, sans moteur apparent, se rendaient à leurs places, dans la salle du banquet des dieux (1) : Apollonius vit et admira de semblables trépieds chez les sages de l'Inde (2). La construction des automates n'est rien moins qu'une invention récente : et nous ne craindrons pas, d'après Macrobe (3), qui parle comme témoin oculaire, et sur la foi de l'auteur du *Traité de la déesse de Syrie*, de rapporter qu'à Antium, et dans le temple d'Hiérapolis, des statues se mouvaient d'elles-mêmes.

---

(1) *Homer. Iliad.* lib. XVIII. vers. 375-378.
(2) *Philostrat. De vit. Apoll.* lib. VI. cap. 6.
(3) *Macrob. Saturnal.* lib. I. cap. 3.

Comme une preuve de l'habileté des anciens, on doit citer encore la colombe de bois, fabriquée par le philosophe Archytas, de telle manière qu'elle volait et se soutenait quelque temps en l'air (1). Le souvenir de ce chef-d'œuvre nous rappelle naturellement le désir que, de tout temps, l'homme a conçu de devenir, dans les airs, le rival des oiseaux, comme sur les eaux, l'art de nager et surtout l'art de diriger des navires, le rendent le rival des habitans des fleuves et des mers. Nous ne citerons point Dédale et Icare : « Poursuivi par Minos pour avoir « révélé à Thésée les chemins et les issues « du labyrinthe, Dédale s'enfuit par mer avec « son fils (2); » ses *ailes* furent des voiles que, le premier, en Grèce, il adapta à ses barques, tandis que les navires de son persécuteur ne voguaient qu'à la rame. Cela est d'autant plus vraisemblable, qu'il avait pu connaître en Égypte l'usage des voiles, comme il avait rapporté de ce pays l'idée de la construction du labyrinthe. Mais si nous tournons nos regards

---

(1) *A. Gell. Noct. Attic.* lib. x. cap. 13.
(2) *Heraclit. de Politiis. verb. Icarus.*

vers l'orient (ce que souvent encore nous serons dans le cas de faire), des narrations dont l'origine est sûrement très-ancienne, nous fournissent deux faits trop singuliers pour qu'il nous soit permis de les passer sous silence. Ici un char volant que, dans les airs, un homme dirige à son gré, est présenté comme un chef-d'œuvre de l'art, et non de la magie (1). Là, au-dessous d'un *ballon*, est attachée une petite *nacelle*, où un homme se place ; le *ballon*, s'élançant dans les airs, transporte rapidement le voyageur où il désire aller (2).... Que conclure de ces récits ? Rien : sinon que les essais de la mécanique en ce genre, remontent probablement à une époque plus reculée que celle d'Archytas, et que le Tarentin, disciple de Pythagore, disciple lui-même des sages de l'Orient, n'excita peut-être l'admiration de l'Italie que par des secrets puisés dans les temples de Memphis ou de Babylone.

(1) *Les mille et un jours*. jours cx-cxv.
(2) *Les mille et une nuits*. DLVI^e nuit. tom. VI. pag. 144-146.

CHAPITRE XII.

Acoustique : imitation du bruit du tonnerre; orgues; coffres résonnans; Androïdes ou têtes parlantes ; statue de Memnon.

Mais l'imposture ne se trahissait-elle pas elle-même? Le cri des poulies, le froissement des cordages, le cliquetis des roues, le fracas des machines, quelque prévenu que fût l'aspirant, devaient frapper son oreille et lui révéler la main débile de l'homme, où l'on prétendait lui faire admirer l'œuvre de génies tout-puissans? Ce danger fut senti et prévenu : loin de chercher à amortir le bruit des machines, ceux qui les faisaient jouer s'étudièrent à l'augmenter, sûrs d'augmenter avec lui, l'effroi et la docilité.

Le roulement effrayant dont s'accompagne la foudre, regardée par le vulgaire comme l'arme des Dieux vengeurs, les Thaumaturges surent le faire entendre, quand ils parlèrent au nom des Dieux.

Le labyrinthe d'Égypte renfermait plusieurs palais tellement construits qu'on n'en ouvrait point les portes sans faire retentir au-dedans le bruit terrible du tonnerre (1).

Darius, fils d'Hystaspe, monte sur le trône ; ses nouveaux sujets tombent prosternés devant lui, et l'adorent comme l'élu des Dieux, et comme un Dieu lui-même : en cet instant, le tonnerre gronde, et l'on voit éclater la foudre (2).

L'art de charmer les oreilles a presque autant d'importance pour le Thaumaturge, que celui de les épouvanter. Pausanias, qui raconte sérieusement tant de légendes fabuleuses, taxe néanmoins Pindare d'avoir inventé *les vierges d'or, douées d'une voix ravissante*, dont, suivant le poëte thébain, étaient ornés les lambris du temple de Del-

---

(1) *Plin. Hist. nat.* lib. XXXVI. cap. 13.
(2) *Tzetzès. Chiliad.*

phes (1). Moins incrédules que lui, derrière les statues des vierges ou les bas-reliefs dorés, d'où semblaient partir des chants mélodieux, nous plaçons un instrument de musique dont les sons imitaient ceux de la voix humaine. Un simple jeu d''orgue suffisait pour cela ; et les orgues hydrauliques étaient bien connus des anciens; un passage de saint Augustin semble même indiquer que les orgues à soufflets ne leur étaient pas inconnus.

L'histoire d'une pierre merveilleuse qui se trouvait, dit-on, dans le Pactole, nous révèle une invention beaucoup moins commune. Placée à l'entrée d'un trésor, cette pierre éloignait les voleurs, effrayés d'en entendre sortir les accens bruyans d'une trompette (2). On fabrique aujourd'hui des coffres-forts qui font éclater les mêmes sons, dès qu'on les ouvre furtivement (3). L'auteur phrygien d'un de ces chefs-d'œuvre de mécanique n'avait peut-être pas, comme on est porté à

---

(1) *Pausanias. Phocic.* cap. 5.
(2) *Traité des fleuves et des montagnes*, attribué à Plutarque. § vii.
(3) Louis XV en avait un; on en offrit un à Napoléon, à Vienne, en 1809.

le croire, caché son secret sous un récit fabuleux : pour qu'il se soit exprimé exactement, ne suffit-il pas que le corps sonore qu'il employait fût une pierre tirée des rivages ou des monts voisins du Pactole ? Quant à la propriété de résonner, elle lui était commune avec la pierre sonore que l'on conservait à Mégare (1) ; avec le granit rouge d'Égypte ; avec les pierres qu'on emploie à la Chine pour fabriquer des instrumens de musique ; avec la pierre verte et brillante dont est formée une statue trouvée dans les ruines de *Palenqui-viejo* (2) ; enfin avec le basalte dont il existe, au Brésil, des blocs considérables, qui rendent un son très-clair quand on les frappe (3). Le reste appartient à l'ignorance et à l'amour du merveilleux.

Des paroles distinctes ont été proférées par un enfant à l'instant de sa naissance, par des animaux, par des arbres, par des statues, ou bien elles ont retenti spontanément dans l'enceinte solitaire d'un temple : c'est ce que

(1) *Pausanias. Attic.* cap. 42.
(2) *Revue encyclopédique.* tom. xxxi. pag. 850.
(3) Mawe. *Voyage dans l'intérieur du Brésil.* tom. 1. chap. v. pag. 158.

racontent souvent les histoires anciennes. Le prestige de l'engastrimysme suffit pour expliquer une partie de ces récits; mais non pas tous. Il est donc plus simple de regarder, comme des effets de l'art, ces voix dont l'origine n'était pas aperçue; et d'attribuer le miracle, à l'invention des *androïdes*, invention qui, de nos jours encore, bien que décrite dans des livres très-répandus (1), n'en a pas moins, sous le nom de *Femme invisible*, excité l'admiration du vulgaire et celle de gens qui ne croyaient point faire partie du vulgaire.

On adresse, à voix basse, des questions à une poupée, à une tête de carton ou de métal, à un coffre de verre ; et bientôt, on entend des réponses qui semblent partir de l'objet inanimé : l'acoustique enseigne les procédés qu'on doit mettre en usage pour qu'une personne placée dans un lieu assez éloigné, entende et soit entendue aussi intelligiblement que si elle occupait la place où paraît l'*androïde* qu'elle fait parler. Ce n'est point une invention moderne. J. B. Porta, il y a plus de deux cents ans, en a expliqué les

---

(1) *Encyclopédie*. art. *Androïde*.

principes dans sa *Magie naturelle* (1); mais, en des temps plus anciens, ces principes étaient tenus secrets, et la merveille qu'ils opèrent, présentée seule à l'admiration des hommes.

Vers la fin du XIVe siècle, une *Tête parlante*, construite en poterie, excitait, en Angleterre, l'étonnement des curieux. Celle que fit Albert le Grand (au XIIIe siècle) était aussi en terre. Gerbert, qui, sous le nom de Sylvestre II, occupa le saint siège de 999 à 1003, en avait fabriqué une en airain (2). Ce chef d'œuvre le fit accuser de magie : accusation fondée, si l'on eût donné le même sens que nous au mot d'œuvre magique; c'était le résultat d'une science dérobée à la connaissance du commun des hommes.

Ces savans n'avaient point découvert, ils avaient reçu de prédécesseurs bien plus anciens, un secret qui surpassait et effrayait la faible intelligence de leurs contemporains.

Odin, qui apporta chez les Scandinaves

---

(1) J. B. Porta. *De Magiâ naturali*. Pancirol. *Rerum recens invent*. tit. x.

(2) Elias Schedius. *De Diis germanis*. p. 572-573.

une religion et des secrets magiques empruntés à l'Asie, Odin possédait une *Tête parlante*. C'était, disait-on, la tête du sage *Mimer*, qu'Odin avait fait enchâsser dans l'or, après la mort de ce héros; il la consultait, et les réponses qu'il en recevait étaient révérées comme les oracles d'une intelligence supérieure.

D'autres que le législateur du Nord avaient cherché à rendre la crédulité plus avide et plus docile, en supposant ainsi que les Têtes parlantes dont ils se servaient, avaient jadis été animées par l'intelligence d'hommes vivans.

Nous ne citerons point, en ce sens, l'enfant que le spectre de Polycrite dévora tout entier, à l'exception de la tête, et dont la tête énonça des prophéties qui ne manquèrent point de se réaliser (1) : ce mythe appartient probablement à l'allégorie. Mais, à Lesbos, une *Tête parlante* rendait des oracles; elle prédit au grand Cyrus, en termes équivoques il est vrai, la mort sanglante qui devait terminer son expédition contre les Scythes : c'était la

---

(1) *Phlego De Mirabilibus* Noël. *Dictionnaire de la Fable*. art. *Polycrite*.

tête d'Orphée. Elle était fameuse chez les Perses ; elle l'était chez les Grecs dès le temps de la guerre de Troye : telle était la célébrité de ses oracles, qu'Apollon même en fut jaloux (1).

Suivant plusieurs rabbins, les *Théraphim* étaient des têtes de mort embaumées, sous la langue desquelles on plaçait une lame d'or (2), comme on avait entouré d'or la tête de Mimer. Appliquées contre une muraille, elles répondaient aux questions qu'on leur adressait. D'autres rabbins disent que les *Théraphim* étaient des simulacres, des figures qui, après avoir reçu l'influence d'astres puissans, conversaient avec les hommes, et leur donnaient de salutaires avis (3). Des expressions de Maimonides, sur ce sujet, on peut induire que l'on construisait exprès des édifices pour y placer les images parlantes ; ce qui se comprend aussi bien que le

---

(1) Philostrat. *Vit. Apollon.* lib. IV. cap. 4. Philostrat. *Héroïc. in Philoctete.*

(2) Frommann. *Tract. de Fasc.* pag. 682-683.

(3) R. Maimonides. *More Nevochim.* lib. III. cap. 30. « Et « aedificaverunt palatia et posuerunt in eis imagines, etc. » Elias Schedius *De Diis Germanis.* pag. 568-569.

soin qu'on avait, en d'autres cas, de les appliquer contre la muraille : il faut toujours une disposition locale propre à produire le miracle d'acoustique.

Ce miracle n'était point ignoré dans la contrée féconde en merveilles où les Hébreux puisèrent toutes leurs connaissances. Les prêtres (c'est Mercure Trismégiste qui nous l'apprend), les prêtres y possédaient *l'art de faire des dieux* (1), de fabriquer des statues douées d'intelligence, qui prédisaient l'avenir et interprètaient les songes. Il avoue même que des Théurgistes adonnés à une doctrine moins pure, savaient aussi *faire des dieux*, des statues que les démons animaient, et qui, pour les vertus surnaturelles, le cédaient peu aux ouvrages sacrés des véritables prêtres. En d'autres termes, le même secret physique était mis en œuvre par deux sacerdoces rivaux.

Les Anciens possédaient comme nous l'art de construire des *androïdes* ; et, de leurs

---

(1) « *Artem quâ deos efficerent...* ». Mercurii Trismegisti *Pymander. Asclepius.* pag. 145-146 et 165. (in-12. Basileae 1532.)

sanctuaires, cet art est arrivé à nos laboratoires de physique par l'intermédiaire des ténébreux savans du moyen âge : c'est la conclusion que nous tirons de ce qui précède ; elle nous semble plus admissible que la supposition d'impostures et de supercheries grossières et sans cesse renouvelées.

Était-elle une application de la science, égale ou supérieure à celles que nous avons énumérées, la merveille qu'en Égypte encore, renouvelait, chaque jour, la statue de Memnon, quand, de sa voix harmonieuse, elle saluait le lever du soleil ?

On a hasardé plusieurs conjectures pour répondre à cette question : aucune ne semble l'avoir complètement résolue. Discuter l'histoire du colosse et les hypothèses qu'elle a fait naître, ce serait nous écarter sans fruit de notre sujet, puisque nous n'arriverions à aucun résultat positif (1). Bornons-nous à rappeler ce qui est incontestable.

La vocalité de la statue n'a jamais été ré-

---

(1) L'intérêt que présente cette discussion nous a engagés à la traiter séparément, avec quelque étendue. Voyez, à la fin du volume, la *note B. De la Statue de Memnon.*

voquée en doute. Sur son débris gigantesque, de nombreuses inscriptions ont été gravées par des témoins du miracle ; Juvénal, dans une satire composée sous le règne d'Adrien, et Philostrate, contemporain de l'empereur Sévère, peignent le miracle comme actuellement subsistant (1). On peut donc croire que la voix n'a cessé de se faire entendre que lorsque le culte national et le sacerdoce de l'Égypte ont cessé eux-mêmes, vaincus par l'influence successive du polythéisme grec, de la philosophie peu crédule des Romains, et de la religion nouvelle qui, en Égypte, comme dans le reste du monde alors connu, s'établit rapidement sur les ruines de toutes les autres religions. Le miracle finit avec les prêtres ; et rien n'annonce que de nouvelles mutilations aient été nécessaires pour réduire au silence la statue vocale. Sa voix était donc l'effet d'un art caché, dont le secret a péri en même temps que les prêtres qui en étaient dépositaires.

Il y a plus, et ceci nous fournit la confirmation d'un de nos principes les plus impor-

---

(1) *Juvénal.* Satir. xv. vers 5. *Philostrat. De vit. Apollon* lib. vi. cap. 6.

tans; ce que nous disons aujourd'hui de l'origine du miracle, on ne l'ignorait pas au temps du polythéisme.

Juvénal appelle *magiques* les sons qui sortaient de la statue (1) ; et nous avons établi que, chez les anciens, la magie était la science d'opérer des merveilles par des procédés scientifiques inconnus au plus grand nombre des hommes. Un scholiaste du satirique latin est plus explicite encore; et, en commentant ce passage, il parle du mécanisme savant de la construction de la statue (2) : c'est dire clairement que sa voix résultait du jeu d'une machine. Quand cet écrivain réduisait ainsi à un chef-d'œuvre de mécanique la merveille de la statue de Memnon, il parlait sans doute d'après une tradition reçue. Cette tradition, toutefois, n'ôtait rien aux sentimens d'admiration et de piété que la voix sacrée réveillait dans l'âme de ses auditeurs (3). Il faut donc

---

1) « *Dimidio* magicae *resonant ubi Memnone* chordae. »

(2) Cité par J. Phil. Casselius. *Dissertation sur les pierres vocales ou parlantes*, pag. 8. Langlès. *Dissertation sur la statue vocale de Memnon. Voyage de Norden.* tome II. pag. 237.

(3) Voyez les inscriptions citées par Langlès. *Dissertation sur la statue vocale*, etc. pages 227-231.

reconnaître ici un *miracle*, suivant le sens primitif de ce mot ; une chose admirable dont on se plaisait à rapporter l'invention à l'inspiration des dieux, mais qui n'avait rien de surnaturel. A la longue, cette notion s'obscurcit dans l'esprit de la multitude ; alors, et peut-être sans que les prêtres eussent cherché à tromper les adorateurs, la merveille de l'art se transforma en un prodige religieux chaque jour renouvelé.

CHAPITRE XIII.

Optique : effets semblables à ceux du diorama ; fantasmagorie ; apparitions des dieux et des ombres des morts ; chambre noire ; magiciens changeant d'aspect et de figure, prestige incroyable.

Tous nos sens sont tributaires de l'empire du merveilleux, et l'œil encore plus que l'oreille. Pour peu qu'ils se prolongent, les sons agréables perdront de leurs charmes, le bruit effrayant assourdira, les voix merveilleuses deviendront suspectes. Que les illusions offertes à la vue se succèdent sans relâche, elles ne cesseront pas d'occuper l'homme, avide de nouveaux spectacles ; leur variété et leurs contrastes ne laisseront point de prise à la réflexion, point d'accès à la monotonie. Quelques prodiges que l'optique dût enfanter dans les représentations pompeuses ou terribles des mystères et des initiations, et dans les miracles des Thaumaturges, les ressources scientifiques ne manquaient point pour les opérer. Les anciens savaient fabriquer des miroirs qui présentaient des images multipliées, des images renversées, et ce qui est plus remarquable, qui, dans une position particulière, perdaient la propriété de réfléchir. Que cette dernière propriété tînt seulement à un tour d'adresse, ou qu'elle eût quelque chose d'analogue au phénomène de la lumière polarisée qui, arrivant au corps réfléchissant sous un certain angle, est absorbée et ne produit aucune image; il n'importe; son emploi était propre à enfanter de nombreuses merveilles. Aulugelle, citant Varron, nous apprend ces faits, et en même temps il peint l'étude de phénomènes si curieux comme indigne de l'attention d'un sage. De quelque

___

(1) *Aul. Gell. Noct. Attic.* lib. XVI. cap. 18. « Voici la fin du passage latin : *ut speculum in loco certo positum nihil imaginet; aliorsum translatum faciat imagines.* » Le compilateur, répétant ce qu'il n'avait point approfondi, a pu croire que le phénomène tenait à la *place*, et non à la *position* du miroir.

principe qu'émanât une opinion si peu raisonnable, mais commune à toute la classe éclairée chez les anciens, et qu'Archimède ne dédaigna point de partager, on sent combien elle était utile au Thaumaturge : ses secrets miraculeux n'auraient pas long-temps mérité ce nom, si les hommes qui recréaient la science, sous l'influence lumineuse de la civilisation perfectible, au lieu de se renfermer dans l'étude de la théorie, avaient dirigé leurs recherches sur la combinaison pratique des phénomènes.

Les jardins délicieux, les magnifiques palais qui, du sein d'une obscurité profonde, apparaissaient subitement éclairés à perte de vue par une lumière magique et comme par un soleil qui leur fût propre (1); une invention justement admirée, le *diorama*, les reproduira sous nos yeux. L'artifice principal consiste dans la manière de faire tomber la lumière sur les objets, tandis qu'on retient le spectateur dans l'obscurité. Cela n'était pas difficile, quand l'initié, traîné de souterrains en souterrains,

(1) " . . . . *Solem que suum, sua lumina norunt.*
Virgil. Aeneid. lib. vi. vers. 64.

et tantôt élevé en l'air, tantôt retombant avec rapidité, pouvait se croire perdu dans les profondeurs de la terre, alors que le lieu obscur qui le renfermait touchait au niveau du sol. Et comment les Thaumaturges n'auraient-ils pas connu une telle invention, eux qui ne cherchaient que les moyens de multiplier les merveilles? L'observation, sans aucun effort de l'art, suffisait pour la leur révéler. Si, à une longue galerie qui ne reçoit de lumière que par son extrémité, succède un berceau d'arbres touffus, le paysage vu au-delà du berceau se rapproche et se déploie comme le tableau du *diorama*, à l'œil des personnes placées au fond de la galerie.

L'illusion était encore susceptible de s'augmenter par l'union des moyens mécaniques aux effets de peinture et de perspective. Dans le *diorama* exposé à Paris en 1826, et qui représentait un cloître en ruines (1), une porte s'ouvrait et se fermait comme par l'effet d'un vent violent. Etait-elle ouverte; on apercevait au-delà une immense campagne et des

---

(1) Le cloître de Saint-Wandrille, près Rouen............. septembre 1826.

arbres qui projettaient sur les débris du cloître des ombres plus ou moins noires, suivant que les nuages, rapidement promenés sur le ciel que l'on voyait au travers des ruines, étaient censés laisser au soleil un éclat plus ou moins vif. Cet artifice, peu approuvé par les amis sévères des beaux-arts, transportez-le au fond d'un sanctuaire, sous les yeux d'hommes croyans et déjà énivrés de prestiges : éprouveront-ils le moindre doute sur la réalité d'apparences qui présenteront la vérité, la mobilité de la nature ?

Des miracles que l'optique enfante, les apparitions, quoique le plus commun, sont le plus célèbre.

Dans une antiquité très-reculée, sous l'empire de civilisations stationnaires, tout homme qui avait vu un dieu devait mourir, ou perdre au moins l'usage des yeux. Cette crainte singulière, dont nous indiquerons ailleurs la cause, avait cédé au temps et au besoin qu'éprouvaient les âmes ardentes d'entrer en communication directe avec les objets de leur adoration. Loin d'être redoutées, les apparitions des dieux devinrent un signe de leur faveur ; elles donnèrent un lustre respectable aux lieux où ils recevaient les hommages des mortels. Le temple d'*Enguinum*, en Sicile, était moins révéré pour son antiquité, que parce qu'il était favorisé quelquefois de l'apparition des *Déesses-mères* (1). A Tarse, Esculape avait un temple où il se manifestait souvent à ses adorateurs (2). Cicéron parle des fréquentes apparitions des dieux (3). Varron, cité par saint Augustin (4), dit que Numa et Pythagore voyaient dans l'eau les images des dieux, et que ce genre de divination avait été apporté de Perse en Italie, ainsi que l'art de faire apparaître les morts.

Ces deux arts, en effet, ont dû n'en faire qu'un seul; et nous les retrouvons dans l'Asie, bien avant l'âge de Numa ou de Pythagore. La pythonisse d'*Aïn-dor* évoque devant Saül l'ombre de Samuel: elle voit, dit-elle, un Dieu qui *s'élève* du sein de la terre (5). Cette expression, répétée plus d'une fois dans le texte, donne, je crois, l'interprétation du

---

1) *Plutarch. in vit. Marcell.*
2) *Philostrat. in vit. Appollon.* lib. I. cap. 5.
3) *Cicer. De natur. Deor.* lib. II. cap.
4) *S. Augustin. De civitate Dei.* lib. VII. cap. 35.
5) *Reg.* lib. I. cap. 28.

passage où Pline parle d'un siége placé dans le temple antique d'Hercule à Tyr : « De ce « siége, fait d'une pierre *sacrée, s'élevaient* (1) « facilement des dieux; » c'est-à-dire que de là semblaient sortir de préférence les apparitions miraculeuses.

Un art que la Perse transmit à l'Italie ne dut pas rester inconnu dans la Grèce. Nous l'y retrouvons à une époque bien ancienne. Inconsolable de la mort d'Eurydice, Orphée « se rendit à Aornos, où il y avait ancienne- « ment un lieu où l'on évoquait les morts « (*Nekyomantion*). Il crut que l'ombre d'Eu- « rydice le suivait : et se retournant, voyant « qu'il s'était trompé, il se tua (2) ». Cette explication historique du mythe d'Orphée nous révèle une particularité curieuse, l'existence, dans ces temps reculés, de lieux spécialement consacrés à l'évocation des morts, à l'apparition des ombres.

Les ombres étaient muettes quelquefois ; mais le plus souvent, l'*engastrimysme* qui

---

(1) *Plin. Hist. nat.* lib. XXVII. cap. 10. « Eusebès, *ex eo lapide..... facta sedes, ex quâ Dii facile* surgebant. »

(2) *Pausanias. Bœotic.* cap. XXX.

servit la pythonisse consultée par Saül, put leur prêter des discours et des oracles. Cette conjecture difficile à contester, présente sous un jour nouveau le onzième livre de l'Odyssée. Homère y raconte réellement l'admission d'Ulysse, mais de lui seul (1), dans un *Nékyomantion*, où le chef d'Ithaque converse avec les amis que lui a enlevés la mort. Une multitude innombrable d'apparitions et un bruit effrayant interrompent ces entretiens merveilleux ; Ulysse s'éloigne, craignant que, du sein des enfers, Proserpine irritée ne fasse apparaître la tête de la Gorgone (2) : tels étaient les moyens que l'on mettait en œuvre pour éloigner les spectateurs, quand leur curiosité devenait embarrassante, ou se prolongeait plus long-temps que les ressources du spectacle.

C'est là qu'Homère introduit Achille exaltant la vie comme le plus grand des biens, et préférant, à sa célébrité impérissable, la condition du plus misérable des vivans (3). On a

(1) *Odyss.* lib. x. vers 528.
(2) *Odyss.* lib. xi. vers 631-634.
(3) *Odyss.* lib. xi. vers 486-490.

vivement critiqué le démenti que donne l'ombre d'Achille, au caractère établi du plus intrépide des guerriers. Où l'invention poétique serait blâmable, j'admire la fidélité de la narration. Une époque a existé (et elle était, en Grèce, encore récente, au temps du siége de Troye), où la caste sacerdotale, qui avait jusqu'alors reçu sans partage les adorations des hommes, s'indigna de voir les guerriers, sans autres titres que leur courage, leur force et leurs combats, se faire reconnaître pour des *demi-dieux* et des *héros*, enfans de quelque divinité, et usurper ainsi une admiration et un pouvoir réservés tout entiers aux possesseurs des arts magiques. Quelle doctrine ces possesseurs devaient-ils proclamer dans leurs révélations religieuses? La plus propre à glacer l'enthousiasme guerrier. Et quoi de plus adroit, en Grèce, que de choisir pour interprète de cette doctrine pusillanime la grande âme d'Achille! « Un chien vivant « vaut mieux qu'un lion mort (1) »; voilà ce qu'enseignait de même, à des Arabes belliqueux, un livre postérieur de moins de deux

---

(1) *Ecclésiast.* cap. IX. v 4.

siècles aux voyages d'Ulysse, mais émané visiblement de l'école théocratique.

Le procès de l'encensoir et du glaive semblait terminé sans retour, lorsque Virgile entreprit de marcher sur les traces d'Homère; et le poëte se serait déshonoré gratuitement, en faisant parler un héros contre le mépris de la mort. Le sixième livre de l'Énéide est un magnifique tableau des scènes principales du drame des initiations, plutôt que la description d'une *Nekyomantie*. L'art des évocations était déchu; les temples où on l'exerçait ne paraissent pas avoir subsisté dans les âges historiques de la Grèce, et presque aucune apparition n'en rappelle le souvenir.

Une cause avait pu, de bonne heure, en précipiter la décadence : les conséquences terribles qu'avaient dû entraîner de telles apparitions. Ceux qui les sollicitaient n'étaient pas toujours des hommes curieux ou inquiets, et pressés de pénétrer l'avenir. Plus souvent ce furent des êtres aimans et, comme Orphée, privés par la mort de l'objet de leurs plus chères affections. Telle fut la fidelle épouse de Protésilas, importunant les dieux pour revoir un moment son époux mort aux rivages troyens; et dès qu'elle eut aperçu son ombre, n'hésitant plus à le suivre en se précipitant dans les flammes. Ces apparitions agissaient sur des imaginations exaltées, sur des cœurs brisés, et dans cette crise douloureuse, où l'être capable d'un sentiment profond courrait à la mort comme au plus grand des biens, s'il était persuadé que la mort le réunît à la meilleure moitié de lui-même. Rien de plus propre à suppléer à une telle persuasion, à en hâter l'influence, que l'apparition qui, ne rendant le bien perdu que pour le reprendre à l'instant, semblait indiquer en même temps le chemin ouvert pour le rejoindre.

Ainsi que d'autres trésors de la science occulte, la désuétude cacha dans l'oubli, mais n'anéantit point le secret des apparitions. Au IXe siècle de notre ère, un père inconsolable de la perte de son fils, l'empereur Basile le Macédonien, recourt aux prières d'un pontife déjà célèbre par le don des miracles (1); et il voit l'image de ce fils chéri, vêtu magnifique-

---

1) *Théodore Santabaren*, abbé-archevêque des Euchaïtes. Voyez Glycas, *Annal.* part. IV. pag. 296.; *Leo. grammat. in vitâ Basilii imp.* § 20.

ment et monté sur un cheval superbe, accourir vers lui, se jeter dans ses bras, et disparaître. Pour expliquer ce trait historique, osera-t-on encore élever la supposition grossière d'un cavalier aposté pour jouer le rôle du jeune prince ? Le père, déçu par la ressemblance, ne l'eût-il pas saisi, retenu, enchaîné dans ses embrassemens? L'existence de cet homme, trahie par une ressemblance si remarquable, et dès-lors la fausseté de l'apparition, n'auraient-elles pas bientôt été découvertes et dénoncées par les ennemis du Thaumaturge ? En rapprochant ce fait des traditions antérieures, et surtout de l'existence antique des *Nékyomantion*, n'est-il pas plus simple d'avouer que, de nos jours, la fantasmagorie a été *retrouvée* et non pas *inventée*, et de reconnaître également ses prestiges dans les apparitions des dieux, et dans les évocations des morts, où des ombres douées d'une ressemblance frappante avec les êtres ou les images qu'elles devaient rappeler, s'évanouissaient soudain au milieu des embrassemens qui les voulaient saisir.

Nous pourrions emprunter au P. Kircher (1) la description des instrumens qui durent servir à la fantasmagorie, dans les temples anciens : mais il est plus curieux d'en présenter les effets, tels que les a peints un disciple des philosophes théurgistes : « Dans « une manifestation qu'on ne doit pas révé- « ler..... il apparaît, sur la paroi du temple, « une masse de lumière qui semble d'abord « très-éloignée ; elle se transforme, comme « en se resserrant, en un visage évidemment « divin et surnaturel, d'un aspect sévère « mais mêlé de douceur, et très-beau à voir. « Suivant les enseignemens d'une religion « mystérieuse, les Alexandrins l'honorent « comme Osiris et Adonis. » (2) Si j'avais à décrire une fantasmagorie moderne, m'expliquerais-je différemment ?

Damascius nous apprend que l'on mettait en œuvre cette apparition pour détourner les chefs de la cité de se livrer à des dissensions pernicieuses. Le miracle avait un but politique : c'est ce que l'on peut reconnaître pour plusieurs des miracles que nous raconte l'an-

---

(1) Kircher. *OEdipus*. tom. II. p. 322.
(2) *Damascius* apud *Photium*. *Biblioth*. cod. 242.

tiquité, et supposer pour le plus grand nombre.

En d'autres cas, on a pu se servir de la chambre-noire pour reproduire des tableaux mouvans et animés. Et ici se présente, avec plus de force, la remarque faite à l'occasion du *diorama :* la simple observation suffisait pour en indiquer l'usage. Dans une chambre dont la fenêtre est close par un volet qui joint exactement, s'il y a une ouverture dans le corps du volet, on voit se peindre nettement, sur le plafond, les hommes, les animaux, les chars qui passent sur le sol, dès qu'ils sont suffisamment éclairés; les couleurs, pour peu qu'elles aient de vivacité, brillent, parfaitement reconnaissables; les images peuvent même, et j'en ai fait l'expérience, conserver une ressemblance frappante dans les détails comme dans l'ensemble, lorsque, pour les dimensions, elles ne sont plus aux objets qui les produisent, que dans les proportions, d'un à douze ou à quinze.

Que, chez les anciens, ces apparitions résultassent de moyens scientifiques, cela est prouvé par l'art que possédaient les Thaumaturges de redresser les figures qu'une lentille convexe ou un miroir concave faisait paraître renversées. Suivant Théodoret (1) et les rabbins, le motif de l'effroi que la pythonisse, consultée par Saül, éprouva ou feignit d'éprouver, c'est que l'ombre de Samuel parut dans l'attitude d'un homme qui se tient debout ; tandis que, jusque-là, les ombres des morts n'avaient apparu que renversées. Il s'ensuit seulement que la fantasmagorie de la pythonisse était mieux montée que celles des nécromanciens qui, avant elle, avaient paru en Judée.

Buffon admet comme possible l'existence du miroir d'acier ou de fer poli que l'on avait établi au port d'Alexandrie, pour découvrir de loin l'arrivée des vaisseaux. Si, comme on peut le présumer, long-temps avant de tomber dans le domaine de l'industrie, les connaissances qui dirigèrent la construction du miroir d'Alexandrie, existaient dans les temples, quels miracles, supérieurs à

---

(1) *Théodoret.* in *Reg.* lib 1. quaest. LXII.

ceux que nous venons de rappeler, purent au besoin frapper d'admiration les peuples, et étonner même les philosophes !

« Si ce miroir, dit Buffon, a réellement existé comme il y a toute apparence, on ne peut refuser aux anciens la gloire de l'invention du télescope. » (1) De cette autorité imposante, qu'il nous soit permis d'en rapprocher une d'un genre bien différent : dans ces antiques narrations orientales dont le merveilleux, suivant nous, appartient à des traditions défigurées, plus souvent qu'aux écarts d'une imagination sans frein, on voit figurer un tuyau d'ivoire, long d'un pied, d'un peu plus d'un pouce de grosseur ; il est garni d'un verre à chaque extrémité ; en y appliquant l'œil, on voit la chose que l'on a souhaité de voir (2). A ce miracle, substituons celui d'apercevoir un objet que son éloignement dérobe à la vue simple : et l'instrument magique devient, sinon un télescope, au moins une lunette de longue vue.

___

(1) Buffon. *Histoire naturelle des minéraux. Introduction.* *sixième mémoire.* article II.

(2) *Mille et une nuits.* CDVI^e nuit. tom. 5. pag. 254-256. etc.

Aux prestiges de la dioptrique, faudra-t-il rapporter une faculté extraordinaire dont parlent des écrivains d'âges et de pays assez différens, pour que l'on puisse croire qu'ils ne se sont pas copiés les uns les autres ?

Que Jupiter amoureux revête tour-à-tour la ressemblance de Diane et celle d'Amphytrion ; que Protée et Vertumne changent, à leur gré, de forme et d'aspect, on pardonne ces fables à une mythologie riante ; son éclat en fait oublier l'absurdité.

Quand un biographe raconte que son héros, sous une figure empruntée, trompa les yeux même de ses amis, on rit de l'excès de crédulité où a pu l'entraîner l'enthousiasme ; et l'on opposera la même incrédulité à deux ou trois récits d'aventures du même genre. Mais ce n'est point d'un fait isolé, c'est d'un art propre à une caste tout entière que parle Suidas. « On appelait, dit-il, *mages* « (ou magiciens) les hommes qui savaient « s'entourer d'apparitions décevantes (1). » Son traducteur ajoute, en forme d'explica-

(1) *Suidas*. verbo *Magos*.

tion, « que, par leurs prestiges, ils abu-
« saient les yeux des hommes au point de
« paraître tout autres qu'ils étaient réelle-
« ment. »

Un historien qui, indépendamment d'auteurs grecs et latins que nous ne possédons plus et qu'il a pu connaître, a consulté les traditions importées d'Asie dans le nord de l'Europe avec la religion d'Odin, Saxo Grammaticus, tient le même langage que Suidas. Parlant des illusions produites par les philosophes-magiciens : « Très-experts, dit-il,
« dans l'art d'abuser les yeux, ils savaient
« se donner et donner à autrui l'apparence
« de divers objets, et, sous des formes
« attrayantes, cacher leur aspect vérita-
« ble (1). »

Jean de Salisbury, qui, incontestablement, a puisé à des sources aujourd'hui fermées pour nous, rapporte que « Mercure, le plus
« habile des magiciens, avait trouvé le secret
« de fasciner la vue des hommes, au point de
« rendre des personnes invisibles, ou plutôt

(1) *Saxo. Grammat. Hist. Dan.* lib. 1. cap. 9.

« de les faire paraître sous la forme d'êtres
« d'une espèce différente (1). »

Pomponius Méla attribue aux druïdesses de l'île de Séna l'art de se transformer, quand elles le voulaient, en animaux (2); et Solin (3) croit pouvoir expliquer par des apparitions trompeuses, les prestiges qu'opérait Circé.

Eustathius entre dans des détails importans. Protée, dans Homère, *se transforme en un feu dévorant;* cela, dit le commentateur (4), ne doit se prendre que dans le sens d'*apparition;* c'est ainsi que Protée devient dragon, lion ou sanglier; il *apparaît,* il ne devient pas. Protée était un *faiseur de prodiges* (*Terasios*), très-savant, très-souple et très-adroit, et versé dans les secrets de la philosophie égyptienne. Après avoir cité Mercure, et d'autres êtres qui appartiennent aussi à la mythologie, et qui, par une métamorphose apparente, passaient

---

(1) *Joan. Salisb. Policr.* lib. I. cap. 9.
(2) *Pompon. Mela.* lib. III. cap. 6.
(3) *Solin.* cap. 8.
(4) *Eustath. in Homer. Odyss.* lib. IV. vers 417-418.

comme Protée d'une forme à une autre ; « *dans le même art*, continue Eustathius, « on a admiré Cratisthène : *Il faisait appa-* « *raître des feux* qui semblaient sortir de lui « et jouir d'un mouvement qui leur était pro- « pre ; il mettait en œuvre d'autres *appari-* « *tions* pour forcer les hommes à lui con- « fesser leurs pensées. Tels furent encore « Xénophon, Scymnos, Philippide, Héra- « clide et Nymphodore, qui se jouaient des « hommes en leur inspirant de l'effroi. »

Athénée (1), parle dans les mêmes termes, de Cratisthène et de Xénophon *qui faisait apparaître du feu*, et de Nymphodore, tous trois habiles à décevoir les hommes par des prestiges, et à les épouvanter par des *apparitions*.

Qu'étaient ces *apparitions ?* le sens du mot n'est pas équivoque, puisque le commentateur se propose de prouver que l'on doit considérer comme des apparitions, les prétendues métamorphoses de Protée : il fallait donc que les *prestigiateurs*, parussent revêtir

---

(1) *Athenae. Deipnosoph.* lib. 1. cap. 14.

eux-mêmes les formes dont ils effrayaient les spectateurs.

Observez qu'en assurant qu'ils possédaient ce talent, Eustathius ni Athénée ne nous montrent, dans Cratisthène, ou Xénophon, des hommes doués d'un pouvoir surnaturel : l'un et l'autre, et Protée lui-même, ne sont que d'habiles *faiseurs de prestiges.*

En d'autres temps et sur un autre hémisphère, nous retrouvons un prestige semblable. Joseph Acosta, qui résida long-temps au Pérou dans la seconde moitié du XVIe siècle, assure qu'il y existait encore à cette époque, des sorciers qui savaient *prendre telle forme qu'ils voulaient.* Il raconte qu'au Mexique, le chef d'une cité, mandé par le prédécesseur de Montézuma, se transforma, aux yeux des hommes envoyés successivement pour le saisir, en aigle, en tigre, en immense serpent. Il céda enfin, et se laissa conduire vers l'empereur, qui sur-le-champ lui fit donner la mort (1). Il n'était plus dans

---

(1) Joseph Acosta. *Histoire naturelle des Indes*, etc. feuillets 251 et 358-351.

sa maison ; il n'était plus sur son théâtre ; il n'avait plus de prestiges à employer pour défendre sa vie.

Dans un écrit publié en 1702, l'évêque de Chiapa (province de Guatemala), attribuait le même pouvoir aux *Naguals*, prêtres nationaux, qui s'étudiaient à ramener à la religion de leurs ancêtres, les enfans que le gouvernement faisait élever dans la pratique du christianisme. Après quelques cérémonies, à l'instant où l'enfant qu'il endoctrinait venait l'embrasser, le *Nagual* prenait tout-à-coup un aspect effroyable, et sous la forme d'un lion ou d'un tigre semblait enchaîné au jeune néophite (1).

Observons que ces miracles, comme les prestiges de l'enchanteur mexicain, s'opéraient dans un endroit choisi et désigné d'avance. Les uns et les autres ne prouvent donc qu'une puissance purement locale; ils indiquent l'existence d'une machine; mais ils n'en font pas deviner les ressorts.

Le feu dont, à l'exemple de Protée, s'entou-

---

(1) *Recueil de voyages et de mémoires, publié par la Société de géographie*. tom. II. pag. 182.

raient Cratisthène et Xénophon, et peut-être aussi les autres prestigiateurs, ne leur servait-il point à cacher quelque autre opération? Les anciens, on le sait, ont souvent cru voir, dans les émanations d'un corps enflammé, des objets d'une forme déterminée. Au moyen de vapeurs dégagées par le feu, les théurgistes faisaient apparaître en l'air les images des Dieux (1) : Porphyre recommande ce secret ; Iamblique en réprouve l'usage ; mais il en avoue l'existence, et convient qu'il est digne de l'attention d'un contemplateur de la vérité. Le théurgiste Maximus usa sans doute d'un secret analogue quand, au milieu de la fumée de l'encens qu'il brûlait devant la statue d'Hécate, on vit la statue rire d'une manière si prononcée que tous les spectateurs furent saisis d'effroi (1).

De telles illusions, en supposant qu'elles aient eu jamais quelque chose de réel, ont pu être mises en œuvre par le *prestigiateur* qui d'abord s'environnait de flammes. Mais nous ne donnerons aucune suite à des rapproche-

---

(1) *Iamblich. de Mysteriis.* cap. XXIX.
(2) *Eunap. in Maximo.*

mens si douteux; nous ne tenterons point d'expliquer ce que nous ne pouvons regarder comme croyable. Nous avons dû seulement appeler la réflexion sur des récits qui placent le même miracle dans tant de lieux différens : ils prouvent au moins qu'en employant la science ou la supercherie, les Thaumaturges avaient poussé loin l'*art d'abuser les yeux*, assez loin même pour que l'on conçût de leur puissance une idée exagérée ou plutôt insensée.

CHAPITRE XIV.

Hydrostatique : fontaine merveilleuse d'Andros ; tombeau de Bélus ; statues qui versent des larmes ; lampes perpétuelles. Chimie : liquides changeant de couleur ; sang solidifié, se liquéfiant ; liquides inflammables ; la distillation et les liqueurs alcoholiques connues autrefois, même hors des temples.

Des moyens plus simples et plus faciles à dévoiler, suffisaient pour changer en merveilles divines les jeux de la science occulte. On admirait, dans l'île d'Andros, une fontaine qui versait du vin pendant sept jours, et de l'eau pendant le reste de l'année (1). Avec des connaissances élémentaires en hydrostatique, on expliquera ce miracle, et celui qui, pendant un jour entier, fit jaillir une source

(1) *Plin. Hist. nat.* lib. ii. cap. 103.

d'huile à Rome, lorsque Auguste y rentra, après la guerre de Sicile (1); et aussi la merveille qui se renouvelait, tous les ans, aux fêtes de Bacchus, dans une ville d'Élide : sous les yeux des étrangers qu'attirait en foule ce spectacle, on fermait trois urnes vides; et, quand on les rouvrait, elles étaient remplies de vin (2). En employant la machine à laquelle nous donnons le nom de *Fontaine de Héron* (quoique probablement, elle n'ait été que décrite et non pas inventée par ce mathématicien), on aurait obtenu un miracle plus saillant : sous les yeux du spectateur, l'eau versée dans le réservoir aurait jailli, changée en vin.

On croit, avec beaucoup de vraisemblance, que la représentation de l'enfer des Grecs faisait partie de la célébration des mystères. Le supplice merveilleux des Danaïdes y de-

---

(1) Le fait n'a peut-être pas été présenté d'abord comme une merveille. Paul Orose, qui le rapporte (lib. 18. cap. 18 et 20), a pu être induit en erreur par les expressions figurées dont se seront servis les écrivains contemporains d'Auguste, pour célébrer une largesse analogue aux *fontaines de vin* qui coulent dans nos places, aux jours dits de *réjouissances publiques.*

(2) *Athenae. Deipnosoph.* lib. 1. cap. 30.

vait donc être offert aux yeux des initiés : un fait historique nous indique comment on y réussissait. Xerxès fait ouvrir le monument de Bélus. Le corps de ce prince y reposait, dans un cercueil de verre, presque entièrement plein d'huile. Malheur, disait une inscription placée à côté, malheur à celui qui, ayant ouvert ce tombeau, ne remplirait point le cercueil ! Xerxès ordonne, sur-le-champ, qu'on y verse de l'huile : mais, quelque quantité que l'on en verse, le cercueil ne se remplit pas. Ce prodige fut, pour Xerxès, le présage des désastres qui remplirent et terminèrent sa vie (1). Par un tube que dérobait aux yeux la position du cadavre, ou quelque autre obstacle moins remarquable, le cercueil communiquait avec un réservoir qui y maintenait l'huile à une hauteur constante, et dont le *trop plein*, s'ouvrant à cette hauteur, empêchait que l'huile la dépassât, et que le cercueil pût jamais se remplir.

La superstition changeait autrefois en une sueur réelle et miraculeuse, les gouttes

---

(1) *Ktesias in Persicis. Aelian. Variar. Hist.* lib. XIII cap. 3.

d'eau dont se couvrent les marbres, les lambris, quand l'atmosphère, saturée de vapeur aqueuse, en abandonne une partie que le contact des corps denses fait repasser à l'état liquide : une telle métamorphose réussirait peu de nos jours, et dans nos climats humides où le prétendu prodige se renouvellerait trop souvent. Mais les historiens se joignent aux poëtes pour assurer que les statues des héros, les images des Dieux ont visiblement versé des larmes, présages certains des calamités qui allaient fondre sur leurs concitoyens ou sur leurs adorateurs... La ferme volonté du Czar Pierre-le-Grand fit cesser, à Pétersbourg, un miracle du même genre. Une image de la Sainte Vierge, peinte sur bois, pleurait abondamment, pour témoigner, disait-on, l'horreur que lui inspiraient les réformes entreprises par le Czar. Pierre découvrit et démontra lui-même au peuple le mécanisme du prestige : entre les deux panneaux dont se composait le tableau, était caché un réservoir rempli d'huile que la flamme des cierges allumés en grand nombre autour de l'image, échauffait et faisait filtrer par de petits trous ménagés à l'angle des yeux (1). Par des artifices analogues, nous expliquerons la merveille de toutes les statues qui ont versé des larmes ; et aussi un miracle rapporté par Grégoire de Tours. Dans un monastère de Poitiers, cet historien vit l'huile d'une lampe allumée devant un fragment de la *vraie croix*, s'élever miraculeusement par-dessus ses bords, et, dans l'espace d'une heure, se répandre au-dessous en quantité presque égale au contenu du réservoir. La rapidité de son ascension croissait même en proportion de l'incrédulité que témoignait d'abord le spectateur (2).

Les érudits du XVIe siècle ont si souvent parlé de *lampes perpétuelles*, les adeptes ont si ardemment cherché à en retrouver le secret, qu'on peut supposer que quelque tradition motivait leur crédulité et soutenait la persévérance de leurs tentatives. Pour réaliser cette merveille, il fallait cependant remplir deux conditions en apparence impossibles : fournir à la combustion un aliment inépuisable ; et à cet aliment, un véhicule que

---

(1) Lévêque. *Histoire de Russie.* (11e édition). tom. v. pag. 161-162.

(2) *Greg. Turon. Miracul.* lib. 1. cap. 5.

la combustion ne détruisît pas. Rappelons-nous le miracle du tombeau de Bélus; sur un point difficile à apercevoir, plaçons un tube qui fasse communiquer la lampe avec un réservoir inconnu aux profanes, et assez vaste pour que la consommation d'un ou même de plusieurs jours altère peu son niveau : la première partie du problème se trouve résolue. La seconde disparaît devant l'invention, très-vulgaire aujourd'hui, des lampes sans mèche (1); invention dont l'effet tient à la même cause que les deux derniers miracles que nous avons cités, la dilatation de l'huile par la chaleur. Le soin de remplir régulièrement le réservoir caché n'aurait rien d'embarrassant; et quant à celui de changer, en cas d'accident, le tube à l'orifice duquel l'huile dilatée s'enflamme, le Thaumaturge, pour y vaquer, saurait bien dérober quelques momens à l'attention des observateurs.

(1) Ces lampes servent de *veilleuses*. Mais il faut avoir soin d'en nettoyer fréquemment le tube, sinon elles sont sujettes à s'éteindre. On ne craindrait pas cet inconvénient dans l'expérience proposée, où la lampe brûlerait sans interruption : le tube ne s'obstrue que parce que l'huile, en partie décomposée, s'attache à ses parois, lorsque le matin on éteint la *veilleuse*.

L'emploi de la chaleur, pour dilater l'huile ou tout autre liquide, appartient à une science différente de l'hydrostatique : nous sommes donc naturellement conduits à rechercher quelle fut l'étendue, ou plutôt ce que nous pouvons retrouver des merveilles que les anciens durent à l'emploi de la chimie.

Élysée corrige l'amertume des eaux de Jéricho (1), et celle d'un mets où l'on avait, par mégarde, mêlé de la coloquinte (2), en jetant dans les unes un vase plein de sel, et dans l'autre, de la farine. Si le sel était du *natron*, du carbonate de soude, il servit à précipiter des sels terreux, tels que l'hydrochlorate de chaux : le sel commun aurait suffi pour améliorer des eaux boueuses et corrompues. Quant à la coloquinte, le commentateur D. Calmet reconnaît que, suivant les médecins, l'amidon, la farine, et surtout la farine d'orge, ont beaucoup d'efficacité pour en faire disparaître le goût insupportable.

Les œuvres d'Élysée sont d'une faible importance, si on les compare au miracle qu'o-

---

(1) *Reg.* lib. IV. cap. 2. v. 19-22.
(2) *Reg.* lib. IV. cap. 4. v. 39-41.

péra Moïse, lorsque, dans le désert de Mar, unissant la science raisonnée à l'observation, il adoucit l'amertume des eaux destinées à désaltérer les Israëlites (1). Il ordonna, dit Josèphe (2) de tirer l'eau des puits, assurant que celle qui viendrait après serait douce : il savait qu'elle n'aurait pas le temps de se saturer des sels contenus dans le sable. Il y jeta ensuite (selon le récit de la Bible) (3) un morceau de bois amer ; suivant Philon, il montra ce bois aux Juifs, et leur commanda de le jeter dans l'eau pour la rendre potable (4) ; soit, ajoute l'écrivain hébreu, que ce bois reçut alors du Ciel une telle vertu, soit *qu'elle lui fût propre et qu'on l'eût jusqu'alors ignorée.* Tant que de pareils secrets ne sont pas devenus vulgaires, on sent combien leur emploi inspirera de reconnaissance

---

(1) Les religieux du couvent *du Tor*, en Palestine, montrent aux voyageurs douze fontaines dont les eaux sont chaudes et amères : ils assurent que ce sont les sources *d'Elim* dont l'eau fut rendue douce par Moïse. (Thévenot. *Voyage fait au Levant*, etc. Paris 1665.) pag. 317-318.

(2) *Flav. Joseph. Ant. Jud.* lib. III. cap. I.

(3) *Exod.* cap. XV. v. 25.

(4) *Philo. jud. De vitâ Mosis.* lib. I.

et d'admiration, en des contrées où la nature refuse presque partout une eau potable aux besoins de l'homme. La propriété de précipiter le limon et les bases des sels terreux que l'eau, ainsi recueillie, ne pouvait manquer de contenir, appartient, en effet, à divers bois amers, et particulièrement au laurier-rose (*rhododaphné*), arbre auquel la plupart des savans hébreux attribuent le miracle (1). On aime à voir ainsi l'observation d'un fait naturel suffire pour sauver de la mort une horde nombreuse, remarquable d'ailleurs dans les annales du monde, et par sa civilisation première dont l'empreinte subsiste jusque sur ses derniers descendans, et par cette religion nouvelle, qui, sortie de son sein, a parcouru un tiers de la terre habitée, laissant partout la trace de son influence puissante sur la civilisation des peuples et la destinée des hommes.

Passant à des notions plus relevées, nous

___

(1) *Nerium-Oleander.* L. Voyez sur ce sujet la *Dissertation* de M. Virey; *Journal de Pharmacie*. 1815. pag. 365-372.

rappellerons l'exemple d'Aclepiodote qui reproduisit chimiquement le gaz délétère qu'exhalait une grotte sacrée (1) : il prouve que l'on n'était point étranger, dans les temples, à une science si féconde en miracles. D'autres faits nous le confirment. Chef d'une de ces sectes qui, aux premiers siècles de l'église, s'efforçaient d'amalgamer au christianisme, les dogmes et les rites d'initiations particulières, Marcos remplissait de vin blanc trois coupes d'un verre transparent ; et pendant sa prière, la liqueur, dans l'une des coupes, devenait semblable à du sang, dans l'autre, pourpre, dans la troisième, bleue de ciel (2). En regard de cette merveille, que Marcos avait sans doute empruntée aux mystères de quelque temple, nous mettrons une merveille contemporaine. « Le professeur Beyruss, à « la cour du duc de Brunswick, avait promis « que son habit deviendrait rouge pendant le « repas ; ce qui eut lieu à l'étonnement du

---

(1) Ci-dessus, chap. 8. pag. 215-216.

(2) *S. Epiphan. contrà Haeres.* lib. 1. tom. 3. *contrà Marcosios. Haer.* 24. Sainte-Croix a, par inadvertance, attribué ce miracle aux Pépuzziens. (*Recherches sur les mystères du paganisme.* tom. II. pag. 190-191.)

« prince et des autres convives (1). » M. Vogel, qui rapporte ce fait, ne nous indique pas le secret dont usa Beyruss ; mais il observe qu'en versant de l'eau de chaux dans du suc de betterave, on obtient un liquide incolore ; qu'un morceau de drap, trempé dans ce liquide et seché promptement, devient rouge en quelques heures, par le seul contact de l'air ; et que cet effet peut être accéléré dans une salle où l'on verse, en abondance, du vin de Champagne ou d'autres boissons chargées d'acide carbonique... Plus rapidement encore, il se serait opéré dans un sanctuaire du polythéisme, au milieu des émanations de l'encens et des torches brûlantes ; et l'on aurait vu le voile qui couvrait les choses sacrées, changer sa couleur blanche en une couleur de sang, présage de désastres affreux.

D'affreux désastres s'annonçaient encore, quand on voyait le sang bouillonner sur les autels, dans les urnes, sur les marbres des temples..... En Provence, au XVII° siècle, lorsqu'on approchait du *Chef* prétendu de sainte Magdeleine, une fiole censée remplie

(1) *Journal de pharmacie*. tom. IV. février 1818.) p. 57-58.

de son sang solidifié, le sang se liquéfiait et bouillonnait soudain (1). Aujourd'hui encore, à Naples, on voit, chaque année, dans une cérémonie publique, quelques gouttes du sang de saint Janvier, recueilli et desséché depuis des siècles, se liquéfier spontanément, et s'élever, en bouillonnant, au sommet du vase qui le renferme. On peut opérer ces prestiges, en rougissant de l'éther sulfurique avec de l'orcanette (*onosma*. LINN.); on sature la teinture avec du *spermaceti* : cette préparation reste figée à dix degrés au-dessus de la glace, et se fond et bouillonne, à vingt degrés. Pour l'élever à cette température, il suffit de serrer quelque temps dans la main la fiole où elle est contenue.

De cette solution, si on lui accorde toute l'étendue que je lui donne, il suit que les Thaumaturges connaissaient les liqueurs alcoholiques, et l'art de la distillation nécessaire pour les obtenir; et que, par ce moyen, il leur était facile de produire le miracle des liquides enflammés et le spectacle des rivières brûlantes, dont ils étonnaient leurs admira-

(1) *Longueruana*. tom. 1. pag. 162.

teurs. Une telle supposition n'a rien de hasardé : dans un livre sacré des Hindous (1), livre ancien et où se trouvent recueillies les doctrines des siècles les plus reculés, il est fait mention de la création de l'eau-de-vie, sous le nom de *kèa-soum*. Le secret de la production de l'eau-de-vie n'est pas resté dans les temples. L'art de la distillation est pratiqué dans l'Hindoustan (2) de toute antiquité ; il l'est au Népaul (3) et au Boutan (4) ; il l'est au Thibet, où, du *chong* ou vin de riz, on retire l'*arra*, par un procédé que les indigènes n'ont certainement pas appris des Européens (5). Est-ce des Européens qu'ont reçu l'art de la distillation, les *Nagals* (6), peuple libre des montagnes de l'Assam, les habitans des provinces situées entre l'Ava, Siam et le Pégu, où l'on retire le *toddy* du suc de palmier-nipa,

(1) *Oupnek'hat.* Brahmen 24... Journal asiatique. tom. II. pag. 270.
(2) *Recherches asiatiques.* tom. I. pag. 335-345.
(3) *Bibl. univ. Littérat.* tom. IV. pag. 272.
(4) Turner. *Ambassade au Thibet.* etc. tom. I. pag. 50.
(5) Cadet-Gassicourt. article *Distillation*, dans le *Dictionnaire des sciences médicales*
(6) *Nouvelles Annales des voyages.* tom. XXXIII. pag. 234.

ou les insulaires de Sumatra, qu'en 1603, un voyageur (1) vit se servir d'alambics de terre, pour retirer, d'un mélange de riz et de jus de cannes à sucre, une liqueur aussi forte que notre eau-de-vie.

Non : et bien au contraire, il est probable que cinq siècles avant notre ère, l'art et ses produits avaient passé de la Haute-Asie dans l'Asie grecque et dans la Grèce. Il subsiste une trace de cette communication, si l'on admet les rapprochemens ingénieux au moyen desquels Schulz s'est efforcé d'établir que la *liqueur de Scythie*, le *Scythicus latex* de Démocrite, n'était autre chose que l'alcohol, dont le nom slave *korsalki* rappelle le nom de *chrusoloucos* (χρυσολουκος) que lui donnaient les anciens (2).

Plus tard, Aristote disait que l'art parvient à extraire une huile du sel commun (3). On ne peut guère douter qu'il ne s'agisse ici d'un

---

(1) François Martin. *Description du premier voyage aux Indes orientales par les français.* (Paris 1609.) pag. 56-70-71 et 166.

(2) Cadet-Gassicourt. art. *Distillation. Dictionnaire des Sciences médicales.*

(3) *Aristot. Problem.* x. iii. 13.

produit de la distillation, de l'acide hydrochlorique, qui aura reçu le nom d'*huile*, comme l'acide sulfurique a long-temps été connu sous le nom *d'huile de vitriol*. Enfin l'art de distiller, appliqué au cinabre pour en retirer le mercure, a été décrit par Pline et Dioscoride (1), et rien n'annonce que ce fût une découverte récente : or, cet art une fois connu, n'était-il pas naturel que les physiciens des temples cherchassent à l'appliquer aux liqueurs fermentées ?

Que dis-je ? des hommes moins habiles paraissent en Italie avoir connu cette application, ou du moins ses résultats. « Le vin de Falerne, dit Pline, est le seul qui s'allume par le contact de la flamme. » (2)... L'eau-de-vie commune ne jouit pas de cette propriété, si elle n'est préalablement échauffée : les fabricateurs de vin de Falerne y mêlaient donc une quantité notable d'alcohol ou d'eau-de-vie très-rectifié.

On est même tenté de demander s'il n'entrait point une dose d'alcohol, directement

---

(1) *Dioscorid.* lib. v. cap. cx. *Plin. Hist. nat.* lib. xxxiii. cap. 8.

(2) *Plin. Hist. nat.* lib. xiv. cap 6.

préparé, dans les vins grecs et romains, qui enivraient encore, lorsqu'on les buvait tempérés par deux parties d'eau ; dans ces vins que l'on conservait et que l'on bonifiait en les tenant à l'étage supérieur des maisons, dans des celliers qui s'imprégnaient de toute la chaleur du soleil. Soumis à cette épreuve, les vins les plus riches en esprit que l'on puisse aujourd'hui tirer du fruit de la vigne, subiraient promptement une fermentation acéteuse.

Ma conjecture, je l'avoue, s'accorde mal avec le peu que nous connaissons de l'art de la vinification chez les anciens; la différence pourrait bien ne prouver qu'une chose, c'est qu'alors, comme aujourd'hui, les arts les plus usuels avaient, dans leurs procédés, des secrets qu'on ne laissait pas volontiers percer au dehors. Quoi qu'il en soit, lorsque des *arcanes* d'un ordre plus relevé sortirent des temples de l'Inde pour enrichir les temples de l'Asie mineure, de l'Etrurie et de la Grèce, l'art d'obtenir, par la distillation, les liqueurs spiritueuses, devenu commun et en quelque sorte domestique dans toute l'Asie orientale, a-t-il pu ne pas suivre les mêmes chemins pour se répandre sur la terre? Enfin, l'argument général s'applique ici dans toute sa force : cet art était certainement connu dans les temples où s'opéraient des merveilles que lui seul peut expliquer.

CHAPITRE XV.

Secrets pour se préserver de l'atteinte du feu, employés pour opérer des merveilles dans les initiations et dans les cérémonies du culte; ils servaient aussi à braver impunément les épreuves par le feu; ils furent connus en Asie et en Italie, et mis en usage dans le Bas-Empire, et jusqu'à nos jours en Europe. Procédé pour rendre le bois incombustible.

Elle naquit aussi dans les temples, elle fut long-temps avant d'en sortir, et elle ne nous est pas entièrement révélée, la connaissance de ces substances énergiques qui, agissant à l'extérieur du corps organisé, donnent à l'homme le privilége d'affronter la flamme, l'eau bouillante, le fer rouge et les métaux fondus. La seule approche du feu est si effrayante, son atteinte est si douloureuse, que la merveille de s'y soustraire dut, sous plus d'une forme, se reproduire pour seconder les desseins du Thaumaturge.

1°. L'aspirant à l'initiation en faisait probablement l'expérience à son insu. Il serait absurde de croire que, dans les mystères, toutes les épreuves se passaient en illusions et en *escamotage* ; et l'épreuve du feu moins qu'une autre.

Les Tatars ont long-temps observé la coutume de faire passer entre deux bûchers allumés, pour le purger des influences malignes qu'il pouvait apporter, tout étranger qui approchait de leur horde, un ambassadeur ou un roi comme un simple voyageur (1). Que l'on resserre l'intervalle ménagé entre ces deux bûchers, la purification devient une épreuve, une torture, un supplice mortel. Rendons aux initiations une cérémonie qui leur a sans doute été empruntée : le prêtre y trouvera le pouvoir de faire disparaître dans

(1) Abel Remusat. *Mémoire sur les relations politiques des rois de France avec les empereurs Mongols.... Journal asiatique.* tom. 1. pag. 135.

les flammes, les imprudens qui se mettent à sa discrétion après l'avoir offensé, ou après avoir excité sa défiance sur leur bonne foi et leurs intentions secrettes.

Dans les initiations les plus anciennes, le feu jouait un rôle important : témoins les épreuves effrayantes que subit en ce genre Zoroastre, avant de commencer sa mission prophétique (1).

Dans les préparations à l'initiation, on comptait un ou plusieurs bains composés par les prêtres. Est-il difficile de supposer que ces bains communiquaient à l'aspirant une *incombustibilité* momentanée ? En le soumettant ensuite à l'épreuve du feu, on s'assurait de sa *foi*, si on lui avait persuadé qu'il était garanti de tout mal par sa confiance dans la divinité ; ou de son *intrépidité*, si cette persuasion ne le dominait pas. Sorti triomphant de l'épreuve, on pouvait compter sur son enthousiasme ou sur son courage ; on pouvait compter qu'au besoin, il braverait des dangers semblables, certain de s'en garantir, soit par le secret préservateur lorsqu'il était digne de

---

(1. *Vie de Zoroastre. Zenda-vesta.* tom. 1, IIe partie. pag. 24.

le connaître, soit par la confiance religieuse sans laquelle ce secret même était censé perdre son efficacité.

2°. Ce n'était pas seulement dans le spectacle des initiations que l'on frappait les esprits d'une admiration sainte, en montrant les favoris du ciel revêtus de cette merveilleuse invulnérabilité : le miracle fut souvent rendu public, tant on était sûr de son succès.

Les escamoteurs modernes paraissent mâcher des étoupes enflammées sans en être incommodés; et nous ne les regardons pas : le syrien Eunus, qui renouvela en Sicile le soulèvement des esclaves (1), et Barcochébas, qui fut le chef des Juifs dans leur dernière révolte contre Adrien (2), paraissaient tous deux vomir des flammes en parlant; et cette merveille faisait croire à la réalité de l'inspiration céleste, qu'en appelant des infortunés à la liberté, l'un prétendait avoir reçue de la

---

(1) *Florus.* lib. III. cap. 19. L'historien croit expliquer la manière dont Eunus opérait cette merveille; mais le procédé qu'il indique est à peu près impraticable. Nous en conclurons qu'Eunus, comme tant d'autres, recourait à des allégations mensongères, pour mieux cacher son secret.

(2) *S. Hiéronym. Apologetic.* II. *adv. Rufin.*

déesse de Syrie, l'autre du tout-puissant dieu d'Israël.

Les prêtresses de Diane *Parasya*, en Cappadoce, ne s'attiraient pas moins de vénération en marchant pieds nus sur des charbons embrasés (1). Les *Hirpi*, membres d'un petit nombre de familles établies sur le territoire des falisques (2), renouvelaient chaque année le même miracle, dans le temple d'Apollon sur le mont Soracte : leur *incombustibilité* héréditaire leur méritait l'exemption du service militaire et de plusieurs autres charges publiques. Varron (3) l'attribuait à l'efficacité d'une drogue dont ils avaient soin d'oindre la plante de leurs pieds.

Ainsi, pour pénétrer dans un sanctuaire, le héros d'un conte oriental (4) traverse une eau qui bout sans le secours du feu (une source d'eau thermale et gazeuse), et marche sur des lames d'acier rouges et brûlantes... Une pom-

---

(1) *Strabo.* lib. XII.

(2) *Plin. Hist. nat.* lib. VII. cap. 2. *Solin.* cap. VIII.

(3) « Ut solent Hirpini qui ambulaturi per ignem, medi « camento plantas tingunt. . . . . . . *Varro.* apud *Servium in Virgil. Aeneid.* lib. XI. vers 787-788.

(4) *Les mille et un jours.* CCCXCI° jour.

made dont il s'est frotté le corps l'a mis en état d'affronter impunément ces deux épreuves.

3°. On fit du même secret un usage plus populaire, et plus propre encore à augmenter le pouvoir sacerdotal.

Dans tous les pays, l'homme inhabile à dissiper l'erreur, à confondre le mensonge, a demandé hardiment au ciel un miracle qui dévoilât le crime et proclamât l'innocence ; laissant ainsi, au gré des interprètes du ciel, une expérience de physique, un hasard aveugle, une supercherie honteuse, décider de l'honneur et de la vie de ses semblables. L'épreuve du feu est, de toutes, la plus ancienne et la plus répandue ; elle a fait le tour de la terre. Dans l'Hindoustan, son antiquité remonte au règne des dieux. *Sitah*, épouse de *Ram* (VIe incarnation de Wishnou), s'y soumit et monta sur un fer rouge pour se purger des soupçons injurieux de son époux. « Le pied de *Sitah*, disent les historiens, étant enveloppé dans l'innocence, la chaleur dévorante fut pour elle un lit de roses. » (1)

---

(1) Forster. *Voyage du Bengale à Pétersbourg*. tom. 1 pag. 267-268.

Cette épreuve se pratique encore de plusieurs manières chez les Hindous. Un témoin, digne de foi, y vit soumettre deux accusés ; l'un porta sans se brûler une boule de fer rouge, l'autre succomba à l'épreuve de l'huile bouillante (1); mais nous observerons que celui-ci avait pour accusateur un brame, et que toutes les *ordalies* hindoues s'exécutent sous l'influence de la religion et des prêtres.

Le mystère de leur succès n'est pas au reste très-difficile à percer. Le même témoin (2) eut connaissance d'une préparation dont les *Pandits* hindous possèdent le secret, et dont il suffit de se frotter les mains pour pouvoir toucher un fer rouge sans se brûler. Il est aisé aux *Pandits* de rendre un bon office à l'accusé qu'ils protègent, puisque, avant qu'il subisse l'épreuve, ils doivent placer et attacher sur ses mains diverses substances, et particulièrement quatorze feuilles d'arbres (3).

Le voyageur mahométan qui, au IXe siècle,

---

(1) *Recherches asiatiques*. tom. I. pag. 478-483.
(2) *Ibid*. pag. 482.
(3) *Ibid*. pag. 477-479.

visita l'Hindoustan, y vit pratiquer l'épreuve du feu de la manière dont la décrit l'observateur anglais. L'épreuve de l'eau bouillante y était aussi en usage ; un homme qu'on y soumit devant lui, retira de l'eau sa main saine et entière.

Pressé de confondre ses calomniateurs, Zoroastre se laissa verser sur le corps de l'airain fondu, et n'en reçut aucun mal (1). Avait-il employé un préservatif analogue à celui dont usent les *Pandits* hindous? son biographe ne le dit pas ; mais, avant de le soumettre à cette terrible épreuve, ses adversaires le frottèrent de diverses drogues (2) : n'était-ce pas évidemment pour détruire l'effet des linimens salutaires dont ils soupçonnaient qu'il avait su se prémunir ?

L'épreuve du feu et le secret de s'y exposer impunément furent connus très-anciennement en Grèce : « Nous sommes prêts à manier le
« fer brûlant et à marcher à travers les flam-

---

(1) *Anciennes relations des Indes et de la Chine*. trad. par Renaudot. pag. 37-38.
(2) *Vie de Zoroastre Zenda-vesta*. tom. I. partie IIe. pages 32-33.

» mes, pour prouver notre innocence, » s'écrient, dans Sophocle (1), les Thébains soupçonnés d'avoir favorisé l'enlèvement du corps de Polynice.

A la chute du Polythéisme survécurent et l'épreuve et le secret. Pachymère (2) assure qu'il a vu plusieurs accusés prouver leur innocence en maniant un fer rouge sans en être incommodés. A Didymothèque (3), une femme reçoit de son mari l'ordre de se purger, en subissant la même épreuve, de soupçons très-violens qu'il a conçus contre elle. Les soupçons étaient fondés ; la femme le confesse à l'évêque de la ville : par son conseil, elle prend le fer rouge, le porte en faisant trois fois le tour d'une chaise ; puis, au commandement de son mari, elle le dépose sur la chaise qui prend feu aussitôt. L'époux ne doute plus de la fidélité de sa femme.....
Cantacuzène rapporte le fait comme un miracle, et nous comme une preuve de

---

(1) *Sophocl. Antigon.* vers 274.
(2) *Pachym.* lib. 1. cap. 12.
(3) Vers l'an 1340 de notre ère. *Cantacuzen.* lib. III cap. 27

la sage indulgence et de l'instruction du pontife.

En 1065, des moines angevins, dans un procès, produisirent pour témoin un vieillard qui, au milieu de la grande église d'Angers, subit l'épreuve de l'eau bouillante : du fond de la chaudière, où l'on avait, au dire des moines, fait chauffer l'eau plus qu'à l'ordinaire, il confirma son témoignage, et sortit sans avoir éprouvé aucun mal.

Deux cents ans plus tard, Albert-le-Grand (1) indiquait deux procédés propres à donner au corps de l'homme une *incombustibilité* passagère. Un écrivain du XVIe siècle (2) prétend qu'il suffit de se laver les mains dans l'urine ou l'eau de lessive, puis de les tremper dans l'eau fraîche, pour pouvoir ensuite laisser couler dessus du plomb fondu, sans en être incommodé. Il affirme, ce dont on peut douter, qu'il en a lui-même fait l'expérience.

Des charlatans qui plongent devant nous

(1) *Albert. De mirabilibus mundi.*
(2) E. Taboureau. *Des faux sorciers.*

leurs mains dans du plomb fondu, peuvent décevoir nos yeux en substituant au plomb une composition de même couleur, qui se liquéfie à une chaleur très-modérée : tel est le *métal fusible* de *Darcet*. La science, s'il le fallait, composerait bientôt, je crois, un *métal fusible* qui ressemblerait extérieurement au cuivre ou au bronze. Elle enseigne aussi les moyens de donner les apparences de l'ébullition à un liquide médiocrement échauffé. Mais les épreuves judiciaires ou religieuses n'ont pas toujours été dirigées par des hommes disposés à favoriser la supercherie. La supercherie d'ailleurs n'est pas facile à concevoir dans l'épreuve du fer rouge. Et toutefois, le secret de braver cette épreuve est aussi répandu que son usage. On l'a retrouvé dans les deux parties de l'Afrique. Chez les Cafres, chez les peuples de Loango, les voyageurs portugais ont vu des accusés se justifier en maniant du fer rouge. Chez les Ioloffs [1], si un homme nie le crime qu'on

---

[1] G. Mollien. *Voyage dans l'intérieur de l'Afrique, aux sources du Sénégal et de la Gambie.* tom. 1. pag. 105.

lui impute, on lui applique sur la langue un fer rouge. Il est déclaré coupable ou innocent selon qu'il se montre ou non sensible à l'atteinte du feu ; et tous les accusés ne sont pas condamnés.

Comment donc ce secret n'est-il pas encore parfaitement connu des savans Européens; quoique nous ayons des communications intimes avec l'Hindoustan, où il existe certainement ; quoique, de nos jours, des hommes *incombustibles* aient soumis leurs expériences à l'examen de ce que la France possède de plus éclairé, avec autant d'assurance qu'ils s'exposaient à la curiosité publique ?

Notre incertitude sur ce point est d'autant plus remarquable, que nous connaissons beaucoup mieux les moyens dont se servaient les anciens pour mettre des substances inanimées à l'abri des atteintes du feu. L'art de filer et de tisser l'amiante était poussé par eux assez loin, pour avoir souvent étonné, par des miracles, les regards de l'ignorance. Ils savaient aussi que le bois enduit d'alun refuse long-temps de s'enflammer: telle était la tour de bois élevée dans le Piréc par Archélaüs, et que Sylla tenta vainement d'embraser (1). La tour de bois de *Larix* à laquelle César ne put mettre le feu (2), était préservée, par quelque enduit analogue, de l'atteinte de la flamme : nous ne connaissons point de bois incombustible, et le *larix* ou mélèse ne jouit pas plus qu'un autre, de cette rare qualité. L'opinion qui la lui attribuait servait donc à cacher, sous un prodige imaginaire, un secret réel, dont on voulait se réserver la possession exclusive.

(1) A. *Claud. quadrigar. Annal.* lib. xix. apud. *A. Gell.* lib. xv. cap. 1.

(2) *Vitruv. de Architect. lib.* ii. cap. 9.

CHAPITRE XVI.

Secrets pour agir sur les sens des animaux. Exemples modernes et anciens. Pouvoir de l'harmonie ; pouvoir des bons traitemens ; crocodiles et serpens apprivoisés ; reptiles dont on détruit ou dont on épuise le venin. *Psylles* anciens : la faculté qu'ils avaient de braver la morsure des serpens, mise hors de doute par des expériences récentes, fréquemment répétées en Égypte ; cette faculté tient à des émanations odorantes qui affectent les sens des reptiles et échappent aux sens de l'homme.

Presque aussi terribles que le feu, et souvent plus difficiles à éviter, les reptiles venimeux, les animaux féroces perdront-ils le pouvoir de nuire, dès que l'ordonnera l'homme doué d'une science surnaturelle ?

Les récits des anciens sur ce sujet ont toujours révolté l'incrédulité des modernes.

L'histoire d'Orphée passa pour une allégorie gracieuse ; et ce n'était que des *escamoteurs*, ces hommes qui, dans le spectacle des initiations, maniaient impunément des serpens, ces Ménades qui se jouaient avec des tigres et des panthères.

On ne nie point cependant qu'il n'existe des moyens *occultes* d'agir sur les animaux soustraits à notre empire par leur indépendance naturelle. L'odeur de la *cataire* et celle du *marum*, surtout dans les pays chauds, exercent sur l'odorat des chats une action si énergique qu'elle paraîtra merveilleuse à l'homme qui, pour la première fois, en observera les effets : on en tirerait aisément parti pour attirer à soi l'animal qu'elle affecte. Si l'on en croit les observateurs anciens, l'éléphant aime les odeurs suaves, celle des fleurs, celle des parfums (1); et les chèvres du Caucase, vivement flattées du parfum du *cinnamomum*, suivent avec empressement la main qui leur en présente (2). Aujourd'hui, à Londres, quelques hommes

---

(1) *Aelian. de nat. animal.* lib. 5. cap. 3.
(2) *Philostrat vit. Apollon.* lib. III. cap. 1.

possèdent l'art de faire sortir des souris de leurs trous, en plein jour, et de les contraindre à entrer dans une souricière ; le *charme* consiste à enduire sa main d'huile de cumin ou d'huile d'anis, et à en frotter quelques brins de paille que l'on introduit dans la souricière (1). On a vu, dans le siècle dernier, un homme marcher couvert d'un essaim d'abeilles qui, répandues sur ses mains et sur sa figure, semblaient avoir oublié leurs ailes et leurs aiguillons. Il est probable que son secret se rapprochait de celui que nous venons d'indiquer.

« Comme on avait lâché sur Thècle d'au-
« tres bêtes redoutables, toutes les femmes
« ayant jeté sur elle, l'une du nard, l'autre
« de la cassia, celle-ci des aromates, celle-là
« de l'huile parfumée, les bêtes furent comme
« accablées de sommeil ; elles ne touchèrent
« point Thècle... » (2). Ce récit, emprunté à un écrit qui date des premiers temps du christianisme, a probablement pour base quelque fait réel ; et l'usage des odeurs pé-

---

(1) *Bibliothèque universelle. Sciences.* tom. IV. pag. 263.
(2) *Actes de Thècle et de Paul, apôtre.*

nétrantes a pu sauver quelquefois des malheureux, condamnés à assouvir la faim d'animaux carnassiers. Pour rester sans crainte au milieu d'eux, il suffisait, dit-on, de se frotter le corps de graisse d'éléphant (1) : l'odeur aussi pénétrante que fétide propre au cadavre de ce grand quadrupède, rend la chose moins incroyable. Un secret analogue motivait sans doute la sécurité du jongleur que l'on voyait, dit Tertullien (2), exposer en public des bêtes féroces dont il défiait et évitait les morsures avec une habileté merveilleuse. Firmus, qui revêtit un moment la pourpre impériale à Alexandrie, nageait impunément au milieu des crocodiles; on suppose qu'il devait cet avantage à l'odeur de la graisse de crocodiles dont il se frottait le corps (3). Les prêtres mexicains se (4) frottaient également d'une pommade à laquelle ils attribuaient des vertus magiques; et ils erraient de nuit, dans les lieux déserts, sans redouter les bêtes féroces, que l'odeur de

---

(1) *Aelian. De nat. animal.* lib. 1. cap. 37.
(2) *Tertullian. Apologetic.* cap. 16.
(3) *Vospic. in Firmo.*
(4) Voyez ci-après. chap. xviii.

cette onction suffisait pour éloigner. Il existe encore, pour se faire suivre, sans danger, d'animaux d'ailleurs redoutables, un moyen pratiqué communément par les hommes qui font profession de détourner les chiens pour les livrer aux anatomistes, et quelquefois par par les chasseurs qui veulent attirer les loups dans un piége. Il consiste à frapper les sens du mâle, par les émanations que, dans la saison du rût, exhale la femelle. Il a été indiqué avec détail par l'écrivain le plus original et le plus philosophe du seizième siècle (1). Galien (2) en avait fait mention : mais il était connu long-temps avant ce médecin célèbre. Dans le temple de Jupiter, à Olympie, on montrait un cheval de bronze à l'aspect duquel les chevaux entiers éprouvaient les plus violens désirs. En disant que, dans la fonte de la statue, un magicien avait versé de l'*hippomanès*, Elien et Pausanias (3) nous donnent le secret du miracle. Toutes les fois

---

(1) Rabelais. *Hist. de Gargantua et de Pantagruel.* liv. 1. chap. 22.
(2) *Galen.* lib. 1. *Aphorism.* 22.
(3) *Pausanias. Eliac.* lib. 1. cap. 27. *Plin. Hist. nat.* lib. XXVIII. cap. 2. *Aelian. De nat. anim.* lib. XIV. cap. 18.

qu'on le voulait opérer, on enduisait convenablement le bronze d'*hippomanès* liquide, ou d'une drogue qui en exhalait l'odeur (1).

Un artifice semblable attirait les taureaux vers la génisse d'airain, chef-d'œuvre de Myron : comme il n'est pas probable que ces animaux fussent sensibles à la beauté de la sculpture, une représentation moins parfaite, mais disposée de même, aurait également déçu leurs désirs.

Le même secret indique peut-être l'origine du charme qui entraînait, dit-on, à la suite d'un mortel favorisé des Dieux, les lions et les tigres dépouillés de leur férocité. Plus généralement, on a attribué ce miracle au pouvoir de la musique. Platon assure que le chant et la mélodie adoucissent les animaux sauvages, apprivoisent les reptiles (2). On

---

(1) « L'hippomanès est une plante qui croît en Arcadie ; « par elle les jeunes coursiers et les promptes cavales sont « livrés à des désirs furieux. » (*Theocrit. Eidyll.* II. vers 48-49.) Junius Philargyrus (in *Georgic.* lib. III. vers 280) borne l'effet de cette plante aux cavales qui en mangeaient. Peut-être, néanmoins, l'odeur qu'exhalait ce végétal était-elle le principe de ses propriétés ; et l'on pouvait s'en servir pour opérer la merveille que nous discutons.

(2) *Plato. de Rep.* lib. II.

serait tenté de croire qu'en cette occasion encore, le philosophe s'est laissé dominer par la vivacité peu philosophique de son imagination : il n'a fait que répéter une opinion reçue, et fondée, disait-on, sur des observations. Le charme de la musique consolait les éléphans tombés au pouvoir de l'homme, de leur captivité ; dans la domesticité, il suffisait pour les dresser à exécuter des mouvemens mesurés et cadencés (1). La musique trouvait, en Libye, les cavales sauvages assez sensibles, pour qu'elle devînt un moyen de les apprivoiser (2). Quelques poissons même n'étaient pas à l'abri de son pouvoir; il en rendait la capture plus facile (3)..... Les modernes, moins disposés à croire, sont pourtant forcés de reconnaître l'action qu'exerce la musique sur les tortues et les araignées : son influence sur les éléphans a été récemment constatée sous nos yeux. Un voyageur a vu avec surprise, de pesans hippopotames, réjouis par le bruit mesuré d'une

---

(1) *Aelian. De nat. animal.* lib. xii. cap. 44. et lib. ii. cap. ii.

(2) *Aelian. De nat. animal.* lib. xii. cap. 44.

(3) *Aelian. De nat. animal.* lib. vi. cap. 31-32.

marche guerrière, suivre, à la nage, des tambours le long d'un fleuve (1). Les grands lézards et les iguanes sont susceptibles de sensations encore plus prononcées : un chant, un sifflement doux et mesuré a suffi plus d'une fois pour les arrêter jusque sous la main du chasseur (2).

Les chats que fatiguent ou effrayent des sons trop éclatans, sont agréablement affectés par la musique, si l'on proportionne la douceur des modulations à la susceptibilité de leurs organes. Les chiens, au contraire, paraissent n'en recevoir que des impressions douloureuses. Les sons élevés et perçans leur arrachent des hurlemens prolongés. On gardait, dans un temple, une lyre qui passait pour être celle d'Orphée : un amateur l'acheta, persuadé qu'en la touchant, il verrait, comme le premier possesseur de l'instrument, accourir autour de lui les animaux charmés par la mélodie. Il en fit l'essai dans

---

(1) *Voyages et découvertes en Afrique*, par Oudney, Denham et Clapperton. tom. II. pag. 47.

(2) Lacépède. *Histoire naturelle des quadrupèdes ovipares*. art. *Iguane*. — Fournier-Pescay. *Dictionnaire des sciences médicales*. art. *Musique*.

un lieu écarté, et périt bientôt déchiré par des chiens sauvages (1). Ce ne fut point, comme le prétend Lucien, sa présomption qui lui coûta la vie; mais son imprudence, mais l'oubli d'un effet physique que nous rappelle une expérience journalière, et qui mettrait en danger les jours d'un joueur d'orgues, si, hors de portée de tous secours, il faisait retentir les sons criards de son instrument au milieu d'une troupe de dogues peu apprivoisés.

L'influence des sons modulés sur les animaux a dû être étudiée autrefois plus qu'elle ne l'est aujourd'hui ; ses expériences plus variées, leurs résultats plus étendus. Rappelons-nous que dans les temples, on cherchait, on essayait tous les moyens d'opérer des merveilles : et quelle merveille plus séduisante, plus digne de figurer dans la célébration des mystères dont Orphée avait été l'un des premiers instituteurs, que celle qui réalisait le miracle brillant d'Orphée ?

(1) *Lucien.* « Contre un ignorant qui achetait beaucoup de livres.» *OEuvres complettes de Lucien.* tom. IV, pag. 274-276.

Nous ignorons jusqu'où peut aller le développement moral des animaux, nous qui dans nos rapports avec eux, demandons tout à la terreur, à la contrainte, au malaise, aux supplices : rarement ou jamais, cherchons-nous à connaître ce que l'on peut obtenir par la douceur, les caresses, les sensations agréables. Nous semblons, dans la pratique, suivre la bizarre opinion de Descartes : nous traitons les animaux comme s'ils étaient des machines. Des peuples moins éclairés que nous, les traitent comme des êtres sensibles, et non moins susceptibles que les hommes, d'être conduits par les bons traitemens et par le parti que l'on sait tirer de leurs penchans et de leurs affections. Ce qu'ils en obtiennent rend croyable ce qu'ont raconté les auteurs anciens d'animaux sauvages, devenus domestiques et même affectionnés. Les cynocéphales et les taureaux perdaient, les uns leur amour vagabond de l'indépendance, les autres, leur naturel farouche et ombrageux ; les lions même et les aigles déposaient leur fierté, et l'échangeaient contre un attachement soumis pour l'homme dont ils recevaient les soins (1). Ces miracles s'opéraient le plus souvent dans les temples.

Ce n'est point dans l'Europe civilisée que l'emploi des *pigeons messagers* a pris naissance : telle est en Orient son antiquité, que les écrivains nationaux affirment qu'il était usité dans la Pentapole de Palestine. Deux mois suffisaient aux Arabes, pour une éducation à laquelle les mauvais traitemens n'avaient aucune part; et les pigeons étaient si bien dressés, que, suivant la direction dans laquelle on les lâchait, ils portaient des messages dans trois endroits différens (2).

Proposez à un Européen d'apprivoiser un crocodile : s'il l'entreprend, il emploiera la faim, la privation de sommeil; il affaiblira l'animal au point de le rendre, sinon docile, au moins incapable de résistance. Laing (3) a vu chez le roi des Soulimas, un crocodile privé, et aussi docile que le pourrait être

---

(1) *Aelian. De nat. animal.* lib. II. cap. 40. v. 39. VI. 10. 4. XII. 23.

(2) *La colombe messagère, etc.* traduit de l'Arabe par Sylvestre de Sacy. (in-8°. Paris 1805), pag. 36-58 et 74.

(3) Laing. *Voyage dans le Timanni, le Kouranko et le Soulimana.* pag. 353.

un chien : mais encore, cet animal était captif, renfermé dans un bassin, dans l'intérieur du palais ; n'aurait-il pas repris, avec la liberté, sa férocité naturelle ? Je répondrai à cette question par le récit d'un missionnaire anglais (1). Dans l'île de Sumatra, en 1823, à l'embouchure de la rivière de Beaujang, s'était établi un crocodile d'une grande taille ; il en avait chassé les autres crocodiles, et dévorait tous ceux qui se hasardaient à y reparaître. Les habitans lui rendaient un culte divin, et lui apportaient, avec respect, des alimens. « Passez, disaient-ils à l'Européen qui crai- « gnait d'approcher de l'animal ; passez, notre « Dieu est clément. » Celui-ci regarda, en effet, paisiblement le bateau du missionnaire, sans donner de signes de crainte, de colère, ni d'envie d'attaquer. Ce fait nous rappelle les crocodiles sacrés qu'adorait le peuple d'un nome d'Égypte. Cela est-il vrai, disions-nous ; cela est-il possible ? Les prêtres eux-mêmes ne risquaient-ils pas, chaque jour, de

---

(1) John Anderson. *Mission à la côte orientale de Sumatra, dans l'an 1823. Nouvelles Annales des voyages.* tome xxx. pag. 260.

devenir la proie de leur divinité, d'un animal féroce et stupide, redoutable sur la terre, et dans l'eau encore plus redoutable?... Loin de là, nous voyons avec quelle facilité ils pouvaient apprivoiser l'animal divinisé. Rassuré ainsi, par une longue expérience, contre la crainte des agressions de l'homme et l'inquiétude du besoin, le crocodile devait perdre son instinct malfaisant; et il y avait probablement peu d'exagération dans ce que disait, du crocodile sacré, un disciple des prêtres Égyptiens : « Le *soukhos* est juste, car il ne « fait jamais de mal à aucun animal (1). »

L'agilité des mouvemens du serpent, la force énorme de quelques-uns de ces reptiles, la difficulté de distinguer au premier coup-d'œil ceux dont la morsure n'est pas empoisonnée, en voilà assez pour expliquer la crainte et l'horreur que les serpens inspirent,

---

(1) *Damasc. Isidori. Vit.* apud *Photium. Biblioth. cod.* 242... *Soukh-os* : ce nom peut dériver de *e-Msooh*, nom copte-thébain du crocodile, suivant Mr Champollion (*Bulletin des sciences.* tom. VII. pag. 297). Suivant M. Geoffroy-St-Hilaire, il désigne une variété de l'espèce du crocodile : le soukhos était rarement redoutable pour les hommes; et son apparition annonçait aux Égyptiens le commencement de la crue du Nil.

et l'idée d'un pouvoir surnaturel attachée au talent de les braver, de les réduire à l'impuissance. Aussi le biographe de **Pythagore**, attentif à exalter son héros, nous fait-il admirer le philosophe, exerçant sur les animaux un pouvoir égal à celui d'Orphée, et maniant impunément des serpens très-dangereux pour tout autre que lui (1). Les jongleurs qui donnaient en public un spectacle semblable, profitaient de l'effroi qu'il leur était facile d'inspirer, pour rançonner les curieux ; ce singulier genre d'escroquerie se répéta assez souvent pour attirer sur ses auteurs l'animadversion des lois (2).

On compte, toutefois, un grand nombre d'espèces de serpens dont la morsure ne porte avec elle aucun venin, et dont le caractère familier permet aisément de les apprivoiser. Tels étaient sans doute les serpens monstrueux, mais incapables de nuire, que l'on

---

(1) *Iamblich. in Vit. Pythag.* cap. xiv et cap. xviii.
(2) « In circulatores qui serpentes circumferunt et propo« nunt, si cui, ob eorum metum, damnum datum est, pro
« modo admissi actio dabitur. » *Digest.* lib. xlvii. tit. xi.
§ xi.

admirait dans plusieurs temples anciens (1) ;
et le serpent de quinze pieds de long qu'avait
apprivoisé Ajax, fils d'Oilée (2), et qui le
suivait comme un chien fidèle ; et l'énorme
reptile que prirent vivant les soldats de Ptolémée Aulétès (3), et qui devint bientôt aussi
doux qu'un animal domestique. On a vu mille
fois en Europe, des couleuvres privées, parfaitement dociles et caressantes. On montra au
voyageur Laing, dans le Timanni (4) un serpent qui, à l'ordre d'un musicien, accourait,
se roulait, se courbait, sautait, aussi obéissant, aussi adroit que les animaux les mieux
dressés. Parmi les nègres de la Guyane hollandaise, on voit des femmes qui font le métier de devineresses : une des preuves de leur
talent surnaturel est de faire descendre d'un
arbre, et d'apprivoiser, rien qu'en lui parlant, le serpent *papa* ou *ammodite*, reptile

(1) *Aelian. De nat. animal.* lib. XIII. cap. 39. XV... 321.
XVI 39.

(2) *Philostrat. in Héroïc.*

(3) *Tzetzès. Chiliad.* III. n. 113.

(4) Laing. *Voyage dans le Timanni, le Kouranko*, etc.
pag. 241-242.

d'une dimension assez forte, mais qui n'est jamais dangereux (1).

Il est peu de contes plus communs que ceux de *génies* revêtus de la forme de serpens, et commis à la garde de trésors souterrains : cette croyance est encore populaire en Bretagne, dans le district de Lesneven (2). Elle est générale dans l'Hindoustan ; et là du moins elle peut n'être pas toujours dénuée de fondement. Voici ce que raconte Forbes, observateur anglais, que l'on cite généralement avec confiance. Dans un village de l'Hindoustan, un caveau, placé sous une tour, renfermait, disait-on, un trésor gardé par un *génie*, sous la forme de serpent. Guidé par l'ouvrier même qui avait construit le caveau, Forbes le fait ouvrir : à une profondeur assez considérable, il y découvre un énorme serpent, qu'il compare, pour la grosseur, à un câble de vaisseau. Le reptile, se déroulant lentement, dresse sa tête vers l'ouverture pratiquée dans la partie supérieure..... On se hâte d'y jeter une grande

---

(1) Stedmann. *Voyage à Surinam.* tom. III. pag. 64-65.
(2) Cambry. *Voyage dans le département du Finistère.* tom. 2, pag. 25.

quantité de foin enflammé : le serpent meurt étouffé. Forbes y trouva son cadavre; mais non pas le trésor; le propriétaire l'ayant sûrement enlevé avant de s'enfuir.... (1). Le lecteur observera, comme nous, que la construction du caveau était peu ancienne : le serpent qu'on y plaça, avait donc atteint déjà une forte dimension; il était donc bien apprivoisé, bien docile, puisqu'il sy laissa renfermer; il connaissait donc bien son maître, puisque celui-ci put enlever ses richesses, sans avoir rien à craindre de la sentinelle qui veillait sur elles, et à laquelle il aurait dû sauver la vie, en lui rendant alors la liberté.

Les serpens les plus dangereux, à l'exception de ceux que leur force rend redoutables, cessent d'être nuisibles, dès qu'on leur a arraché les dents canines, destinées par la nature à verser, dans les plaies qu'ils font, le poison dont elle les a armés. Souvent même il suffit de leur faire mordre, à plusieurs reprises, un morceau d'étoffe ou de feutre, et d'épuiser ainsi les réservoirs de la liqueur vénéneuse,

---

(1) Forbes. *Oriental Mémoirs. The Monthly repertory.* tome XXI, pag. 367-369.

pour que leur atteinte, pendant un ou plusieurs jours, n'entraîne aucun danger. Dans les grandes villes de l'Europe et dans l'intérieur sauvage de l'Afrique (1), l'un ou l'autre secret est mis en usage par les charlatans qui, aux yeux d'une foule effrayée, bravent, en se jouant, la morsure de reptiles venimeux. L'un ou l'autre explique la douceur du serpent que virent, dans la Haute Égypte, il y a cent ans, deux voyageurs français (2), et que la superstition présentait, tour-à-tour, comme un ange, un génie bienfaisant, et comme le démon qui étrangla jadis les six premiers époux de l'épouse du jeune Tobie.

Des jongleurs hindous se laissent mordre par des serpens, dit un voyageur (3); et quand la force du poison les a fait extraordinairement enfler, ils se guérissent soudain avec des huiles et des poudres qu'ils vendent ensuite aux spectateurs. L'enflure n'est sûre-

(1) *Voyages et découvertes en Afrique*, etc., par *Oudney, Denham et Clapperton*. tom. III. pag. 39-40.
(2) *Voyage du sieur Paul Lucas* en 1699. tom. I. pag. 72-78. etc. — *Voyage du sieur Paul Lucas* en 1715. tom. II. pag. 348-354. — *Voyage fait en Egypte par le sieur Granger*, pag. 88-92.
(3) Terry. *East. Ind.* sect. IX.

ment qu'apparente ; l'art de combattre un poison déjà si avancé dans ses progrès, est trop merveilleux pour qu'on y croie légèrement : il suffit aux jongleurs de se prémunir contre le danger des morsures qu'ils affrontent, en forçant d'avance le reptile à épuiser les réservoirs où est renfermé son venin. On ne peut douter qu'ils ne se servent de ce secret, puisque Koempfer (1) l'a vu mettre en usage dans le même pays, par les jongleurs qui dressent jusqu'à un certain point, à l'obéissance, le serpent *Nagâ* dont le poison est si justement redouté.

Mais que la morsure venimeuse d'un reptile fût sans danger pour certains hommes et mortelle pour tous les autres, on reléguait cette assertion parmi les fables ; on interprétait dans le sens allégorique les passages nombreux où l'écriture parle du *pouvoir de charmer* les serpens. Les hommes qui, en Chine, aussi hardis que les Psylles anciens, s'exposent à des morsures réellement dangereuses, on ne voulait voir en eux que des charlatans habiles. Vainement les écri-

---

(1) Koempfer. *Amoen. exot.* pag. 565 et seq.

vains latins et grecs assurent-ils que le don de *charmer* les reptiles venimeux était héréditaire dans certaines familles, et depuis un temps immémorial; qu'en Italie il était le partage des *Marses*, et en Chypre des *Ophiogènes*, qui prétendaient tirer leur origine, ceux-ci d'une vierge de Phrygie unie à un dragon sacré, ceux-là de la magicienne Circé; que dans l'Hellespont et en Afrique, ces hommes privilégiés formaient une tribu (1)…. On invoquait, pour repousser leur témoignage, le témoignage de Galien qui dit que, de son temps, les Marses ne possédaient aucune recette secrète, que leur talent se bornait à tromper le peuple par l'adresse et la fraude (2); et l'on en concluait que la fraude et l'adresse avaient, de même, été mises en œuvre de tout temps. On n'apercevait point que l'assertion du médecin de Pergame est détruite par un trait connu de l'histoire d'Héliogabale : cet empereur (3) fit recueillir des

---

(1) *Plin. Hist. nat.* lib. VII. cap. 2. — *A. Gell. Noct. Attic.* lib. IX. cap. 12. et lib. XV. cap. 2. *Strabo.* lib. XIII. *Aelian. De nat. animal.* lib. I. cap. 57. et lib. XII. cap. 39.

(2) *Galian. libr. De theriac. ad Pison.*

(3) *Lamprid. in Ant. Heliogabal.*

serpens par les prêtres Marses, et les fit jeter dans le cirque, à l'instant où le peuple y accourait en foule : beaucoup de personnes périrent des morsures de ces reptiles que les Marses avaient impunément bravées.

Des voyageurs dignes de foi sont venus enfin, et nous ont dit *j'ai vu* : Bruce et Hasselquist (1) se sont assurés, par leurs propres yeux, qu'en Égypte, en Arabie et surtout dans le Sennaar, beaucoup d'hommes ont le privilége de braver impunément la morsure des vipères, la piqûre des scorpions, et de frapper ces animaux, retenus dans leurs mains, d'un douloureux engourdissement. Pour compléter leur ressemblance avec les *Psylles* anciens, les modernes assurèrent à Bruce qu'ils naissaient avec cette faculté merveilleuse. D'autres prétendaient la devoir à un mystérieux arrangement de lettres, ou à quelques paroles magiques : ceci se rapproche des anciens chants, propres à charmer

---

(1) Bruce. *Voyage aux sources du Nil.* tom. IX. pag. 402-403-412-417. — Hasselquist. *Voyage dans le Levant.* tom. I. pag. 92-93-96-100.

les serpens, et fournit un nouvel exemple de l'habitude si préjudiciable à la science, de céler un secret physique en attribuant ses effets à des pratiques insignifiantes et superstitieuses.

Les doutes, s'il pouvait en subsister, ont été levés sans retour à l'époque de la brillante expédition des Français en Égypte. Voici ce qu'on raconte, ce qu'attesteront encore des milliers de témoins oculaires : des *Psylles* qui prétendent, ainsi que Bruce l'a rapporté, tenir de leur naissance la faculté qui les distingue, vont de maison en maison offrir leur ministère pour détruire les serpens de toute espèce, qui y sont presque toujours communs. A les croire, un instinct merveilleux les entraîne d'abord vers le lieu où se cachent les serpens. Furieux, hurlant, écumant, ils s'y jettent, ils s'y traînent, saisissent les reptiles sans redouter leurs morsures, et les déchirent avec les ongles et avec les dents.

Mettons sur le compte du charlatanisme, les hurlemens, l'écume, la fureur, tout ce qui rappelle, en un mot, les efforts pénibles que feignaient les Marses, en répétant les chants propres à faire périr les reptiles (1). L'instinct qui avertit les *Psylles* de la présence des serpens a quelque chose de plus réel. Les nègres, aux Antilles, découvrent par l'odorat un serpent qu'ils ne voient pas : c'est qu'en effet les serpens exhalent une odeur fade et nauséabonde (2). Le même indice, en Égypte, frappe des hommes exercés dès l'enfance, et comme héréditairement, à la chasse des reptiles, et cela même à une distance trop forte pour que les miasmes parviennent aux organes émoussés d'un Européen. Le fait principal, d'ailleurs, la faculté de réduire à l'impuissance par le seul contact ces animaux dangereux, reste bien constatée ; et toutefois nous n'en connaissons pas mieux la nature de ce secret célèbre dans l'antiquité, et conservé jusqu'à nos jours par les plus ignorans des hommes.

Quelques réflexions sur ce sujet ne paraîtront peut-être pas déplacées.

Les sens des animaux sont semblables aux

---

(1) « Venas intendens omnes. » *Lucil. Satyr.* lib. xx.
(2) Thibaut de Chanvalon. *Voyage à la Martinique.* pag. 100.

nôtres ; mais la ressemblance n'est pas absolue. Nous n'apercevons point des substances qui les affectent avec force ; et ils ne semblent point affectés différemment par celles qui nous paraissent les plus dissemblables. Cela est vrai du sens de l'odorat : le chien qui possède un odorat si exquis, si susceptible d'impressions délicates dont rien ne nous donne l'idée, le chien ne paraît mettre aucune différence, pour le plaisir, entre un parfum suave et une odeur infecte. Une diversité si marquée entre nos sensations et celles qu'éprouvent les animaux, a dû offrir souvent des moyens d'agir sur eux, sans agir sur les sens des hommes. Les chiens n'entraient point, à Rome, dans le temple d'Hercule ; l'odeur de la massue, que le Dieu avait laissée jadis à la porte, suffisait encore, après quatorze siècles, pour les en éloigner (1) : Les prêtres, sans doute, avaient soin de renouveler, de temps en temps, cette odeur qui n'était point sentie par les hommes, et qui perpétuait le miracle. Albert-le-Grand possédait une pierre qui attirait les serpens...

(1) Solin, cap. 11.

S'il pouvait y avoir quelque chose de vrai dans ce récit, nous l'attribuerions à une cause analogue : les reptiles sont, comme beaucoup d'insectes, susceptibles d'être vivement affectés par des émanations odorantes.

Galien a, je crois, été abusé par une déclaration mensongère que faisaient les Marses et les Psylles pour mieux cacher leur véritable secret, quand il a dit qu'ils devaient leur pouvoir sur les serpens, à l'habitude de se nourrir de vipères et de reptiles venimeux (1). Pline et Élien, mieux instruits, en indiquent la cause dans l'emploi d'une substance odorante qui engourdissait les serpens, et dont il paraît que leurs ennemis se frottaient le corps (2). Bruce s'est assuré que le secret des Égyptiens et des Arabes consiste à se baigner dans une décoction d'herbes et de racines dont ils cachent soigneusement la nature. Forskhal nous apprend que les Égyptiens *charment* les serpens avec une aristoloche dont il ne désigne pas l'espèce.

---

(1) *Galian. De Art. curator.* lib. ii. cap. 10.
(2) « Ut odore sopirent eos (serpentes). » *Plin. Hist. nat.* lib. vii. cap. 2. *Aelian. De nat. animal.* lib. xiii. cap. 39. et lib. xvi. cap. 27.

C'est, suivant Jacquin, l'*aristolochia anguicorda*, qu'emploient au même usage les indigènes de l'Amérique (1).

Aujourd'hui que l'on a retrouvé la trace des émigrations qui, du plateau de la Tatarie, ont conduit des peuplades nombreuses jusque dans l'Amérique équinoxiale, on s'étonne peu de voir ce secret propagé dans le Nouveau Monde. Après s'être convaincu de sa haute antiquité, en rapprochant des narrations des voyageurs modernes, celles des historiens anciens, on s'étonnerait bien davantage de ne le point retrouver dans l'Hindoustan. Il y existe en effet, de temps immémorial.

A côté de tout secret de ce genre, on est presque sûr de rencontrer un usage qui tantôt en a rendu la découverte nécessaire, et tantôt, au contraire, lui doit la naissance. Dans l'Hindoustan, pour connaître la vérité d'une accusation, « on jette le serpent à cha-
« peron, appelé *Nagâ*, dans un pot de terre
« profond, où on laisse tomber un anneau,

---

1) Hasselquist. *Voyage dans le Levant*, tom. 1. pag. 100. à la note.

« un cachet ou une pièce de monnaie, que
« l'accusé est tenu de prendre avec la main.
« Si le serpent le mord, il est déclaré cou-
« pable ; et, dans le cas contraire, inno-
« cent (1). »

(1) *Recherches asiatiques*. tom. 1. pag. 473. Observons que la plupart des *ordalies* hindoues sont également usitées au Pégou, chez les Birmans.

CHAPITRE XVII.

Drogues et boissons préparées; les unes soporifiques, les autres propres à plonger dans une imbécillité passagère. Circé; *Népenthès*. Illusions délicieuses, illusions effrayantes, révélations involontaires, courage invincible, produits par des alimens ou des breuvages. Le *Vieux de la Montagne* ne séduisait ses disciples que par des illusions; il les prémunissait probablement contre les tourmens par des drogues stupéfiantes. Exemples nombreux de l'emploi de ces drogues. L'usage qu'on en fait, s'il devient habituel, conduit à l'insensibilité physique et à l'imbécillité.

Vainqueur des obstacles qui le séparaient de la perfection, l'initié voit s'ouvrir devant lui les trésors les plus cachés de la science. C'est peu de lui livrer le secret des merveilles qui le pénétraient d'un étonnement religieux, dans le spectacle de sa première réception

Appelé désormais à ouvrir aux profanes la voie de la lumière, il est temps qu'il apprenne à quels moyens d'action il a été soumis; comment on s'est rendu maître de tout son être moral; comment il se servira des mêmes moyens, et pour maîtriser les âmes de ceux qui tendent au but où il est arrivé, et pour se montrer tout-puissant par ses œuvres, devant tout ce qui ne participe point à la sublime dignité du sacerdoce.

Les aspirans à l'initiation et les personnes qui venaient demander aux dieux des songes fatidiques, prenaient, après un jeûne plus ou moins prolongé, des alimens préparés exprès, et surtout des breuvages mystérieux, tels que *l'eau de Léthé* et *l'eau de Mnémosyne* dans la grotte de Trophonius, ou le *Cicéion* aux mystères d'Éleusis. On mêlait aisément, aux mets ou à la boisson, des drogues diversifiées, selon la disposition physique et morale dans laquelle il importait de tenir le récipiendaire, et selon la nature des visions que l'on devait lui procurer.

On sait quelles accusations ont pesé sur quelques-unes des premières sectes du christianisme; accusations que l'injustice faisait retomber sur toutes les assemblées de chrétiens. Elles ne seraient pas sans fondement, si plusieurs hérésiarques avaient adopté la pratique criminelle qu'un bruit populaire imputait au chef des Marcosiens. Dans les cérémonies religieuses, il administrait, dit-on, aux femmes, des boissons aphrodisiaques (1). Sans rien préjuger sur ce cas particulier, nous pensons que l'emploi d'aphrodisiaques violens a eu lieu plus d'une fois dans les orgies mystérieuses du polythéisme : lui seul peut expliquer les débauches monstrueuses auxquelles on se livrait dans les bacchanales dénoncées et punies à Rome, l'an 186 avant notre ère ; une scène du roman de Pétrone indique qu'il était usité beaucoup plus tard, dans les réunions nocturnes où la superstition servait de voile et d'excuse aux excès du libertinage.

Mais un tel moyen n'eut jamais qu'un usage borné : il égarait les sens ; il ne frappait point l'imagination par une merveille ; il livrait l'homme physique au pouvoir d'un Thauma-

---

(1) *S. Epiphan. contr. Haereses.* lib. 1. tom. 3. *contr Marcosios. Haeres.* 24.

turge coupable ; il n'atteignait point l'homme moral. Des substances destinées à produire, dans les cérémonies secrettes, des effets plus importans, les soporifiques étaient les plus simples et les plus communes. Quels services ne dut pas en tirer le Thaumaturge, soit pour fermer des yeux trop attentifs, trop prompts à scruter les causes des miracles ; soit pour produire ces alternatives d'un sommeil invincible et d'un réveil subit, si propres à persuader à l'homme qui les éprouve, qu'un pouvoir surnaturel se joue de son existence, et change à son gré toutes les circonstances qui l'attristent ou l'embellissent. Les moyens étaient variés : un recueil que nous avons déjà cité plus d'une fois, et que nous citerons encore, nous en fournit deux exemples différens. Ici un jeune prince, endormi tous les soirs par le suc d'une plante, est, tous les matins, par un parfum qu'on lui fait respirer, tiré de son profond engourdissement (1). Là, une éponge trempée dans le vinaigre et passée sous le nez du *dormeur Abou-Hassan* provoque un éternuement, un

---

(1) *Les mille et une nuits*, xxvie nuit. tom. 1. pag. 221.

léger vomissement, et détruit soudain l'effet de la poudre narcotique qui le rendait absolument insensible (1).

Sur un point bien éloigné du théâtre des *mille et une nuits*, nous retrouverons un secret analogue. Chez les Nadoëssis (2), dans l'Amérique septentrionale, existait une société religieuse d'hommes voués au *Grand Esprit*. Carver y vit admettre un nouveau membre. On jeta dans la bouche du récipiendaire quelque chose qui ressemblait à une fève; aussitôt il tomba sans mouvement, insensible, comme mort. On lui donnait, sur le dos, des coups très-violens : ils ne lui rendirent le sentiment qu'au bout de quelques minutes; alors il fut agité de convulsions qui ne cessèrent que quand il eut rejeté ce qu'on lui avait fait avaler.

Plutarque nous a conservé la description des mystères de Trophonius, faite par un homme qui avait passé, dans la grotte, deux nuits et un jour (3) : elle convient moins à un

---

(1) *Les mille et une nuits,* cccxcv{e} nuit. tom. iv. pag. 97-149.
(2) Carver. *Voyage dans l'Amérique septentrionale.* pag. 200-201.
(3) Plutarch. *De Daemonio Socratis.*

spectacle réel, qu'aux songes d'un homme enivré par un narcotique puissant. Timarque, c'est le nom de l'initié, éprouva une violente douleur de tête, lorsque commencèrent les apparitions, c'est-à-dire, lorsque le breuvage commença à troubler ses sens; et quand les apparitions s'évanouirent, c'est-à-dire, quand il se réveilla de ce sommeil délirant, la même douleur se fit sentir aussi vivement. Timarque mourut trois mois après être sorti de la grotte: les prêtres y faisaient sans doute usage de drogues très-énergiques. Ceux qui avaient une fois consulté l'oracle conservaient, dit-on (1), une tristesse qui durait toute leur vie; effet naturel de l'altération grave de leur santé par les breuvages qu'on leur avait administrés.

On ne transportait, je crois, les consultans, à la sortie de la grotte, que lorsque leur sommeil forcé commençait à se dissiper: les rêveries qui occupaient ce sommeil, pouvaient donc, ainsi que l'a soupçonné Clavier (2), faire tous les frais du spectacle miraculeux qu'un dieu était censé déployer devant eux: aussi,

(1) *Suidas*.... Clavier. *Mémoire sur les oracles*, etc. pages 159-160.

(2) Clavier. *ibid*. pages 158-159.

après leur avoir présenté, à leur réveil, un breuvage destiné sans doute à leur rendre tout-à-fait l'usage de leurs sens, leur ordonnait-on de raconter ce qu'ils venaient de voir et d'entendre : le prêtre avait besoin d'apprendre d'eux ce qu'ils avaient rêvé.

Telle est la liaison du physique et du moral que les substances qui provoquent fortement le sommeil, possèdent souvent la propriété de troubler l'intelligence : les baies de la Belladona, prises comme alimens, produisent une folie furieuse, suivie d'un sommeil qui dure vingt-quatre heures.

Bien plus que le sommeil physique, le sommeil de l'âme, l'imbécillité passagère, livre l'homme au pouvoir de ceux qui peuvent le réduire à cet état humiliant. Le suc de la graine de *Datura* est employé par les Portugaises de Goa : elles le mêlent, dit Linschott (1), aux liqueurs que boivent leurs maris ; ceux-ci tombent, pour vingt-quatre heures au moins,

---

(1) Linschott. *Histoire de la navigation aux Indes-orientales*, avec les *annotations de Paludanus*. 3ᵉ édition. *folio.* pag. 63-64 et 111. La *pomme épineuse*, plante de la même famille que le *Datura*, produit des effets analogues ; elle a été quelquefois employée, en Europe, à des usages criminels.

dans une stupeur accompagnée d'un rire continuel, et si profonde, que rien de ce que l'on fait sous leurs yeux ne les affecte ; quand ils recouvrent leurs sens, ils ne retrouvent aucun souvenir du passé. Les hommes, dit Pyrard (1), se servent du même secret, pour soumettre à leurs désirs des femmes qu'aucun autre moyen n'y pourrait faire consentir. François Martin (2), après avoir détaillé les pernicieux effets que produit la graine de *datura*, ajoute que l'on y met un terme en plongeant les pieds du patient dans l'eau chaude : le remède provoque un vomissement; ce qui rappelle la manière dont le *dormeur* des mille et une nuits et les initiés *nadoëssis* sont délivrés de leur assoupissement.

Un secret si efficace, tombé ainsi dans les mains du vulgaire, a dû, à plus forte raison, appartenir au Thaumaturge, à qui tant de fois il importait de s'en prévaloir. Chez les indigènes de la Virginie, l'aspirant à la prêtrise bu-

---

(1) *Voyage de François Pyrard*. (2 vol. in-4°. Paris 1679.) tom. II. pag. 68-69.

(2) François Martin. *Description du premier voyage fait aux Indes orientales par les Français*, pag. 163-164.

vait, pendant le cours de sa pénible initiation, une liqueur (1) qui le jetait dans l'imbécillité. Si, comme il est permis de le supposer, cette pratique avait pour but de le rendre plus docile, on peut croire aussi qu'elle n'a point commencé dans le Nouveau Continent.

Les magiciens ont, de tous temps, employé de pareils secrets.

Les contes orientaux nous présentent plus d'une fois d'habiles magiciennes changeant les hommes en animaux. Varron, cité par saint Augustin (2), dit que les magiciennes d'Italie, attirant près d'elles le voyageur trop confiant, lui faisaient prendre, *dans du fromage*, une drogue qui le changeait en bête de somme. Elles le chargeaient alors de leur bagage; puis, à la fin du voyage, lui rendaient sa première forme. Sous ces expressions figurées, copiées de Varron qui, sûrement, faisait lui-même une citation, on aperçoit que le voyageur avait l'esprit assez troublé par la drogue qu'il avait prise, pour se soumettre

---

(1) Cette liqueur, tirée par décoction de certaines racines, s'appelait *Vissocan*, et l'initiation, *Husea nawar*.

(2) *S. August. De civit. Dei.* lib. XVIII. cap. 17-18.

aveuglément à cet ascendant bizarre, jusqu'à ce que les magiciennes y missent un terme, en lui administrant un antidote approprié.

Cette tradition a sans doute une origine commune avec la fable de Circé (1).

Fatiguée des poursuites amoureuses de Calchus, roi des Dauniens, Circé, si l'on en croit Parthénius, l'invite à un repas : tous les mets qu'on lui sert sont mêlés de drogues pharmaceutiques (2); à peine en a-t-il mangé, qu'il tombe dans une imbécillité telle que Circé le relègue avec les pourceaux. Plus tard, elle le guérit, et le rend aux Dauniens, en obligeant ceux-ci, par serment, à ne le laisser jamais retourner dans l'île qu'elle habite.

La coupe de Circé, dit Homère, contenait un poison qui transformait les hommes en bêtes; c'est-à-dire que, dans l'ivresse stupide où ils étaient plongés, ils croyaient à cette

---

(1) Ceci ne contredit pas l'assertion de Solin que Circé trompait les yeux par des apparences fantasmagoriques : elle pouvait faire servir ce moyen pour fortifier la croyance établie, d'après laquelle les drogues qui rendaient les hommes imbécilles, les métamorphosaient en bêtes.

(2) « Edulia... erant autem omnia pharmacis infecta. » *Parthen. Nicaeens. Erotic.* cap. XII.

honteuse dégradation. Ce sens, conforme au récit de Parthénius, est le seul admissible. Malgré la décision de quelques commentateurs, le poëte, j'ose l'affirmer, n'a point songé à nous offrir, contre les dangers de la volupté, une leçon allégorique : elle serait trop peu d'accord avec le reste de la narration, puisque celle-ci se termine par jeter le sage Ulysse dans les bras de l'enchanteresse qui l'y retient une année entière. Là, et dans mille autres passages de ses poëmes, Homère a mis en œuvre un fait purement physique. Cela est si vrai, qu'il indique un préservatif naturel contre l'effet du poison : c'est une racine qu'il décrit avec cette exactitude que, mieux que tout autre, il sait unir à l'éclat de la poésie et à l'élégance de la versification.

Nous refuserons également de prendre au figuré ce que le prince des poëtes raconte du *Népenthès* qui, donné par Hélène à Télémaque, suspend dans le cœur du jeune héros le sentiment de ses afflictions. Quelle que soit la substance désignée sous ce nom, il est certain que, du temps d'Homère, on croyait à l'existence de certains breuvages, moins abrutissans que le vin, et plus efficaces pour répandre dans l'âme un calme délicieux. Qu'Homère ait connu ces liqueurs et celles que Circé versait à ses hôtes, soit par le spectacle de leurs effets, soit seulement par tradition, il suit toujours, de son récit, qu'on a possédé le secret de les composer. Comment révoquer alors en doute qu'un tel secret fût pratiqué dans les temples où le poëte Grec avait puisé une si grande partie de son instruction, et où étaient concentrés tous les secrets de physique expérimentale.

Les historiens Romains et Grecs, et les naturalistes modernes rapportent, sur les propriétés de divers breuvages, des faits qui prouvent que les anciens Thaumaturges les ont connues, et ne les ont point exagérées.

A. Laguna, dans son *Commentaire sur Dioscoride* (1) cite une espèce de *solanum* dont la racine, prise dans du vin, à la dose d'une dragme, remplit l'imagination des illusions les plus délicieuses. L'opium seul, administré à une certaine dose, mêle au sommeil qu'il détermine, des rêveries si puis-

---

(1) Livre 76. chap. 4. cité par Llorente. *Histoire de l'inquisition*. chap. 37. art. 2. tom. III. pag. 457.

santes et si douces, que nulle réalité ne peut en égaler le charme. En résumant toutes les opinions émises sur le *Népenthès* d'Homère, M. Virey (1) le retrouve dans le *Hyosciamus-Datura* de Forskhal, dont on fait encore, en Égypte et dans tout l'Orient, un usage analogue ; et ce savant indique plusieurs autres substances capables de produire des effets non moins merveilleux.

Le *Potamantis* ou *Thalasséglé*, dit Pline (2), naît sur les bords du fleuve Indus, et le *Gelatophyllis* près de Bactre. Les breuvages extraits de ces deux plantes jettent dans le délire ; l'un donne des visions merveilleuses, l'autre excite une rire continuel. L'un agit comme le breuvage fabriqué avec le *Hyosciamus* de Forskhal ; l'autre comme celui qu'on exprime des graines du *datura*.

D'autres compositions recélaient des vertus plus utiles encore aux artisans de miracles.

En Éthiopie, dit Diodore (3), était un lac

---

(1) *Bulletin de pharmacie*. tom. v. (février 1813) pag. 49 et 60.

(2) *Plin. Hist. nat.* lib. xxiv. cap. 17.

(3) *Diod. Sic.* lib. ii. cap. 12. p. 12.

carré, de cent soixante pieds de tour (40 pieds de côté). Il contenait une eau de la couleur du Cinnabre et qui répandait une odeur agréable. Ceux qui en buvaient tombaient dans un délire tel qu'ils confessaient tous leurs crimes, et ceux même que le temps leur avait permis d'oublier. Ktésias (1) place dans l'Inde, une fontaine dont l'eau, à peine puisée, se prenait *comme un fromage.* Ce *coagulum*, dissous dans l'eau, possédait une vertu semblable à celle dont parle Diodore. Dans le premier exemple, le nom de *lac*, surtout d'après les dimensions indiquées, rappelle le nom de la *mer d'airain* du temple de Jérusalem ; il désigne seulement un grand bassin, creusé de main d'homme, tel qu'on en voit un ou deux dans tous les villages de l'Hindoustan (2). Le mot *fontaine* employé par Ktésias, signifie également l'eau qui coule d'une source naturelle, et l'eau que l'on fait sortir d'un réservoir. La couleur et l'odeur

---

(1) *Ktesias. Indic.* apud *Photium. Biblioth.* cod. LXXII.

(2) Quelques-uns de ces bassins ont, de tour, jusqu'à un *mille hollandais* (plus de 7,500 mètres). J. Haafner. *Voyages dans la péninsule occidentale de l'Inde*, etc., *passim* et tom. II. pag. 299.

du liquide contenu dans le lac d'Éthiopie, la propriété qu'avait la liqueur indienne de se *prendre comme du fromage* et de rappeler ainsi la drogue employée par les magiciennes d'Italie, tout n'annonce-t-il pas clairement des préparations pharmaceutiques ?

Dans l'Inde, suivant Pline (1), croît l'*Achaemenis*. Sa racine préparée en forme de pastilles et avalée dans du vin pendant le jour, tourmente toute la nuit les coupables : poursuivis par les Dieux qui leur apparaissent sous diverses formes, ils confessent leurs forfaits. Le suc de l'*Ophiusa*, plante d'Éthiopie, étant pris intérieurement, porte à se croire assailli par des serpens ; la terreur que l'on ressent est si violente qu'elle conduit à se donner la mort : aussi force-t-on les sacriléges à boire de cette liqueur.

Ces merveilles semblent fabuleuses : elles peuvent se répéter aujourd'hui sous les yeux des observateurs. On administre aux enfans attaqués de la coqueluche, de l'extrait de Belladone : pour peu que la dose excède certaines limites, ce remède cause aux malades des

---

(1) *Plin.* Hist. nat. lib. XXIV. cap. 17.

rêves pénibles qui les remplissent d'effroi. Au Kamtschatka, on retire de l'*herbe douce* (1) « une eau-de-vie qui énivre facile-
« ment et d'une manière très-violente..... »
Celui qui en a bu, « même en petite quantité,
« est tourmenté pendant la nuit de songes
« effrayans; et le lendemain il ressent des
« inquiétudes et des agitations aussi grandes
« que s'il avait commis quelque crime. »

Le *muchamore* est un champignon que l'on ne trouve qu'au Kamtschatka (2). Si on le mange sec ou si l'on boit une liqueur où on l'a fait infuser, il produit quelquefois la mort, et toujours un délire profond, tantôt gai, tantôt plein de tristesse et d'épouvante. On se croit soumis à la puissance irrésistible de l'*esprit* qui réside dans le champignon vénéneux. Dans un accès de cette ivresse, un cosaque imagina que l'*esprit* lui ordonnait de confesser ses péchés : il fit, en effet, devant tous ces camarades, une confession générale.

(1) *Pastinaca. Gmelin.*
(2) Krachenninikof. *Description du Kamtschatka.* 1re partie, chap. xiv.

D'autres breuvages ont une efficacité différente, également susceptible de prêter au merveilleux. Le khalife Abdallah fils de Zobéir, assiégé dans la Mecque, se décide à trouver dans une sortie, sa délivrance ou la mort : il reçoit des mains de sa mère, un breuvage de musc propre à soutenir son courage, et ne succombe en effet qu'après des prodiges de valeur qui tiennent long-temps la victoire incertaine (1). L'ivresse que produit le *muchamore* enfante souvent aussi un redoublement de force, une audace téméraire, à laquelle s'allie le besoin de commettre des actions coupables, que l'on regarde dès lors comme impérieusement inspirées par l'*esprit* du *muchamore*. Le sauvage kamtschadale et le féroce cosaque ont recours à cette ivresse pour dissiper leurs terreurs, quand ils projettent des assassinats (2). L'extrait de chanvre combiné à l'opium, jette les nègres de l'Hindoustan dans un délire féroce; aucun forfait ne leur répugne, aucun danger ne les épou-

---

(1) L'an de l'Hégire 73... Ockley. *Histoire des Sarrasins*, tom. II. pag. 4-5.

(2) Krachenninikof. *Description du Kamtschatka*. 1re partie. chap. XIV.

vante... Ni la crainte ni l'humanité ne les arrêtaient non plus dans la route du crime, ces fanatiques que le *Vieux de la Montagne* énivrait d'une préparation de chanvre, dont le nom *Hachiché* (1), a formé, pour ceux qu'elle égarait, le nom d'*Assassins*.

Tous les historiens des croisades ont parlé du séjour enchanté où le *Vieux de la Montagne* donnait à ses crédules néophytes un avant-goût du paradis tel, que l'espoir de retourner un jour dans ce lieu de délices, leur faisait commettre tous les crimes, et affronter la mort certaine et les supplices les plus affreux. Long-temps auparavant, *Schédad-ben-ad*, roi d'Arabie, *voulant se faire adorer comme un Dieu*, avait rassemblé, dans un jardin dont le nom était resté proverbial en Orient, *toutes les joies du paradis*, et les faisait partager aux affidés qu'il y daignait admettre (2). Dans l'un et l'autre cas, nous pensons que ces jardins, ces jouissances n'ont existé jamais que dans des rêves,

---

(1) J. Hammer. *Mines de l'Orient... Nouvelles Annales des voyages.* tom. xxv. pag. 337-378.

(2) D'Herbelot. *Bibliothèque orientale.* art. *Iram*.

provoqués chez des hommes jeunes, habitués à un régime simple et austère, par l'usage inaccoutumé de boissons propres à assoupir leur raison débile, à exalter leur ardente imagination. Sous le nom de *Bendjé*, une préparation de Hyosciame (1) (la même plante sans doute que le *Hyosciamus-datura*) servait à les énivrer, pour qu'ils se crussent transportés dans le paradis, quand déjà de pompeuses descriptions leur en avaient donné une idée accompagnée des plus violens désirs; tandis que pour les exciter à quelque acte désespéré, on leur administrait le *Hachiché*, l'extrait de chanvre employé encore au même usage dans l'Orient.

L'existence des jardins du *Vieux de la Montagne* a néanmoins été admise comme réelle par deux hommes éclairés (2) : on nous permettra donc d'opposer à leur au-

---

(1) M. J. Hammer (*loc. cit.*) paraît croire que le *bendjé* était la même chose que le *hachiché*; mais dans un fragment d'un roman arabe dont nous lui devons la traduction, il est dit positivement que le *bendjé* était une préparation de *hyosciame* (jusquiame) (ibid. pag. 380.)

(2) MM. Malthe-Brun et J. Hammer. *Mines de l'Orient... Nouvelles Annales des voyages.* tom. xxv. pag. 376-382.

torité, la discussion par laquelle nous avions établi notre opinion en sens contraire, avant même qu'elle acquît un nouveau degré de probabilité par l'assentiment de M. Virey (1). Ce n'est point sortir de notre sujet : entre les merveilles opérées sur les hommes par des êtres qui se prétendaient doués de facultés sur-humaines, il n'en est aucune dont un pouvoir plus étendu soit devenu la conséquence.

« Le *Vieux de la montagne* (2), dont l'histoire est mêlée de tant de fables, s'entoura d'une troupe de fanatiques, prêts à tout oser à son premier signal. Leur dévouement sans bornes ne lui coûtait, dit-on, que le soin de les endormir par une boisson narcotique, puis de les faire transporter dans des jardins délicieux où, à leur réveil, toutes les voluptés réunies leur faisaient croire, pendant

---

(1) *Bulletin de pharmacie.* tom. v. pag. 55-56 (février 1813.)

(2) Eusèbe Salverte. *Des rapports de la médecine avec la politique* (in-12. Paris, 1806), pag. 182 et suivantes. Nous transcrivons ce passage avec les corrections qui avaient été préparées pour une seconde édition. L'ouvrage entier a été lu, en 1804, à la *Société médicale d'émulation* de Paris.

quelques heures, qu'ils goûtaient les plaisirs du ciel. Il est permis de suspecter l'exactitude de ce récit. Que d'indiscrétions pouvaient, chaque jour, compromettre l'existence d'un paradis factice ! Comment y réunir, y contenir, y déterminer à un secret inviolable tant d'agents, exempts du fanatisme que leurs artifices faisaient naître, ne regardant point dèslors le silence comme un devoir, et portés, au contraire, à redouter l'obéissance aveugle qu'ils travaillaient à inspirer ; puisqu'au moindre caprice du tyran, ils pouvaient en devenir les premières victimes ? Les esclaves des deux sexes qui figuraient, devant le récipiendaire, des anges et des houris, supposerons-nous qu'ils fussent constamment discrets, malgré leur jeune âge? Que devenaient-ils du moins, lorsque le progrès des années ne leur permettait plus de paraître dans les mêmes rôles ? la mort seule pouvait répondre de leur silence à venir : et la perspective d'une pareille récompense ne devait-elle pas délier leurs langues à la première occasion favorable, ou les porter à tuer leur boureau lorsque seul, errant au milieu d'eux, il venait confirmer le néophyte dans ses persuasions mensongères?

Comment aussi ce peuple de comédiens se nourrissait-il? leur maître pouvait-il chaque jour, pourvoir à leurs besoins, sans que personne s'en aperçût au-dehors? Combinez le nombre des précautions à prendre, les approvisionnemens à renouveler, la nécessité fréquente de se défaire d'agens dont l'indiscrétion était trop à craindre : vous ne parviendrez pas à faire durer trois ans cet abominable mystère.

« Il est certain, d'ailleurs, que les jouissances physiques, avec quelque adresse qu'on les varie et qu'on les enchaîne, ont des intervalles trop marqués, des contrastes trop sensibles de vide et de réalité, pour laisser naître ou subsister une pareille illusion. Combien il est plus simple de tout expliquer par l'ivresse physique combinée à l'ivresse de l'âme! Chez l'homme crédule, et préparé d'avance par les peintures et les promesses les plus flatteuses, le breuvage enchanteur produisait sans peine, au sein d'un profond sommeil, et ces sensations si vives et si douces, et la continuité magique qui en doublait le prix. *A vrai dire, ils estimaient que ce fût un songe :* ainsi s'exprime Pasquier (1), après avoir rapproché tout ce qu'ont dit des *Assassins* les auteurs contemporains. Interrogez un homme qui vient d'assoupir des douleurs aiguës avec une dose d'opium : la peinture des illusions enchanteresses qu'il ne cessera d'éprouver, dans l'état d'extase où il peut rester plongé vingt-quatre heures et plus, sera exactement celle des voluptés surnaturelles dont le chef des *Assassins* comblait ses futurs *Seïdes.* On sait avec quelle fureur les Orientaux, habitués à prendre de l'opium, se livrent à ce goût, malgré les infirmités toujours croissantes qu'il accumule sur leur hideuse existence. Cette fureur peut donner une idée des plaisirs dont leur ivresse s'accompagne, et rend concevable l'emportement du désir qui entraînait une jeunesse ignorante et superstitieuse à tout entreprendre, pour conquérir et posséder, pendant l'éternité entière, ces ineffables délices. »

Au souvenir du dévouement des disciples

(1. E. Pasquier. *Les recherches de la France.* liv. VIII. chap. 20. (2 vol. in-fol. *Amsterdam*, 1723.) tom. I. pag. 798.

du *Vieux de la Montagne*, se lie naturellement celui de la constance qu'ils opposaient aux tortures les plus cruelles. L'ivresse du fanatisme pouvait les armer de cette constance invincible : le noble orgueil du courage, l'obstination même d'un point d'honneur puéril a suffi souvent pour l'inspirer. Cependant il importait trop à leur chef qu'aucun d'eux ne se démentît, pour qu'il se fiât uniquement à la puissance des souvenirs, quelque énergiques qu'ils fussent, surtout lorsque la distance et le temps avaient pu en affaiblir l'influence. S'il connaissait quelque moyen d'engourdir la sensibilité physique, sans doute il avait soin d'en prémunir les ministres de ses vengeances, avec ordre d'en faire usage au moment décisif. La promesse de les soustraire à l'empire de la douleur exaltait encore le fanatisme : et l'accomplissement de cette promesse devenait un nouveau miracle, une preuve ajoutée à tant d'autres, du pouvoir certain de commander à la nature.

En avançant cette conjecture, nous avouons qu'on ne peut l'étayer d'aucun renseignement historique. Mais comment cet habile Thaumaturge n'aurait-il point, au XIIIe siècle, possédé un secret connu de toute l'antiquité, et surtout en Palestine? Les rabbins (1) enseignent que l'on faisait boire du vin et des liqueurs fortes aux malheureux condamnés au dernier supplice ; on mêlait des *poudres* à la liqueur, afin qu'elle fût plus forte et qu'*elle leur assoupît les sens* : cette coutume avait sans doute pour but de concilier avec l'humanité, le désir d'effrayer par le spectacle des supplices. Il paraît que la myrrhe était le principal ingrédient ajouté au breuvage ; ce fut du vin mélangé de myrrhe (2) que l'on offrit à J.-C. expirant sur la croix. Au second siècle de notre ère, Apulée cite un homme qui s'était prémuni contre la violence des coups, par une potion de myrrhe (3). Si, comme nous le pensons, la myrrhe ne peut se prendre en breuvage que sous la forme de *teinture*, l'effet de l'alcool devait ajouter à l'efficacité des drogues stupéfiantes. Observons toutefois que cette propriété attribuée à la myrrhe, n'est pas du nombre de celles qui

---

(1) *Tract. Sanhedr.* D. Calmet. *Commentaire sur le livre des Proverbes.* chap. XXXI. verset 6.

(2) *Evang. sec. Marc.* cap. XV. vers. 25.

(3) *Apul. Métamorph.* lib. VIII.

la font aujourd'hui employer en médecine. Il se peut qu'ici encore, le nom de la myrrhe ait servi pour déguiser une préparation dont on ne voulait pas laisser deviner la base. Mais dans l'un ou l'autre cas, le *Vieux de la Montagne* n'ignorait sûrement pas un secret depuis si long-temps répandu dans la Palestine ; il aurait pu également l'emprunter à l'Égypte. La pierre de Memphis (*lapis memphiticus*) était un corps gras, chatoyant, de la grosseur d'un petit caillou ; on la donnait pour un ouvrage de la nature ; je la regarde comme un produit de l'art. Triturée et mise en liniment sur les parties auxquelles la chirurgie devait appliquer le fer ou le feu (1), elle préservait, sans danger, le patient des douleurs de l'opération ; prise dans un mélange de vin et d'eau, elle suspendait tout sentiment de souffrance (2).

Un secret analogue a, de tout temps, existé dans l'Hindoustan. C'est par lui que sont préservées de l'effroi d'un bûcher ardent, les veuves qui se brûlent sur le corps de leurs

---

(1) *Dioscorid.* lib. v. cap. 158.
(2) *Plin. Hist. nat.* lib. xxxvii. cap. 7.

maris. Le témoin oculaire d'un de ces sacrifices, consommé en juillet 1822, vit la victime arriver dans un état complet de stupéfaction physique, effet *des drogues qu'on lui avait fait prendre* : ses yeux étaient ouverts, mais elle ne semblait pas voir ; d'une voix faible et comme machinalement, elle satisfit aux questions *légales* qu'on lui adressa sur la pleine liberté de son sacrifice. Quand on la mit sur le bûcher, elle était absolument insensible (1).

Les chrétiens rapportèrent ce secret, d'Orient en Europe, au retour des croisades. Il fut probablement connu des magiciens subalternes, aussi bien que celui de braver l'action du feu : et de là, je crois, naquit la règle de jurisprudence, suivant laquelle l'insensibilité physique, particlle ou générale, était un signe certain de sorcellerie. Plusieurs auteurs cités par Frommann (2) parlent de malheureuses sorcières qui ont ri ou se sont endormies dans les angoisses de la torture ; et l'on

(1 *The asiatic journal.* vol. xv. 1823. pag. 292-293.
(2) Frommann. *Tract. de Fasc.* etc. p. 593-594 et 810-811.

ne manquait point de dire que c'était le diable qui les endormait.

D'autres disent que les prétendus sorciers jouissaient d'un pareil avantage, dès le milieu du XIVe siècle. Nicolas Eymeric, grand inquisiteur d'Arragon, et auteur du fameux *Directoire des Inquisiteurs*, se plaignait des sortiléges dont usaient quelques accusés, et au moyen desquels, étant appliqués à la torture, ils y paraissaient absolument insensibles (1). Fr. Pegna, qui commenta l'ouvrage d'Eymeric en 1578, affirme, dans le même cas, et la réalité et l'efficacité des sortiléges (2). Il s'appuie des témoignages de l'inquisiteur *Grillandus*, et d'*Hippolytus de Marsiliis*. Ce dernier, professeur de jurisprudence à Bologne, en 1524, dit positivement, dans sa *Pratique criminelle*, qu'il a vu, par l'effet de sortiléges dont il donne le détail, des accusés ne souffrir aucune douleur, mais *demeurer comme endormis au milieu des tor-*

---

(1) *Aliqui sunt maleficiati et in quaestionibus maleficiis utuntur..... efficiuntur enim quasi insensibiles.....* Direct. Inquisit. Cum adnot. Fr. Pegnae.. (Romae. folio) part. III. pag. 481.

(2) *Direct. Inquis.* etc. pag. 483.

tures. Les expressions dont il se sert sont remarquables : elles peignent l'homme devenu insensible, comme plongé dans un engourdissement plus semblable à l'effet produit par un médicament narcotique, qu'à la fière énergie qui naît d'une persévérance au-dessus de toutes les douleurs.

A divers exemples de cette insensibilité passagère, Wierius joint une observation importante : il vit une femme, inaccessible ainsi au pouvoir des tourmens ; son visage était noir et ses yeux sortans, comme si on l'avait étranglée ; elle achetait l'exemption de la souffrance, par une espèce d'apoplexie (1). Un médecin (2), témoin d'un pareil état d'insensibilité, le comparait, comme nous, à l'état des épileptiques et des apoplectiques.

Un contemporain de Fr. Pegna, et de J. Wierius, écrivain bizarre dont le nom inspire peu de confiance, mais qui, cette fois, parle de ce qu'il a vu, et de ce que la place qu'il occupait dans un tribunal le mettait à portée

---

(1) J. Wierius. *De Praestig.* lib. IV. cap. 10. p. 520 et seq.
(2) Fromann. *Tract. de Fasc.* pag. 810-811.

de connaître avec certitude, Et. Taboureau(1) a décrit également l'état soporeux qui dérobait les accusés aux souffrances de la torture. Suivant lui, il était devenu presque inutile de donner la question ; la recette engourdissante étant connue de tous les geôliers, qui ne manquaient pas de la communiquer aux prisonniers : rien de si facile d'ailleurs que de la pratiquer, si on l'en croit ; elle se bornait à avaler du savon dissous dans l'eau.

Le savon ordinaire ne possède sûrement point la vertu que lui attribue Taboureau. S'ensuit-il que le fait principal soit faux? Non, puisque cet auteur n'est pas le seul qui l'ait rapporté. Dans cette occasion seulement, les possesseurs du secret en imposaient sur sa nature, moins à la vérité pour s'en assurer la possession exclusive, que pour conserver la faculté d'en faire usage. Ce fait devient croyable, s'il existe des substances capables de le réaliser. Et combien n'en comptons-nous pas qui

(1) Et. Taboureau. *Des faux sorciers et de leurs impostures* (1585). *Discours* inséré dans le quatrième livre des *Bigarrures du sieur Des Accords*. Et. Taboureau était avocat du roi au bailliage de Dijon.

émoussent, suspendent, détruisent la sensibilité nerveuse? L'opium, la jusquiame, la belladone, l'aconit, la morelle, le stramonium ont été essayés pour engourdir la douleur, dans les opérations chirurgicales ; et si l'on a renoncé à les employer, c'est que la stupeur qu'ils provoquaient compromettait la guérison et même la vie des malades. Une crainte pareille n'arrête pas les brahmes qui conduisent les veuves hindoues sur le bûcher de leurs maris : elle avait, on le sent, peu de prise sur les disciples du *Vieux de la Montagne*, ou sur les accusés menacés de la torture : et, parmi les substances citées, on peut en distinguer quelques-unes dont se servait sans doute le Thaumaturge oriental ; et d'autres assez communes en Europe, pour que les geôliers, comme le dit Taboureau, pussent aisément en fournir à un prisonnier, à l'instant où elles lui devenaient nécessaires.

Tels sont, et le nombre de ces substances et la facilité de s'en procurer, qu'il est permis de supposer que, connues de tout temps, de tout temps elles ont servi à opérer des miracles. Ce ne sont point les modernes seuls qui ont été témoins des souffrances atroces et presque au-dessus des forces humaines, qu'aux yeux de tout un peuple, endurent les *Pénitens* hindous ; les historiens grecs et latins en ont parlé (1) ; et les traditions nationales en font remonter la pratique jusqu'à l'origine de la civilisation religieuse. La patience des hommes qui s'y soumettent tient probablement à la cause que nous indiquons. A une souffrance passagère, ils opposent l'usage actuel des drogues stupéfiantes ; ils le répètent souvent ; et cette pratique long-temps prolongée détermine un engourdissement habituel, et rend ces fanatiques capables de supporter des tortures qui durent autant que la vie. La destruction presque entière de la sensibilité physique ne peut guère s'opérer sans réagir sur le moral, et plonger l'âme dans une imbécillité profonde ; c'est en effet le caractère dominant de la plupart de ces *Pénitens* miraculeux.

C'est aussi dans cet état d'imbécillité que sont représentés, par Diodore, les Éthiopiens sauvages dont il peint l'insensibilité physique comme à l'épreuve des coups, des blessures,

---

1 *Solin.* cap. LV.

des tourmens les plus extraordinaires (1). Un savant du XVIIe siècle (2) supposait que le voyageur *Simmias*, dont Diodore copie la narration, avait pris, pour le caractère général d'une peuplade, l'état momentané de quelques individus, enivrés d'une boisson semblable au *Népenthès* chanté par Homère. Il est plus probable que *Simmias* rencontra, sur les côtes d'Éthiopie, des *Pénitens* tels que ceux que l'on trouve aujourd'hui dans l'Hindoustan, et que l'état où il les vit était rendu permanent par l'usage continuel des médicamens propres à le déterminer.

(1) *Diod. Sic* lib. III. cap. 8.
(2) Pierre Petit. D. M. *Dissertation sur le Népenthès*. 8º. Utrecht.

FIN DU PREMIER VOLUME.

TABLE DES CHAPITRES

DU

PREMIER VOLUME.

CHAPITRE PREMIER.. 1
CHAPITRE II. 9
CHAPITRE III. 18
CHAPITRE IV. 77
CHAPITRE V. 122
CHAPITRE VI. 137
CHAPITRE VII.. 164
CHAPITRE VIII. 195
CHAPITRE IX. 234
CHAPITRE X. 268
CHAPITRE XI. 275

CHAPITRE XII... 284

CHAPITRE XIII... 297

CHAPITRE XIV... 321

CHAPITRE XV... 338

CHAPITRE XVI... 351

CHAPITRE XVII... 378

FIN DE LA TABLE DU PREMIER VOLUME.

LIBRAIRIE DE SÉDILLOT.

REVUE ENCYCLOPÉDIQUE, ou Analyse raisonnée des productions les plus remarquables dans les sciences, les arts industriels, la littérature et les beaux arts.

Publiée par livraisons mensuelles de 14 feuilles d'impression chacune.

Trois cahiers forment un volume d'environ 700 à 800 pages. Chaque volume est suivi d'*une Table analytique et alphabétique des matières*.

La collection des douze cahiers de chaque année forme une sorte d'*Annuaire scientifique, industriel et littéraire*, tout-à-fait indépendant des années qui précèdent.

Prix de l'abonnement pour l'année :
A Paris............ 46 fr.
Dans les départemens.. 53
Dans les pays étrangers. 60

LA SEMAINE DU VOYAGEUR A PARIS, feuille hebdomadaire.

Prix de l'abonnement,
Pour 3 mois....... 7 fr.
Pour 6 mois....... 12 fr.

LES MAC-CARTY, OU QU'EST-CE QUE LES GENS COMME IL FAUT; roman américain traduit de l'anglais par *Lamst*, 4 vol. in 12. 1829.
12 fr.

SOUS PRESSE.

ANNUAIRE DU BUDGET, contenant par ordre alphabétique. 1° les dépenses de chaque ministère; 2° toutes les recettes de l'État; 3° les traitemens et appointemens de tous les fonctionnaires ou employés civils, ecclésiastiques et militaires; 4° à la suite de chaque article, le résumé succinct des observations et réfutations de MM. les Pairs, Députés et Ministres. 1 vol. in-8°.

ŒUVRES DE Mme LA PRINCESSE DE SALM, 2 forts vol. in-18, sur grand papier vélin satiné, ornés de son portrait.... 10 fr.

La princesse de Salm a publié en 1811 une première édition de ses poésies, et une seconde en 1817. Ses Œuvres, qu'elle fait paraître aujourd'hui, comprennent tout ce qui formait ces deux éditions, plus ce qu'elle a publié depuis, et une grande quantité de pièces inédites.

Le premier volume cont... entre autres ouvrages remarquables, la tragédie lyrique de Sapho, représentée en 1794; l'Épître aux Femmes, celles sur la Campagne, sur les Intrigans, sur l'Esprit et l'Aveuglement du siècle, etc.

La seconde se compose du roman intitulé : *Vingt-quatre heures d'une Femme sensible*, dont la première édition a paru en 1824 et la seconde en 1825, plus d'un Recueil de Pensées, d'Éloges académiques, et de différens ouvrages sur les femmes, inédits ou dont les éditions sont épuisées.

IMPRIMERIE DE C. THUAU.

www.ingramcontent.com/pod-product-compliance
Lightning Source LLC
Chambersburg PA
CBHW071107230426
43666CB00009B/1855